Manières et règles de bonne société

ou, solécismes à éviter

Anonyme

Writat

Cette édition parue en 2023

ISBN : 9789359254999

Publié par
Writat
email : info@writat.com

Selon les informations que nous détenons, ce livre est dans le domaine public. Ce livre est la reproduction d'un ouvrage historique important. Alpha Editions utilise la meilleure technologie pour reproduire un travail historique de la même manière qu'il a été publié pour la première fois afin de préserver son caractère original. Toute marque ou numéro vu est laissé intentionnellement pour préserver sa vraie forme.

Contenu

PRÉFACE

« Manières et règles de la bonne société » contient toutes les informations contenues dans l'ouvrage original « Manières et règles de la bonne société », mais avec des ajouts considérables. Dans un volume de cette nature, il est nécessaire de faire des révisions constantes, et ceci est périodiquement fait pour le maintenir à jour, afin qu'on puisse compter sur lui comme étant non seulement le livre d'étiquette le plus fiable, mais aussi le plus *récent* .

Une comparaison du nombre de chapitres et de leurs sujets avec ceux des premières éditions démontrerait mieux à quel point l'ouvrage a grandi, non seulement en volume, mais aussi en importance. Cette extension a permis de traiter de nombreux sujets de manière plus exhaustive qu'auparavant, et elle inclut désormais toutes les règles et tous les points qui pourraient éventuellement être compris dans son titre.

L'ouvrage, à travers ses nombreuses éditions, a retenu l'attention de milliers de lecteurs, et on espère que la présente édition sera accueillie par la société en général avec le succès marqué de ses prédécesseurs.

REMARQUES INTRODUCTIVES

LE titre de cet ouvrage indique suffisamment la nature de son contenu. Les usages de la bonne société concernent non seulement les bonnes manières et les bonnes manières, mais aussi la bonne étiquette à observer en toute occasion.

Non seulement certaines règles sont établies et minutieusement expliquées, mais les instructions les plus complètes sont données dans chaque chapitre concernant chaque forme ou phase du sujet en discussion afin que l'on puisse clairement comprendre ce qui est fait ou ce qui n'est pas fait en bonne *et* due *forme* . société, et aussi comment ce qui *se* fait dans une bonne société devrait être fait. C'est précisément cette connaissance qui donne aux hommes et aux femmes la conscience de se sentir parfaitement à l'aise dans le domaine où ils évoluent, et qui les fait considérer comme bien élevés par tous ceux avec qui ils peuvent entrer en contact.

Un solécisme n'est peut-être en soi qu'une affaire insignifiante, mais aux yeux de la société dans son ensemble, il prend des proportions d'un aspect magnifié et a des conséquences très désavantageuses sur celui par qui il est commis ; la conclusion directe étant que pour être coupable d'un solécisme, le délinquant n'est pas habitué à la société et, par conséquent, n'est pas sur un pied d'égalité avec elle. Cette société ressent du ressentiment et ne tarde pas à faire sentir sa désapprobation par son attitude envers le délinquant.

Le tact et le raffinement inné, bien que d'une grande aide pour celui qui n'est pas habitué à la société, ne suffisent pas à eux-mêmes ; et bien qu'elle compte pour beaucoup, elle ne peut pas suppléer au manque de connaissance réelle de ce qui est coutumier dans la société. Là où le tact et le raffinement inné n'existent pas – et ce n'est pas rarement le cas, car ce sont des dons accordés à quelques-uns plutôt qu'à la majorité – alors une connaissance approfondie des observances sociales en vigueur dans la société devient plus que jamais nécessaire, et surtout à ceux qui, socialement parlant, désirent se frayer un chemin dans le monde.

Les individus qui ont mené une vie isolée ou isolée, ou qui ont voyagé jusqu'à présent dans d'autres sphères que celles où se déplacent les personnes bien élevées, rassembleront dans ces pages toutes les informations nécessaires pour les rendre parfaitement au courant des mœurs et des commodités de la société.

Ce travail sera jugé utile aux hommes et aux femmes, car dans chaque chapitre les points d'étiquette sociale à observer par les deux sexes ont été pleinement pris en compte.

Ceux qui ont la charge de jeunes filles avant leur introduction dans la société, soit mères, chaperons ou gouvernantes, tireront également de la lecture de cet ouvrage beaucoup d'informations utiles et pratiques, tandis que pour ceux qui sont parfaitement versés dans les usages de la société, il ne peut manquer se féliciter, contenant de nombreuses indications utiles et précieuses sur les questions sociales.

CHAPITRE I

LE SIGNIFICATION DE L'ÉTIQUETTE

QU'EST-CE que l'étiquette et que véhicule le mot ? C'est une solution médiocre en soi et elle est très loin d'être largement appliquée. Il a un son démodé, qui sent la raideur, la primauté et la minutie, ce qui le rend désagréable à beaucoup de gens possédant des idées avancées ; et pourtant le mot étiquette n'est pas si ancien non plus, puisque Johnson ne l'a pas inclus dans son dictionnaire, et Walker s'excuse de l'avoir introduit dans le sien, et selon les autorités qu'il cite, il est censé dériver de stichos, stichus, stichetus, sticketta, et de là à l'étiquette. Mais qu'il soit dérivé du latin ou du français — et beaucoup penchent pour cette dernière opinion — il ne fait aucun doute que si un nouveau mot pouvait être trouvé pour remplacer celui dont on a tant abusé, ce serait un ajout bienvenu à notre vocabulaire. Le mot est malheureusement devenu associé dans notre esprit aux formes, aux cérémonies et aux observances, à un degré exagéré ; et il a été si constamment mal utilisé, mal interprété et mal compris que le ridicule et le mépris ont été jetés sur lui de la manière la plus injuste et la plus injuste. Le véritable sens de l'étiquette peut difficilement être décrit dans le langage des dictionnaires ; il embrasse toute la gamme des bonnes manières, de la bonne éducation et de la vraie politesse. L'une des raisons qui ont sans doute contribué à jeter le discrédit sur le mot "étiquette", est la manière dont le sujet a été traité par des gens incompétents, qui, n'ayant qu'une connaissance très floue et obscure, voire inexistante, pourtant, ils prétendent écrire des guides de bonnes manières, des guides décousus et incohérents, qui non seulement provoquent le sourire de ceux qui sont mieux informés, mais qui induisent en erreur et déconcertent quiconque est assez téméraire pour les consulter, sans se demander au préalable s'ils peuvent être suivis en toute sécurité. Un peu de prudence à ce sujet garantirait que le travail le plus correct et le plus fiable soit assuré parmi tant de choses peu fiables. Il y a des gens qui lisent tout ce qui est écrit au sujet de l'étiquette, non-seulement ceux qui sont ignorants et veulent apprendre quelque chose de ses lois, mais ceux qui les connaissent à fond et qui, pourrait-on croire, n'avaient rien à apprendre ; cependant ces derniers aiment voir ce qui est écrit, éprouver la satisfaction d'être soutenus dans leur propre connaissance par un écrivain instruit ; ou de s'amuser des absurdités gravement avancées par quelqu'un qui écrit dans un autre domaine que celui où règne *le savoir-vivre* . D'autres attachent au mot étiquette un sens très étroit, et ne l'acceptent ni ne le comprennent dans son vrai sens ; ils ont l'idée que ses règles influencent et gouvernent la société en général. Les règles de l'étiquette ne sont, à leurs yeux, que des entraves et des entraves ; qu'ils soient rejetés ou éclatés, disent-ils ; que chacun fasse ce qu'il veut ; que chacun se comporte comme bon lui semble ; nous sommes dans un pays libre, pourquoi ne pas nous essuyer la bouche sur la nappe, s'il nous plaît ? D'autres encore dévorent tranquillement les livres d'étiquette ; ils ont grand besoin d'instruction, comme chacun le sait, mais ils n'ont pas le courage d'avouer qu'ils sont conscients de ce besoin, et essaient d'acquérir quelques connaissances de ce genre pour leur être utiles ; comme leur but est de s'élever dans l'échelle sociale, ils ne voudraient pas faire connaître cette nouvelle étude à leurs amis, mais ils le savent et trouvent qu'ils se sont améliorés, qu'ils ne commettent pas autant de gaucheries *qu'avant* ; cependant, ils ont saisi la lettre plutôt que l'esprit de l'étiquette, ils ont lu les règles qu'elle prescrit et les suivent dans la mesure où leur mémoire leur sert ; mais ils ont échoué sur un point essentiel : la courtoisie, la considération envers les autres et le désintéressement sont les sources de la vraie politesse d'où jaillit l'étiquette.

Il y a une idée parmi quelques personnes qui ont peu mêlé le monde et qui se sont déplacées mais dans un sillon fixe, que plus la sphère est élevée, plus les manières sont parfaites. Il est inutile d'essayer de réfuter une telle erreur, car des exemples de la manière la plus parfaite se rencontrent non seulement parmi ceux qui peuvent se vanter d'une longue lignée et d'une haute naissance, mais aussi parmi ceux qui ne prétendent à ni l'une ni l'autre.

Notre code d'étiquette actuel est construit sur le raffinement, le polissage et la culture d'années, de siècles. La richesse et le luxe, ainsi que le contact avec tout ce qu'il y a de beau dans l'art et la nature, ont exercé de tous temps une puissante influence sur les mœurs des hommes ; nous ne disons pas à l'époque, car malheureusement ces avantages ne parvenaient pas au plus grand nombre mais étaient limités à un petit nombre strict ; mais de nos jours, nombreux sont ceux qui sont venus, et viennent encore, dans le cercle enchanté ; l'anneau s'élargit, s'élargit toujours ; ce n'est plus aujourd'hui, comme autrefois, que « leur sort l'interdisait ». Au contraire, la possession de richesses ou de talents est le sésame ouvert aux milieux les plus raffinés et les plus cultivés. Le mot étiquette est trop étroit pour tout ce qu'il englobe ; il faut l'envisager sous un double jour, et l'envisager d'un point de vue moral aussi bien que d'un point de vue conventionnel. Une nature bienveillante et un esprit altruiste ne manquent jamais à la vraie politesse, mais les conventions de la société donnent la finition et l'intégralité à l'ensemble, la couleur, pour ainsi dire, au tableau. Chez certains, l'esprit conventionnel est primordial et ils n'ont au mieux qu'un polissage de surface. Chez d'autres, les sentiments bienveillants du cœur peuvent jouer pleinement, et aucun acte de politesse authentique n'est omis ou laissé de côté dans leurs rapports avec leurs semblables, et ces grâces de politesse bienveillante persistent dans la mémoire, si insignifiantes qu'elles aient pu être, des années. après qu'on a perdu de vue ce vrai gentleman ou cette vraie dame, et qu'on dit de lui : «

Quel homme charmant il était, comme il était courtois et attentionné, et comme il était bon ! et d'elle: "Elle était la femme la plus douce et la plus jolie que j'aie jamais rencontrée."

Il n'est donné qu'à un très petit nombre d'être charmants sans réserve, sans l'ombre d'une gêne ou d'un effort. Adopter momentanément des manières soi-disant charmantes, avec le désir de plaire exceptionnellement à quelqu'un en particulier, ne confère pas la réputation enviable d'avoir des manières charmantes. Ce n'est pas assez facile pour être tout à fait naturel ; il donne l'impression d'être habillé pour la circonstance et, comme toutes les autres imitations, il ne plaît presque jamais et trompe rarement. L'étiquette et la vraie politesse voudraient que nous allions plus loin que cela, et nos manières d'aujourd'hui devraient être nos manières de demain, et non variables selon le lieu et les personnes. Le monde est prompt à remarquer ces attitudes incertaines, et la mesure de chacun est facilement prise et retenue.

Les règles de savoir-vivre sont indispensables au bon fonctionnement de la société dans son ensemble. Prenons, par exemple, l'étiquette de préséance, en vigueur aussi bien dans le public que dans le privé : à chaque occasion publique et dans chaque cercle privé, la préséance intervient pour porter secours, et est aussi nécessaire dans le plus petit cercle privé que dans le plus grand. rassemblement public, car il assigne à chacun sa place dans la mesure où ses revendications peuvent être formulées. Les erreurs en matière de préséance ne sont pas seulement commises par ceux qui ont bénéficié de peu d'avantages sociaux, mais aussi par ceux qui ont eu tout en leur faveur. Les jeunes filles, par exemple, lorsqu'elles se marient pour ainsi dire hors de l'école, commettent souvent de graves erreurs sur la question de préséance, si elles ne l'ignorent pas complètement.

L'étiquette du dépôt de carte et celle des appels payants sont incontestablement nécessaires et seuls les plus ignorants tenteraient de contester leur utilité ; sans ces aides à l'ordre et à la méthode, tous les rapports entre amis et connaissances seraient incertains et chaotiques ; dans l'état actuel des choses, il y a peu d'excuse lorsque la bonne chose n'est pas faite, et tout écart par rapport aux règles simples établies sur ces points est la meilleure preuve possible de la position, de la position et des associations de celui qui est en faute.

N'importe quel point d'étiquette, s'il était ramené à la barre du bon sens, serait déclaré raisonnable, approprié et sensé ; et il n'y a à proprement parler aucune question d'étiquette qui ne puisse être ainsi jugée et sur laquelle un verdict semblable ne serait pas rendu. Il n'existe pas de règle d'étiquette qui puisse être décrite comme absurde ou ridicule, arbitraire ou tyrannique, et prises collectivement, ces règles ne sont que des obligations sociales dues d'une personne à une autre. Pourquoi ne devrions-nous pas être un peuple bien élevé ? Pourquoi ne devrions-nous pas être raffinés, cultivés et polis dans notre attitude et notre attitude ? Pourquoi ne devrions-nous pas chercher à charmer si nous le pouvons ? Pourquoi ne devrions-nous pas cultiver et encourager en nous-mêmes la considération, la prévenance et la bienveillance envers les autres dans les moindres détails de la vie quotidienne ?

CHAPITRE II

INTRODUCTIONS

IL y a des présentations cérémonieuses et des présentations sans cérémonie, des présentations préméditées et des présentations non préméditées ; mais, dans tous les cas, les présentations ne devraient jamais être faites sans discernement, c'est-à-dire sans que ceux qui les font sachent au préalable si les personnes ainsi présentées seront susceptibles de s'apprécier mutuellement, ou l'inverse, ou à moins que ils ont exprimé le désir de faire connaissance. Par exemple, une dame ne devrait pas présenter deux de ses connaissances résidant dans une ville de campagne ou une station d'eau, évoluant dans des cercles différents, à moins qu'elles n'aient chacune exprimé un tel désir.

Une introduction non désirée , si elle est faite, oblige celui pour qui elle est la plus importune, à traiter l'autre avec une froideur marquée, ou à poursuivre une relation qui est désagréable.

S'il existe le moindre doute sur la manière dont une introduction sera reçue - si l'introduction méditée est un désir spontané de la part d'une dame ou d'un homme, ou si une personne a exprimé le souhait de faire la connaissance d'une autre personne et a exprimé ce désir de un ami commun — la règle reçue est de consulter les souhaits des deux personnes sur le sujet avant de faire l'introduction.

Lorsqu'une différence de rang existe entre deux personnes, il suffirait de s'assurer des seules volontés de la personne du rang le plus élevé.

Une personne sur le point de faire une présentation devrait dire à une dame, mais pas devant l'autre : « Mme A..., puis-je vous présenter Mme B... ? ou une telle formule, selon le degré d'intimité existant entre elle et Mme A. (Voir « L'art de converser ».)

Lorsque deux dames sont de rang égal, les désirs de la personne avec laquelle la personne qui fait les présentations est la moins intime doivent être consultés.

Dans le cas où une personne aurait exprimé le désir de faire la connaissance d'une autre, il ne reste plus qu'à connaître la volonté d'une personne.

L'acquiescement étant donné, il convient de procéder à l'introduction.

Lors des présentations, la dame du rang le plus bas doit être présentée à la dame du rang le plus élevé ; en aucun cas la dame du rang le plus élevé ne doit être présentée à la dame du rang le plus bas. Ce point d'étiquette doit toujours être strictement respecté.

Un Gentleman doit toujours être présenté à une Dame , quel que soit son rang, sans référence à son rang, quel qu'il soit. Cette règle est invariable et repose sur le privilège du sexe : « *place aux dames* ».

Il n'est pas habituel de vérifier les souhaits d'un gentleman quant à savoir s'il sera présenté ou non à une dame, bien que lors d'un bal, il soit habituel de le faire lorsque la présentation est faite dans un but spécial, à savoir celui d'obtenir un partenaire. pour une dame; et comme un gentleman peut ne pas pouvoir ou ne pas vouloir inviter la dame à danser, il incombe de s'assurer à l'avance si l'introduction est souhaitée ou non, sinon l'introduction ne servirait à rien et serait une déception pour la dame. .

"Voudriez-vous être présenté à Miss A——?" ou une telle phrase polie (voir « L'art de converser »), est le genre de formule par laquelle s'assurer des souhaits d'un gentleman quant à une introduction dans la salle de bal ; car les présentations dans la salle de bal signifient l'intention de la part d'un gentleman d'inviter une dame à danser ou à l'emmener souper.

Dans la société en général, les hommes sont censés rechercher, plutôt qu'éviter, la connaissance des femmes, quel que soit le groupe social auquel ils appartiennent. Cela n'a pas d'importance pour un gentleman dans lequel évoluent ses connaissances dans la société, et il peut être poli envers tous sans offenser personne dans leurs différents cercles.

En ce qui concerne son propre sexe, un gentleman est généralement aussi exclusif quant aux relations qu'il noue, qu'une dame l'est quant aux relations qu'elle noue. La réciprocité du goût est la base sur laquelle s'établissent les relations entre les hommes, soumises, dans une certaine mesure, à la position sociale ; bien que cette règle soit elle-même sujette à de larges exceptions.

C'est la règle pour un gentleman de demander à un ami commun, ou à une connaissance, d'être présenté à une dame, et c'est la règle reçue de le faire lorsqu'un gentleman désire être présenté à une dame en particulier ; mais les messieurs ne demandent pas à être présentés les uns aux autres, à moins qu'il n'existe une raison spéciale pour le faire, une raison qui se recommanderait à la personne dont la connaissance était désirée, ainsi qu'à la personne qui fait la présentation ; sinon, un tel souhait apparaîtrait soit puéril, soit flagorneur, et la demande pourrait donc se heurter à un refus et la connaissance proposée être refusée.

Lorsque les présentations sont faites entre dames , une femme célibataire doit être présentée à une femme mariée, à moins que la femme célibataire soit d'un rang plus élevé que la femme mariée, lorsque la règle est inversée.

La formule correcte utilisée lors des présentations est « Mme X——, Lady Z. », mentionnant ainsi en premier le nom de la dame du rang le plus bas, car c'est elle qui est présentée à la dame du rang le plus élevé. "Mme X..., Lady Z.", voilà tout ce qu'il faut dire à cette occasion par la personne qui fait les présentations. Quand les dames sont de rang égal, peu importe quel nom est mentionné en premier ; mais il existe généralement suffisamment de différence dans la position sociale des deux dames pour donner une légère distinction en faveur de l'une ou de l'autre, dont la personne qui fait les présentations doit tenir compte.

Une fois les présentations faites, les dames doivent s'incliner l'une devant l'autre et chacune d'entre elles doit faire une légère remarque.

Il n'est pas habituel que les dames, lorsqu'on les présente pour la première fois, se serrent la main, mais seulement s'inclinent ; mais il existe de très nombreuses exceptions à cette règle.

Lorsqu'une dame est d'un rang plus élevé que l'autre, si elle propose de lui serrer la main, ce sera un compliment et une marque d'amitié de sa part.

Lorsqu'une personne présente deux de ses amis intimes, on s'attend à ce qu'ils se serrent la main, au lieu de simplement s'incliner.

Les parents des fiancés doivent, dès leur introduction, serrer la main des futurs mariés, ainsi que des amis intimes des fiancés ; il en va de même pour les relations des deux familles lorsqu'elles se sont présentées l'une à l'autre.

C'est le privilège de la dame d'être la première à proposer de lui serrer la main, dans tous les cas, lorsqu'un gentleman lui est présenté.

Une dame doit serrer la main à toute personne qui lui est présentée dans sa propre maison, c'est-à-dire, que la personne soit amenée par un ami commun ou qu'elle soit présente sur invitation obtenue par un ami commun.

Lors des dîners , petits et grands, l'hôtesse doit user de sa propre discrétion quant aux présentations qu'elle juge opportunes de faire. Il n'est pas d'usage de faire des présentations générales lors d'un dîner ; mais en envoyant dîner des invités qui ne se connaissent pas, l'hôte ou l'hôtesse doit présenter le monsieur à la dame qu'il doit emmener dîner. Il serait tout à fait inutile de demander la permission à la dame avant de le faire. Il suffirait de faire les présentations quelques instants avant l'annonce du dîner, et la formule habituelle est : « Madame A., Monsieur B. vous emmènera dîner ». Un salut est la reconnaissance de cette introduction.

Lorsque la majorité des invités d'un dîner sont étrangers les uns aux autres, un hôte ou une hôtesse doit se présenter un ou deux des principaux invités, lorsque le temps le permet avant que le dîner ne soit servi ; de telles présentations se font plus souvent lors des dîners de campagne que lors des dîners de ville.

Une hôtesse devrait, dans certains cas, présenter les dames entre elles dans le salon après le dîner si l'occasion s'en présente, et elle estime qu'il est conseillé de le faire.

En règle générale, un hôte présente rarement les messieurs dans la salle à manger après le dîner, car ils s'adressent naturellement en de telles occasions.

Une hôtesse doit présenter ses principaux invités les uns aux autres, lors des thés de cinq heures, des garden-parties, des petits « à la maison », etc., c'est-à-dire des messieurs aux dames, afin qu'ils conduisent les dames chez eux. le salon de thé. Dans ce cas également, l'introduction doit se faire sans consulter au préalable la dame ; et un gentleman, connaissant la raison de l'introduction, devrait immédiatement faire preuve de la courtoisie attendue.

Lors de ces réunions, une hôtesse doit user de sa propre discrétion quant aux présentations générales qu'elle juge appropriées de faire, et doit présenter n'importe quel gentleman à n'importe quelle dame sans consulter au préalable la dame si elle pense que l'introduction lui sera agréable.

Lorsqu'elle présente les dames les unes aux autres, elle doit donner aux dames mariées et aux dames de rang la possibilité de se présenter ; mais devrait présenter les jeunes filles célibataires les unes aux autres si elle le juge opportun.

Lorsque des appelants arrivent simultanément , l'hôtesse doit les présenter directement ou indirectement les uns aux autres, sauf raison sociale contraire.

Lorsqu'une hôtesse se rend compte que ses visiteurs ne désirent pas se connaître ou, si elle estime que la présentation n'est pas tout à fait convenable, agréable aux deux personnes, elle ne doit pas la faire, mais converser avec chaque visiteur à tour de rôle, à tout en évitant que la conversation devienne trop générale.

Lors de grands rassemblements, les personnes désireuses d'éviter de se connaître pouvaient être présentes dans la maison d'une connaissance commune sans entrer en contact direct l'une avec l'autre, à condition que l'hôte et l'hôtesse possèdent suffisamment de tact et de discrétion pour ne pas tenter de se rapprocher . .

Lors des fêtes à la campagne , l'hôtesse doit présenter les principales dames les unes aux autres le premier jour de leur arrivée ; mais s'il s'agit d'un grand groupe, les présentations ne doivent pas être faites généralement, mais doivent être faites selon le jugement de l'hôtesse. Le fait que des personnes soient invitées dans la même maison constitue en soi une introduction, et il appartient aux invités ainsi réunis de savoir si la connaissance se transforme ou non en une intimité ultérieure.

La même remarque s'applique dans une certaine mesure aux thés de l'après-midi et aux « à la maison ». Les invités conversent entre eux s'ils sont enclins à le faire. Le fait de converser ainsi ne constituerait pas une relation de connaissance, bien qu'il puisse, dans certaines circonstances, établir une connaissance de salutation, notamment entre messieurs.

Les dames ne devraient pas s'incliner après avoir seulement échangé quelques remarques lors d'un thé de l'après-midi ou lors d'une garden-party, à moins qu'il n'existe entre elles un lien social particulier qui justifie qu'elles le fassent, auquel cas la dame du plus haut rang devrait prendre la parole. initiative.

Présentations aux bals publics. — Il est erroné de supposer que les stewards ont le devoir de faire les présentations aux bals publics ; c'est l'exception, et non la règle, que les intendants présentent les uns aux autres des personnes qui leur sont étrangères.

La société s'oppose, et les stewards s'opposent, à faire des présentations légères, pour les raisons suivantes : premièrement, en ce qui concerne le chaperon, qu'il soit mère ou parent, qui a la charge d'une jeune dame ; puis en ce qui concerne une jeune dame elle-même ; et enfin, mais non des moindres, en ce qui concerne la position occupée par l'intendant lui-même. Un chaperon semble naturellement mécontent lorsqu'un intendant qui lui est étranger propose de lui présenter un homme qui lui est évidemment étranger, ce qu'elle comprend par ses paroles : « Ce monsieur souhaite être présenté à votre fille », ou en demandant à l'étranger son nom avant de faire les présentations. Un chaperon est responsable des relations qu'une jeune femme forme lorsqu'elle est sous sa garde lors d'un bal, et si parmi ses propres amis et connaissances elle ne peut pas trouver de partenaires pour elle, elle préférerait passer une soirée relativement ennuyeuse plutôt que de diriger le restaurant. risque de faire des connaissances indésirables.

Les jeunes filles n'ont pas toujours la discrétion de leurs aînées, ni une connaissance suffisante du monde pour faire ce qu'il faut. Ainsi, certaines jeunes filles ou bien refuseraient froidement les présentations, ou si les présentations étaient faites, refuseraient tout aussi froidement de danser, tandis que d'autres, désireuses de danser, accepteraient à la fois les présentations et les partenaires, et tenteraient leur chance pour savoir si leur les frères aimeraient les voir danser avec des inconnus ainsi introduits. Un intendant lui-même n'aime pas particulièrement être rendu responsable d'un homme qu'il ne connaît pas ; et qu'un chaperon et une jeune femme soient de vieux amis à lui, ou qu'ils soient simplement de nouvelles connaissances, ils comptent également sur lui pour ne pas leur présenter des hommes qu'ils ne voudraient pas connaître, et dont il ne sait rien sinon qu'ils ont a sollicité une introduction à eux.

Très peu de stewards prennent soin d'aborder une dame qu'ils connaissent seulement de vue et de nom, dans le but de lui présenter un étranger ; ils préfèrent refuser de faire les présentations, sous prétexte de ne pas avoir l'honneur de connaître la dame.

Les stewards considèrent que la position d'un jeune homme doit être particulière et sa présence à un bal quelque peu anormale, s'il n'a pas dans la salle une connaissance par l'intermédiaire de laquelle il peut se faire connaître de l'un ou l'autre des stewards. , ou par qui il peut être présenté à n'importe quelle femme en particulier avec qui il pourrait désirer danser.

Lorsqu'un gentleman est présenté à une jeune dame lors d'un bal public, cela signifie généralement qu'il lui est présenté comme un partenaire, et que même s'il ne peut pas lui demander la prochaine danse, il le fera pour une suivante, ou qu'il lui proposera au moins de l'emmener dîner, ou, si plus tôt dans la soirée, de lui donner du thé, ou si elle refuse ces politesses, qu'il poursuivra une conversation avec elle jusqu'au début de la prochaine danse, ou jusqu'à ce qu'une danse est fini. Lorsqu'un gentleman ne fait ni l'une ni l'autre de ces choses, mais s'en va aussitôt que la présentation est faite, c'est une preuve à quel point il la désirait peu, et que sans doute la possibilité ne lui était pas donnée de la refuser.

Les amis de bonne humeur des deux sexes savent combien il est difficile de trouver des partenaires lors d'un bal pour des filles bien habillées, bien élevées et jolies, à moins qu'elles ne soient plus que d'habitude attirantes d'une manière ou d'une autre, auquel cas elles sont populaire et recherché, et la seule difficulté réside dans les jeunes filles elles-mêmes : comment répartir au mieux les danses de manière à satisfaire leurs nombreux partenaires, ou persuader leurs chaperons de rester pour une danse de plus à laquelle elles ont promis, etc.

C'est un fait bien connu dans le monde du bal que la majorité des jeunes hommes insistent pour être présentés aux filles les plus populaires dans une salle de bal et refusent d'être présentés à celle qui ne semble pas avoir beaucoup de partenaires.

Les bals publics sont en réalité constitués d'un certain nombre de petites fêtes et de décors différents, chaque décor ou fête étant entièrement indépendant de l'autre.

Lors des bals de comté, les habitants du comté organisent de grandes fêtes à la maison, et chaque fête à la maison se mêle ou non aux autres fêtes à la maison, selon son statut ou son inclination.

Si trois grands partis de maison s'unissent lors d'un bal, ils forment une majorité très imposante ; mais il y a d'autres groupes dans la même salle de bal, dansant sur le même orchestre et se dirigeant vers la même salle de souper, également séparés et également distincts.

Lors des bals organisés dans les points d'eau, même si les habitants ne participent pas à de grandes fêtes dans les maisons, ils s'associent néanmoins aux habitants qu'ils connaissent, renforcés par des amis qui descendent exprès pour assister au bal . Ainsi, à première vue, les présentations d'un steward ne peuvent manquer d'être mal accueillies, quel que soit le contexte dans lequel il est contraint de les faire ; et il est bien entendu que les présentations, pour s'avérer acceptables, ne doivent être faites que par l'intermédiaire d'amis et de connaissances, et même alors avec tact et jugement.

Comme les stewards d'un bal sont généralement les messieurs les plus influents du lieu, il s'ensuit naturellement qu'ils connaissent la plupart, sinon la totalité, des principales personnes présentes ; par conséquent, lorsqu'ils font les présentations, ce n'est pas en vertu de leur fonction. , mais simplement par amitié et par connaissance personnelle de ceux qu'ils ont présentés.

Les présentations à l'extérieur sont plutôt une question d'inclination qu'improbable, comme, par exemple, lorsqu'une dame se promène avec une autre dame à qui elle rend visite, elle devrait présenter à son hôtesse tous les amis qu'elle pourrait rencontrer, et son hôtesse devrait faire de même si le temps et l'opportunité le permettent ; S'il existe une raison pour ne pas faire de présentation de la part de l'une ou l'autre des dames, cela doit être expliqué lorsqu'elles sont à nouveau seules, car si l'une des dames excluait l'autre de la conversation, cela serait considéré comme discourtois envers celle exclue. Lorsque deux dames se rencontrent accidentellement au cours d'une promenade et sont ensuite rejointes par deux ou plusieurs dames, aucune des deux dames ne doit se présenter, à moins qu'il n'existe une raison particulière pour cela. En règle générale, une dame ne devrait pas présenter des messieurs, à moins que l'un d'eux ne soit son hôte, alors qu'il serait correct de le faire.

La façon d'agir à l'occasion d'une introduction dépend presque entièrement de la raison pour laquelle elle a été faite, ainsi que de la personne par qui et à qui la personne est présentée. Même le *lieu* a quelque chose à voir avec cela, et ainsi une variété de questions sont soulevées, sur lesquelles un jugement instantané doit être porté. L'esprit doit voyager à une vitesse fulgurante sur le terrain pour arriver à un plan d'action correct ; mais l'esprit ne répond pas toujours à l'appel qui lui est lancé : il hésite et n'agit pas selon le résultat de la réflexion, mais selon l'impulsion du moment.

La Règle Reçue n'est pas de serrer la main, mais simplement de s'incliner lorsqu'on nous présente ; mais cette règle, dans certaines circonstances, ne répondrait pas au cas ; cela décevrait celui qui présente et celui qui est présenté. Par exemple, si c'est un parent du premier qui est la personne présentée, un salut serait une réponse très effrayante à la présentation faite ; se serrer la main, au contraire, serait la bonne chose à faire, et les deux personnes devraient offrir en même temps cette cordiale reconnaissance. En revanche, si une introduction fortuite est faite sans aucune préméditation, et que les personnes introduites sont totalement inconnues les unes des autres, un échange d'arcs suffit.

Parmi les exceptions pour ne pas se contenter d'être présentées, il y a les présentations faites entre jeunes filles et personnes âgées, et entre jeunes filles elles-mêmes. En règle générale, une dame âgée serre la main d'une jeune fille qui lui est présentée dans l'idée d'être cordiale et gentille, pour ne pas dire condescendante, et les filles se serrent généralement la main au lieu de s'incliner, comme le font les connaissances nouées par elles. pas l'importance qu'on attache à celles des dames plus âgées ; d'ailleurs, une plus grande disposition à se faire des amis est le privilège et la caractéristique de la jeunesse.

Les hommes ont à peu près le même point de vue en ce qui concerne les présentations que les femmes : c'est-à-dire que si une introduction est faite par un parent de l'homme présenté, les hommes se serreront la main et ne se contenteront pas de s'incliner. Il en est de même lorsqu'il s'agit d'amis intimes : ils se rangent presque au rang des parents, et l'on accueille cordialement une introduction ainsi faite. Lorsque les présentations fortuites sont faites par nécessité plutôt que par intention, les hommes ne se serrent pas la main. Quand "Je pense que vous avez rencontré A." ou "Je pense que vous connaissez M. A." est dit - l'un par un hôte et l'autre par une hôtesse - rien de plus n'est requis de l'un ou l'autre qu'un salut et un sourire d'acquiescement en acceptant l'introduction et un avertissement n'est pas attendu si "M. A." n'est pas réellement connu. L'incertitude est une excuse pour faire l'introduction.

Les dames ne se lèvent pas de leur siège lorsqu'elles sont présentées, soit lors d'une « à la maison », soit avant l'annonce du dîner, soit après le dîner, soit lorsqu'elles appellent lorsque des gens leur sont présentés, ou lorsqu'elles sont elles-mêmes présentées. Une demi-exception se produit, il est vrai, dans les « maisons » bondées, où se lever et parler à la dame présentée est presque une nécessité : il n'y a pas de siège libre pour elle et, par conséquent, si les deux ne se lèvent pas, la conversation est dans une impasse, car les quelques premières remarques conventionnelles faites par l'un ou l'autre se perdent dans le buzz général qui règne autour ; aussi, il est gênant et disgracieux pour une dame de se pencher sur une personne assise pour dire quelques platitudes. Les « remarques introductives », ou les remarques qui suivent les introductions, ont trop souvent un ton mélancolique de lieu commun et sont nettement banales. Comment peuvent-ils en être autrement ? S'aventurer hors du commun vers l'originalité serait suspect d'excentricité, et personne ne souhaite passer pour un peu bizarre.

Avant et après le dîner, lorsque les présentations sont faites entre dames, c'est à celles qui sont assises les unes à côté des autres, et, par conséquent, il n'y aura aucune occasion de se lever, comme cela pourrait se faire à la maison. Il n'est pas question pour une dame de se lever de son siège lorsqu'on lui présente un homme, à moins que cet homme ne soit son hôte, lorsqu'elle doit se lever et lui serrer la main, ou une dignité cléricale, évêque par exemple, si l'occasion le permet. cela, et à une occasion semi-officielle. Cette question ne dérange pas les hommes, car on les trouve généralement debout, ou on les amène devant une personne pour qu'on les présente, et même si un homme ose s'asseoir dans un "à la maison", ou avant que le dîner ne soit annoncé, il saute se lever avec empressement lorsqu'une approche est faite pour le présenter à un autre invité.

Les présentations doivent souvent être faites lors des appels de l'après-midi , en supposant que deux ou trois appelants seulement soient présents et que l'hôtesse estime qu'elle doit rendre la conversation générale en faisant une sorte d'introduction, directe ou indirecte, comme elle le juge le mieux. Les dames ainsi présentées restent assises et s'inclinent. Ils ne serrent pas la main, même dans les conditions exceptionnelles précédemment évoquées, mais ils se joignent aussitôt à la conversation qui passe pour une conversation, et au départ serrent la main du parent en question après avoir serré la main de l'hôtesse et avoir exprimé leur plaisir. à rencontrer ce proche parent – mère ou sœur, ou qui qu'elle soit.

Les présentations entre appelants faites dans des circonstances forcées n'ont pas beaucoup d'incidence sur les connaissances futures. Les personnes présentées passent si peu de temps en compagnie les unes des autres et ne savent pratiquement rien de leur entourage, qu'elles ne savent pas si, lors de réunions futures, elles doivent se rappeler que de telles présentations ont eu lieu, et si elles doivent s'incliner ou oublier. En fait, il serait correct de s'incliner si l'occasion s'en présente, mais à moins que le désir d'accorder une reconnaissance ne soit mutuel, il ne sert à rien s'il est exprimé à contrecœur, et ce serait encore pire s'il se refusait. Certaines personnes ont une mémoire courte pour les visages, d'autres sont myopes, et il faut tenir compte de ces deux inconvénients lorsqu'on s'attend à être reconnu par une personne à qui l'on a ainsi été présenté.

CHAPITRE III

LAISSER DES CARTES

L' étiquette du dépôt de cartes est un privilège que la société place entre les mains des dames pour gouverner et déterminer leurs relations et intimités, pour réglementer et décider qui elles veulent et qui elles ne rendront pas visite, qui elles admettront dans leur amitié, et qu'ils garderont sur le pied le plus éloigné, dont ils souhaitent cultiver davantage la connaissance et dont ils souhaitent interrompre la connaissance.

Il semblerait que l'acte de laisser des cartes ne soit qu'imparfaitement compris et que de nombreuses impressions erronées prédominent quant à l'usage réel des cartes de visite. Le but de laisser des cartes est de signifier qu'un appel a été effectué, une civilité due et une civilité similaire attendue en retour.

Laisser des cartes, ou laisser des cartes, est l'une des observances sociales les plus importantes, car elle constitue la base ou le noyau de toutes les connaissances dans la société en général. Laisser des cartes, selon l'étiquette, est le premier pas vers la formation ou l'élargissement d'un cercle de connaissances, et le non-respect des règles prescrites est un pas certain dans la direction opposée. Ce qui suit est le code reçu pour le dépôt de la carte dans tous ses détails, selon l'étiquette observée dans la bonne société par les dames et les messieurs, et doit être fidèlement suivi.

La carte de visite d'une dame doit être imprimée en petites écritures claires sur cuivre et exempte de toute sorte d'embellissement en ce qui concerne les lettres ornementales ou en vieil anglais. Il ne doit pas s'agir d'une carte mince, mais doit mesurer trois pouces et cinq huitièmes de largeur et un peu moins de deux pouces et demi de profondeur.

Le nom de la dame doit être imprimé au centre de la carte et son adresse dans le coin gauche. Si elle a une deuxième adresse, elle doit être imprimée dans le coin opposé de la carte. Si la deuxième adresse n'est que temporaire, elle est généralement écrite et non imprimée.

Une femme mariée ne doit jamais utiliser son prénom sur une carte, mais elle doit utiliser le prénom de son mari avant son nom de famille si son père ou son frère aîné est vivant.

Il est désormais considéré comme démodé que les maris et les femmes aient leurs noms imprimés sur la même carte, bien que dans les points d'eau, la pratique consistant à avoir les deux noms sur la même carte, « M. et Mme Dash », est toujours d'actualité. parfois suivi; mais même lorsque ces cartes sont utilisées, une dame et un homme ont toujours besoin de leurs propres cartes.

Une dame ayant une grande connaissance devrait tenir un livre de visite dans lequel inscrire les noms de ses connaissances et la date à laquelle leurs cartes lui ont été laissées, ainsi que les dates de ses cartes de retour laissées sur elles, afin qu'elle puisse savoir si un la carte lui était due par eux, ou si elle leur était due par elle.

Une dame ayant une petite connaissance trouverait un carnet de notes suffisant à cet effet ; une ligne doit être tracée au centre de chaque page, la divisant en deux colonnes, la première pour les noms et la colonne opposée pour les dates des appels passés et retournés.

Laisser des cartes incombe principalement à la maîtresse de maison ; une femme doit laisser des cartes pour son mari ainsi que pour elle-même ; et une fille pour son père. Le maître de maison n'a que peu ou pas de cartes à faire, à part laisser des cartes à ses amis célibataires.

Dans le pays, il en va autrement et ceux qui rentrent chez eux sont sollicités en premier lieu par leurs amis et connaissances, sauf circonstances exceptionnelles.

Les dames arrivant en ville devraient laisser des cartes à leurs connaissances et amis pour leur faire savoir qu'elles sont de retour.

Les cartes de visite doivent être déposées en personne et ne doivent pas être envoyées par la poste, bien qu'en ville, lorsque la distance est considérable, cela soit tacitement autorisé ; mais, en règle générale, les dames laissent invariablement elles-mêmes leurs cartes. En arrivant en ville pour la saison, les dames ayant une grande connaissance envoient souvent leurs cartes de visite à leurs divers amis et connaissances par l'intermédiaire d'un domestique ou d'un papetier.

La routine du retrait des cartes. — En ce qui concerne la routine du dépôt des cartes. Lorsqu'elle conduit, une dame devrait demander à son valet de pied de s'enquérir si la maîtresse de la maison où elle visite est « chez elle ». Si elle n'est pas « à la maison » et qu'il s'agit d'un premier appel, elle devrait lui remettre *trois* cartes : *une* de la sienne et *deux* de son mari. Sa carte est laissée à la maîtresse de maison, et les cartes de son mari au maître et à la maîtresse.

S'il n'y a pas de premier appel, une femme ne devrait laisser qu'une seule des cartes de son mari si sa connaissance avec le mari de son amie est intime et qu'ils ont l'habitude de se rencontrer fréquemment. Si, au contraire, ils se connaissent peu et se rencontrent rarement, il lui restera alors deux de ses cartes. Mais ce n'est pas le cas à chaque appel.

Lorsqu'une dame laisse simplement des cartes, elle doit remettre les trois cartes à son serviteur en disant : « Pour Mme —— ». Cela garantit que les cartes seront déposées à la bonne adresse et constitue la bonne formule pour l'occasion.

Lorsqu'une dame se promène et constate que la maîtresse de la maison où elle visite n'est « pas chez elle », elle doit agir comme ci-dessus.

Lorsqu'une dame a l'intention de passer un appel, elle doit demander si « Mme —— est à la maison ? » Et si la réponse est affirmative, elle devra, après avoir appelé, laisser *deux* cartes de son mari sur la table de l'entrée, et ne pas les mettre dans le panier à cartes, ni les laisser sur la table du salon, ni les offrir. à son hôtesse, tout cela serait très incorrect ; mais elle pourrait, en arrivant dans le hall, les remettre silencieusement au domestique, ou elle pourrait les faire entrer par son propre domestique une fois assise dans sa voiture, en disant : « Pour M. et Mme Smith. Elle ne doit pas laisser sa *propre* carte sur la table du hall, car après avoir vu la maîtresse de maison, la raison pour laquelle elle le fait n'existe plus. [1]

Lorsqu'une dame qui visite est accompagnée de son mari et que la maîtresse de maison est chez elle, le mari doit laisser une de ses cartes seulement, pour le maître de maison absent ; lorsque le maître de maison est également chez lui, il ne faut pas laisser de carte dans ce cas.

Lorsque la maîtresse de maison a une ou plusieurs filles adultes, la dame qui dépose les cartes doit baisser un coin de sa carte de visite - le coin droit en général - pour inclure la ou les filles à l'appel. Cette coutume de refuser un coin d'une carte de visite signifie que d'autres dames de la famille, outre l'hôtesse, sont incluses dans l'appel. Un étranger refuse le *bout* d'une carte au lieu d'un seul coin, ce qui n'a pas la même signification. Cela signifie qu'il l'a laissé en personne.

Une dame ne devrait pas laisser une des cartes de son mari aux filles de la maison, mais il n'est pas rare qu'elle laisse sa carte aux fils adultes de la maison.

Lorsqu'une dame a l'intention de laisser des cartes à un ami qui est l'invité de quelqu'un qu'elle ne connaît pas, elle ne doit laisser des cartes que pour son amie et non pour l'hôtesse de son amie ; mais si elle connaît un peu l'hôtesse de son ami, elle devrait laisser des cartes sur elle à l'occasion de sa première visite chez son amie, mais il ne serait pas nécessaire de le faire à chaque visite ultérieure, surtout si elles étaient fréquentes.

Les jeunes filles ne devraient pas avoir leur propre carte de visite ; leurs noms doivent être imprimés sous celui de leur mère sur sa carte. Dans le cas où aucune mère ne vit, le nom de la fille doit être imprimé sous celui de son père sur la carte de visite habituelle d'une dame, mais jamais sur les petites cartes utilisées par les messieurs. Lorsque des jeunes filles sont emmenées dans le monde par des parents ou des amis, leurs noms doivent être écrits au crayon sous les noms des dames qui les accompagnent sur leurs cartes de visite.

avoir sa propre carte ne demande pas peu d' indépendance d'action ; mais lorsqu'elle n'a plus besoin de chaperonnage, elle a droit à une carte qui lui est propre, étant clairement sa propre maîtresse et pouvant choisir ses propres connaissances.

Lorsqu'une jeune fille est en visite non accompagnée de ses parents et souhaite rendre visite à des dames que celle chez qui elle séjourne ne connaît pas, elle doit laisser la carte de sa mère sur laquelle est également imprimé son propre nom et dessiner un crayon. par le nom de sa mère pour laisser entendre qu'elle n'était pas avec elle à cette occasion.

Les cartes doivent toujours être restituées dans la semaine si possible, ou au plus tard dix jours après leur dépôt, mais il est plus courtois de le faire dans un délai d'une semaine. Et il faut veiller à rendre « l'appel » ou les « cartes » selon l'étiquette observée par la personne qui appelle ou qui dépose la carte ; c'est-à-dire qu'un « appel » ne doit *pas* être renvoyé par une carte seulement, ni une « carte » par un « appel ». C'est un point sur lequel les femmes devraient être très pointilleuses.

Si une dame de rang supérieur rendait une carte par un « appel », demandant si la maîtresse de maison était « à la maison », ce serait une stricte étiquette ; et si elle rendait un « appel » par une carte seulement, il faut comprendre qu'elle souhaitait que la connaissance soit la moindre ; et si une dame faisait appel à une connaissance d'un rang plus élevé qu'elle, qui n'avait laissé qu'une carte sur elle, ce serait une violation de l'étiquette.

Dans les grands établissements, le portier inscrit les noms de tous les visiteurs dans un registre tenu expressément à cet effet, tandis que certaines dames demandent simplement à leur domestique de trier les cartes qui leur sont laissées.

Le nom de la dame ou du monsieur à qui les cartes sont destinées ne doit jamais être écrit sur les cartes laissées dans une maison. Le seul cas où cela devrait être fait serait lorsque des cartes sont laissées sur une dame ou un homme séjournant dans un hôtel bondé, lorsque, pour éviter toute confusion et pour s'assurer qu'ils les recevront, leurs noms devraient y être écrits ainsi : " Pour M. et Mme Smith. Mais ce serait un cas tout à fait exceptionnel, sinon cela serait extrêmement vulgaire.

Laisser les cartes après les divertissements. — Les cartes de visite doivent être déposées après les divertissements suivants : bals, réceptions, théâtres privés, concerts amateurs et dîners, par ceux qui ont été invités, que les invitations aient été acceptées ou non, et doivent être déposées le lendemain de la représentation si possible, et certainement dans la semaine selon les règles de sortie de carte déjà décrites. Dans ces occasions, les cartes doivent être laissées sans qu'on demande si l'hôtesse est chez elle, bien qu'après un dîner il soit de règle de demander si elle est chez elle, car dîner dans une maison dénote une plus grande intimité que d'être présent à la maison. un grand rassemblement. Si l'hôtesse n'était pas à la maison, les cartes doivent être laissées.

Si une dame n'a assisté qu'une seule fois à un divertissement, que l'invitation soit venue d'un ami commun ou directement de l'hôtesse elle-même, l'hôtesse n'étant qu'une légère connaissance d'elle-même, en plus de lui laisser des cartes le lendemain, elle peut, si elle le désire, laisser des cartes sur elle la saison suivante, ou, si elle réside dans la même ville, dans un délai raisonnable après la représentation ; mais si ces cartes ne sont pas reconnues par des cartes laissées en retour, elle doit bien sûr comprendre que la connaissance ne doit pas aller plus loin.

Une dame ne devrait pas laisser de carte à une autre dame à qui elle a récemment été présentée lors d'un dîner ou d'un thé l'après-midi ; par exemple, il faut qu'elle la rencontre plusieurs fois dans le monde, et qu'elle soit sûre que sa connaissance est désirée, avant d'oser lui laisser des cartes. Si deux dames sont de rang égal, le tact sera leur meilleur guide sur l'opportunité de laisser ou non des cartes l'une sur l'autre ; la dame de rang supérieur peut prendre l'initiative si elle le souhaite. Si l'une des dames exprime le désir de resserrer leurs relations en demandant à l'autre de venir la voir, la suggestion doit venir de la dame du rang le plus élevé ; s'ils sont de rang égal, peu importe qui fait la suggestion en premier. Mais dans les deux cas, l'appel doit être payé dans la semaine.

Laisser des cartes aux nouveaux arrivants. — A la campagne, les résidents devraient être les premiers à laisser des cartes aux nouveaux arrivants, après s'être assurés de la position qu'ils occupent dans la société.

Les personnes se déplaçant dans la même sphère doivent soit laisser des cartes, soit appeler selon qu'elles entendent être cérémonieuses ou amicales, et les visites de retour doivent être payées de la même manière, carte pour carte, appel pour appel.

C'est une règle reçue que les résidents doivent faire appel aux nouveaux arrivants, même s'ils n'ont aucune connaissance ou présentation préalable d'eux.

Les nouveaux arrivants, même s'ils sont de rang supérieur, ne doivent pas faire appel aux résidents en premier lieu, mais attendre que les résidents aient pris l'initiative. Si les résidents ne souhaitent pas poursuivre la connaissance après la première réunion, celle-ci est interrompue en ne laissant pas de carte ou en ne rappelant plus, et si les nouveaux arrivants ne se sentent pas enclins à poursuivre la connaissance, ils doivent retourner les appels en laissant uniquement des cartes. Faire appel aux nouveaux arrivants dans le pays ne doit pas se faire sans discernement et il convient de tenir dûment compte du statut individuel dans la société.

La dame qui occupe la position sociale la plus élevée dans le cercle auquel appartiennent les nouveaux arrivants prend généralement la responsabilité de rendre visite en premier aux nouveaux arrivants. Par nouveaux arrivants, on entend les personnes qui ont l'intention de résider dans un comté ou une ville pour une longue période, ou même pour une courte période, et qui ne sont pas des visiteurs occasionnels dans les lieux.

La coutume selon laquelle les habitants font appel aux nouveaux arrivants est entièrement confinée à la société des comtés et ne s'applique pas aux habitants des grandes villes et des points d'eau très peuplés.

Dans les vieilles villes cathédrales et les paisibles bourgades de campagne, loin de la métropole, la règle est au contraire de faire appel aux nouveaux arrivants.

Cartes "Pour se renseigner". — Les cartes permettant de demander des nouvelles des amis pendant leur maladie doivent être déposées en personne et ne doivent pas être envoyées par la poste ; mais ils peuvent être envoyés par un serviteur. Sur la carte de visite d'une dame, il doit être écrit au-dessus du nom imprimé : « Pour s'enquérir de Mme Smith ». Lorsque la personne interrogée est suffisamment rétablie pour rendre grâce en personne, la carte de visite habituelle, avec « beaucoup de remerciements pour vos aimables demandes », écrit au-dessus du nom imprimé, est le mode habituel de remerciement et est tout à fait suffisante à cet effet. .

Cartes PPC. —Auparavant, les cartes PPC étaient déposées dans la semaine suivant le départ, ou dans les dix jours si la connaissance était nombreuse.

Les lettres PPC pour *prendre congé* , inscrites dans le coin inférieur des cartes de visite, indiquent un départ de la ville ou d'un quartier. Les cartes PPC peuvent être laissées en personne ou envoyées par un domestique ; ils peuvent également être envoyés par la poste. Le but du dépôt des cartes PPC est d'éviter les départs et la correspondance concernant le départ, et d'éviter que des offenses ne soient commises si les lettres et les invitations restent sans réponse.

Dans le pays, une absence de trois à six mois rend quelque peu nécessaire le dépôt des cartes PPC ; pendant cette période, il ne serait pas nécessaire de donner un préavis d'absence temporaire qui ne constitue pas un départ effectif. De courtes absences rendent inutile le dépôt de cartes PPC. Les mouvements de vacances à Noël, à Pâques et à la Pentecôte sont parfaitement reconnus et aucun congé n'est obligatoire. Les cartes PPC sont désormais rarement, voire jamais, laissées en ville.

Appels professionnels. — Lorsqu'une dame fait une visite strictement professionnelle chez une dame ou un monsieur, elle doit donner sa carte au domestique pour qu'il la conduise à son maître ou à sa maîtresse, mais en aucune autre occasion elle ne doit le faire.

Cartes de visite pour messieurs. — La carte d'un gentleman doit être mince — les cartes épaisses ne sont pas de bon goût — et non vitrée, et avoir la largeur étroite habituelle, *c'est-à-dire* un pouce et demi de profondeur et trois pouces de largeur ; son nom doit être imprimé au centre, ainsi : « M. Smith » ou « M. Francis Smith », s'il a besoin d'ajouter son prénom pour le distinguer de son père ou de son frère aîné. Pour que « Francis Smith » soit imprimé sur la carte sans le préfixe « Mr. » serait de mauvais goût.

Les initiales appartenant au grade honorifique ne doivent jamais être écrites ou imprimées sur une carte, telles que DL, KC, MP, KCB, MD, etc. Les titres militaires ou professionnels précèdent nécessairement le nom de la personne qui les porte et sont toujours utilisés, tels que « Colonel Smith », « Capitaine Smith », « Révérend H. Smith », « Dr Smith », etc.

En ce qui concerne les titres, « L'Honorable » est le seul titre qui ne figure pas sur une carte de visite. Ainsi, la carte de « l'honorable Henry Smith » devrait porter uniquement les mots « M. Henry Smith ».

La carte d'un baronnet doit être imprimée ainsi : « Sir George Smith », et celle d'un chevalier, ainsi « Sir Charles Smith ». L'adresse d'un homme doit être imprimée dans le coin gauche de la carte. Si vous êtes membre d'un club, il est d'usage d'imprimer le nom du club sur la droite. Les officiers ont généralement le nom du club imprimé dans le coin gauche à la place de l'adresse, et le régiment auquel ils appartiennent à la droite.

Les cartes doivent être imprimées en petites écritures sur cuivre, sans ornementation d'aucune sorte. Les vieilles lettres anglaises paraissent démodées sur une carte et sont peu utilisées ; et les majuscules ornementales ne sont jamais utilisées et sont obsolètes. Le lettrage doit être aussi simple et exempt de toute sorte d'embellissement que possible.

La routine du départ des cartes pour les messieurs. — Pour les célibataires, déposer leur carte est une routine fastidieuse d'étiquette, et est, par conséquent, dans une certaine mesure souvent négligée, en raison du fait qu'ils n'ont que peu ou pas de temps libre à commander pendant les heures de l'après-midi. Ceci est désormais parfaitement compris et accepté dans la société en général. Toutefois, lorsqu'un célibataire a son chemin à parcourir dans le monde et a le loisir d'approfondir les connaissances qu'il a déjà faites, il doit suivre les règles de sortie de carte.

En règle générale, les célibataires sont censés laisser des cartes au maître et à la maîtresse de maison qu'ils connaissent, dès qu'ils savent que la famille est arrivée en ville ; ou si un célibataire lui-même a été absent, il doit laisser des cartes à ses connaissances immédiatement après son retour. Il doit laisser une carte à la maîtresse de maison et une à son maître.

Un gentleman ne devrait pas refuser un coin de sa carte, même s'il connaît d'autres dames de la famille en plus de la maîtresse de maison. Un gentleman ne doit pas laisser de carte aux jeunes filles de la maison, ni à aucun jeune parent de sa maîtresse qui pourrait séjourner avec elle ; mais si des couples mariés qu'il connaît séjournent chez les amis chez lesquels il rend visite, il leur laissera deux cartes, une pour la femme et une pour le mari, et il devra dire au serviteur à qui elles sont destinées.

En ce qui concerne le fait de laisser des cartes à de nouvelles connaissances, un gentleman ne doit pas laisser sa carte à une dame mariée ou à une maîtresse de maison à qui il a été présenté, aussi aimable ou agréable qu'elle ait été envers lui, à moins qu'elle ne lui demande expressément de le faire . appeler, ou lui faire comprendre d'une manière indubitable que cela lui serait agréable. Cette règle reste valable, que la présentation ait eu lieu à un dîner, à un bal, à une réunion « à la maison », à une réunion de campagne ou ailleurs ; il n'aurait pas le droit de lui laisser sa carte avec une si légère connaissance ; car, si elle désirait qu'il fasse davantage connaissance, elle ferait une allusion polie à sa visite chez elle, auquel cas il devrait lui laisser sa carte aussitôt après que cela lui conviendrait, et il devrait également laisser une carte pour le maître de l'établissement. maison, le mari ou le père de la dame (selon le cas), même s'il n'avait pas fait sa connaissance au moment de faire celle de la dame.

Un gentleman ne doit pas laisser de carte sur une jeune dame à qui il a été présenté, mais sur sa mère ou sur le parent avec lequel elle réside.

Lorsque la connaissance qui existe entre messieurs est faible, ils doivent occasionnellement se laisser des cartes, surtout lorsqu'ils ne se déplacent pas dans le même cercle et ne sont pas susceptibles de se rencontrer autrement ; il s'ensuit généralement que celui qui désire le plus faire connaissance est celui qui laisse sa carte en premier, en supposant toujours que la force de la connaissance le justifierait. Celui qui occupe le rang le plus élevé doit être celui qui laisse entendre qu'il désire connaître l'autre ; si le rang est égal, c'est une question d'inclination qui interpelle d'abord.

Les règles de l'étiquette, bien que strictes à l'égard des connaissances, n'ont que peu ou pas d'application à l'égard des amis intimes ; l'amitié l'emporte sur l'étiquette.

Lorsqu'un célibataire a plusieurs amis intimes, il ne lui demande que très peu de dépôts de cartes à leur égard.

Laisser les cartes après les divertissements. — Dans le cas où un gentleman reçoit une invitation à un divertissement de la part d'une connaissance, ou d'une nouvelle connaissance, ou par l'intermédiaire d'un ami commun, il doit laisser ses cartes à la maison dans la semaine ou dix jours après le divertissement, une pour le maîtresse et une pour le maître de maison, qu'il ait accepté ou non l'invitation. Entre amis, cette règle est grandement assouplie.

Il est habituel qu'un gentleman laisse ses cartes à l'hôte ou à l'hôtesse, après chaque divertissement auquel il a été invité par eux, que ce soit un dîner, un bal, ou « à la maison », etc. qu'il ait été présent ou non, le fait d'avoir été invité par eux l'oblige à leur rendre cette courtoisie, bien qu'une grande latitude de temps soit désormais accordée dans la société en général à l'égard de cette règle particulière.

Si elles sont invitées par une nouvelle connaissance, les cartes doivent être déposées quelques jours après la fête, mais si elles sont invitées par une connaissance moins récente, elles doivent être déposées dans les dix jours ou quinze jours, mais plus les cartes sont déposées tôt, plus la politesse est grande.

Si un célibataire de connaissances donne une réception, la même règle s'applique quant à la nécessité que des cartes lui soient laissées par ces messieurs peu le connaissant et qui ont été invités à la fête.

Lorsqu'un gentleman a été invité à un divertissement donné chez une nouvelle connaissance, que cette connaissance soit une dame ou un gentleman, il serait d'étiquette de lui laisser sa carte à son arrivée en ville ou ailleurs, même si ils ne peuvent l'avoir invité à aucun divertissement ultérieur donné par eux au cours de l'année. Si, au cours de l'année suivante, ils ne l'invitent pas à nouveau, il pourrait considérer sa connaissance comme terminée et cesser de l'appeler. Ces appels gratuits émis, ou plutôt ces cartes laissées, ne devraient pas dépasser en moyenne quatre au cours de l'année.

Les cartes commémoratives sont dépassées dans la société et ne doivent donc être envoyées ni à des parents ni à des amis.

Une veuve ne doit pas utiliser son prénom sur ses cartes de visite pour la distinguer des autres membres de la famille de son défunt mari. Ses cartes doivent être imprimées comme de son vivant.

NOTES DE BAS DE PAGE :

[1] Il est toutefois permis, lors d'un *premier* appel, de dire : « Je laisserai ma carte dans le hall pour vous rappeler mon adresse » ; ou une telle phrase.

CHAPITRE IV

APPELS PAYANTS

LES DAMES respectent une étiquette stricte et cérémonieuse entre elles en ce qui concerne les appels et la réception d'appels. L'ignorance ou la négligence des règles qui régissent les appels payants entraînent de nombreux inconvénients ; par exemple, lorsqu'une dame néglige de payer une visite à cause d'une connaissance, elle court le risque de se voir, ainsi que ses filles, exclues des divertissements donnés par ladite connaissance.

Lorsqu'un appel n'a pas été passé dans un délai raisonnable, une froideur peut surgir entre des dames qui se connaissent peu. Certaines femmes acceptent cette omission avec bonhomie ou avec indifférence, tandis que chez d'autres, la connaissance se transforme en une simple connaissance courbée pour ensuite être complètement abandonnée.

Le premier principe de l'appel est que ceux qui arrivent les premiers en ville soient les *premiers* à appeler leurs connaissances pour leur annoncer leur retour.

Les « visites du matin », ainsi désignées parce qu'elles ont lieu avant le dîner, sont, plus strictement parlant, des « visites de l'après-midi », car elles ne doivent être faites qu'entre trois et six heures.

Les appels passés le matin, c'est-à-dire avant une heure, ne relèveraient pas de la dénomination « appels du matin », car ils ne peuvent être passés que par des amis intimes et non par des connaissances et ne sont donc pas soumis aux règles. d'étiquette qui régissent les visites de l'après-midi, lesquelles visites sont réglées dans une large mesure — quant à l'heure de la visite — par le degré exact d'intimité existant entre la personne qui appelle et la personne appelée. De trois à quatre heures, c'est l'heure cérémonieuse de la visite ; de quatre à cinq heures, c'est l'heure semi-cérémoniale ; et de cinq à six heures, c'est l'heure toute amicale et sans cérémonie.

Si une dame conduit lorsqu'elle se rend chez une connaissance, elle doit dire à son domestique : « Demandez si Mme A... est à la maison.

Lorsqu'une femme marche, elle devrait elle-même se poser la même question.

Lorsque la réponse est négative, elle laissera une de ses cartes et une de son mari, et dira à la servante : « Pour M. et Mme A... ».

Lorsque la réponse est affirmative, la dame entrera dans la maison sans autre remarque et suivra la servante jusqu'au salon.

Le domestique doit précéder le visiteur pour ouvrir la voie au salon, et, si habitué qu'un visiteur soit à une maison, c'est toujours l'étiquette appropriée pour le domestique de montrer le chemin et de l'annoncer à sa maîtresse ; et cette règle ne doit pas être supprimée, sauf dans le cas de parents très proches ou d'amis très intimes.

A la porte du salon, le domestique attend un moment jusqu'à ce que le visiteur ait atteint le palier, puis le visiteur doit donner son nom au domestique, "M. A———" ou "Mme A———", le serviteur ne le sait pas.

Si le visiteur qui appelle porte le titre d'« Honorable », il ne doit pas le mentionner au serviteur lorsqu'il donne son nom, ni le serviteur ne doit pas le mentionner lorsqu'il annonce le visiteur.

Tous les titres sont donnés intégralement par les serviteurs de ceux qui les portent, ainsi : « Le duc et la duchesse de A… », « Le marquis et la marquise de B… », « Le comte et la comtesse de C… », "Vicomte et vicomtesse D——", "Lord et Lady E———", etc.; mais une marquise, une comtesse ou une vicomtesse, lorsqu'elle donnait son nom pour qu'il soit annoncé lors d'une visite matinale, se ferait appeler « Lady A… » uniquement.

Un gentleman ou une dame ne doit jamais donner sa carte de visite au domestique lorsque la maîtresse de maison est chez elle.

Un domestique ne doit pas frapper à la porte du salon lorsqu'il annonce des visiteurs. Le domestique, en ouvrant la porte du salon, doit se tenir à l'intérieur de l'embrasure de la porte, il ne doit pas se tenir derrière la porte, mais bien dans la pièce ; faire face à la maîtresse de maison si possible, et devrait dire « M. A—— » ou « Mme A—— ».

Lorsque la maîtresse de maison n'est pas dans le salon lorsqu'un visiteur arrive, celui-ci doit s'asseoir et se lever à son entrée.

Les visiteurs ne doivent pas demander au domestique combien de temps sa maîtresse restera, ni où elle se trouve, ni ce qu'elle fait, etc. Les visiteurs ne sont pas censés converser avec les domestiques de leurs connaissances et ne doivent pas engager de conversation. avec eux.

Autrefois gentleman, lorsqu'il appelait, il prenait son chapeau et son bâton à la main dans le salon et les gardait jusqu'à ce qu'il ait vu la maîtresse de la maison et lui ait serré la main. Soit il les plaçait sur une chaise ou une table à proximité, soit il les tenait à la main, selon qu'il se sentait à l'aise ou inversement, jusqu'à ce qu'il prenne congé. De nombreux hommes d'âge moyen et âgés suivent encore cette mode dans une certaine mesure et emportent leur chapeau et leurs bâtons dans le salon lors de leurs visites officielles.

La mode la plus récente parmi les jeunes hommes est de laisser leurs chapeaux et leurs bâtons dans le hall et de ne pas les emmener avec eux au salon lorsqu'ils appellent. Faire cela est maintenant très général, car les chapeaux gênent si on prend le thé ; en outre, les hommes avaient tendance à oublier où ils plaçaient leurs chapeaux et devaient souvent retourner au salon pour les chercher.

Lors des « à domicile », des petits goûters, des déjeuners, des dîners, etc., la règle est la même et les chapeaux sont déposés dans le hall par les invités.

Un gentleman ne doit pas emporter son bâton ou son parapluie avec lui dans le salon, mais les laisser dans le couloir.

Lorsque les messieurs portent des gants, ils peuvent les enlever ou les garder à leur guise, peu importe ce qu'ils font, mais lorsqu'un appel est passé pendant que le thé est en cours, il est plus habituel de les enlever.

Lorsque la maîtresse de maison est au salon lorsqu'un visiteur est annoncé, et qu'elle doit organiser ses occupations de manière à ce qu'elle s'y retrouve toujours les après-midi où elle a l'intention d'être « à la maison » en cas d'appel de visiteurs, elle doit se lever, avancez et serrez la main de son visiteur. Elle ne devrait pas demander à son visiteur de s'asseoir, ou de « s'asseoir », mais elle pourrait lui dire : « Où allez-vous vous asseoir ? ou "Voulez-vous vous asseoir ici?" ou quelque chose dans ce sens ; et doit immédiatement s'asseoir et s'attendre à ce que son visiteur fasse de même, aussi près d'elle que possible.

L'hôtesse et le visiteur doivent se garder d'afficher une attitude pointilleuse lors d'un appel matinal, car un appel matinal est le plus souvent un *tête-à-tête*, et un *tête-à-tête* entre deux personnes mais se connaissant légèrement nécessite un temps considérable. quantité de tact et *de savoir-vivre* à entretenir avec aisance et maîtrise de soi. Une femme difficile est sans repos, sans dignité et sans *savoir vivre*.

Une hôtesse trahit qu'elle n'est pas très habituée au monde lorsqu'elle tente d'amuser son visiteur par la production d'albums, de photographies, de livres, de journaux illustrés, de portfolios de dessins, les efforts artistiques des membres de la famille, etc. la conversation suffit, sans avoir recours à des démonstrations picturales.

Si elle n'est pas suffisamment intime pour évoquer des questions familiales, la conversation devrait porter sur des sujets légers du moment. [2]

Les personnes peu habituées à la société ont tendance à recourir aux aides fortuites ci-dessus. Une hôtesse ne doit compter que sur ses propres facultés de conversation pour que le court quart d'heure, qui est la limite d'une visite cérémonieuse, se déroule agréablement à son visiteur. L'hôtesse ne doit pas offrir à son visiteur des rafraîchissements, du vin et des gâteaux, par exemple. Aucun rafraîchissement, à l'exception du thé, ne devrait être offert aux visiteurs du matin ; ils ne sont pas censés les exiger.

A la campagne, il est d'usage d'offrir du xérès aux messieurs qui viennent et de commander du thé pour les dames, même si la visite se fait assez tôt dans l'après-midi et un peu avant l'heure du thé.

Les visites cérémonielles se font habituellement avant quatre heures et demie ; mais si le thé est apporté pendant que le visiteur est dans le salon, ou si le visiteur appelle pendant que l'hôtesse prend le thé, elle doit naturellement offrir du thé à son visiteur.

Lorsque la maîtresse de maison n'attend que quelques visites, le « thé » est déposé sur une petite table, un plateau en argent étant généralement utilisé à cet effet. L'hôtesse doit verser le thé elle-même ; lorsqu'un monsieur est présent, il doit remettre les tasses aux visiteurs ou au visiteur, sinon l'hôtesse doit le faire elle-même, puis remettre le sucre et la crème, sans demander si ses visiteurs en auront non plus, à moins qu'elle ne prépare les tasses de thé. elle-même, auquel cas elle devrait poser la question.

Lorsqu'un deuxième visiteur arrive, dix ou quinze minutes après le premier visiteur, celui-ci doit prendre congé dès qu'il le peut. Lorsque le deuxième visiteur est une dame, l'hôtesse doit se lever et lui serrer la main, puis s'asseoir ; le premier visiteur, s'il s'agit d'une dame, ne doit pas se lever ; s'il est un gentleman, il devrait le faire.

Une hôtesse doit également se lever et s'avancer lorsqu'un gentleman est annoncé ; cela lui donne l'occasion de lui parler quelques instants dès sa première entrée dans la pièce. Le deuxième visiteur doit immédiatement s'asseoir près de l'hôtesse.

Elle doit se présenter les appelants, à moins qu'elle n'ait une raison particulière de ne pas le faire. Elle pourrait cependant, au cours de la conversation, simplement mentionner le nom de chaque interlocuteur, afin que chacun puisse prendre connaissance du nom de l'autre. Cela se fait désormais souvent lorsque les présentations formelles ne sont pas faites. Si l'hôtesse possède du tact, une facilité et une facilité de parole, elle doit habilement attirer les deux interlocuteurs dans la conversation (un sujet qui est largement développé dans "L'art de converser"). L'hôtesse ne devrait pas choisir cette dernière solution à moins d'être consciente que les deux visiteurs risquent de s'apprécier mutuellement.

Lorsqu'un visiteur arrive immédiatement après l'autre, l'hôtesse doit converser également avec les deux visiteurs, et la dame qui est arrivée la première doit être la première à partir, après un appel de dix à quinze minutes. Lorsqu'un seul visiteur est présent, l'hôtesse doit l'accompagner jusqu'à la porte du salon et s'attarder quelques instants pendant que le visiteur descend les escaliers. Cela ne serait pas impératif, mais ce serait courtois. Lorsque l'hôte est présent, il doit accompagner la dame en bas dans le hall ; c'est aussi une civilité facultative et dépend grandement de l'estime dans laquelle la dame est tenue par l'hôte et l'hôtesse.

Lorsque deux visiteurs sont présents, l'hôtesse doit se lever et serrer la main du visiteur qui part ; mais, à moins qu'il ne s'agisse d'une personne de plus grande considération que la visiteuse qui restait encore assise, elle ne devait pas l'accompagner jusqu'à la porte du salon.

Un visiteur ne doit pas se lever de son siège lorsqu'un autre est sur le point de prendre congé. Lorsque les visiteurs se connaissent, ils doivent se lever et se serrer la main. Lorsqu'un des visiteurs est un gentleman, il doit se lever, même s'il ne connaît pas la dame qui va prendre congé ; il ne doit pas rester assis lorsque l'hôtesse est debout.

Lorsque deux visiteurs, soit deux dames, soit deux messieurs, ont eu une légère conversation au cours d'une visite matinale, ils ne doivent pas se serrer la main en partant, mais simplement s'incliner. Lorsqu'ils ne se sont pas parlé, ils ne doivent pas s'incliner.

Lorsqu'ils ont été formellement présentés, ils ne doivent encore que s'incliner, à moins que la connaissance n'ait progressé vers une intimité soudaine grâce à une connaissance préalable l'un de l'autre.

Lorsqu'un des visiteurs présents est un gentleman, il doit ouvrir la porte du salon au visiteur qui s'en va, mais il ne doit pas l'accompagner en bas à moins que l'hôtesse ne le lui demande ; le visiteur doit s'incliner devant lui et le remercier, mais pas lui serrer la main.

Lorsque l'hôtesse aura serré la main d'un invité, et avant de traverser la chambre avec lui, elle sonnera la cloche du salon, afin que la servante soit prête dans le hall à ouvrir la porte. Elle devrait sonner même si l'hôte accompagnait la dame en bas. Il serait inconsidéré de la part de l'hôtesse d'oublier de sonner pour avertir le domestique du départ d'un visiteur.

A la campagne, la personne qui appelle, avant de se lever pour partir, demande parfois si elle peut sonner pour que son automobile revienne. Lorsque l'hôtesse est à portée de la cloche, elle doit la sonner pour elle ; lorsqu'un gentleman est présent, il devrait le faire. A l'entrée du domestique, l'appelant doit dire : « Mon automobile, s'il vous plaît !

Lorsqu'une dame vient chez un ami, l'hôte de quelqu'un qu'elle ne connaît pas elle-même, ou même peu de connaissance, elle doit dans les deux cas demander si son amie est chez elle, et non si la maîtresse de maison est à la maison. maison; et après avoir rendu visite, en quittant la maison, elle doit laisser des cartes à sa maîtresse si elle la connaît un peu, mais ne doit pas le faire si elle ne la connaît pas.

Lorsqu'une dame reçoit un invité en visite chez elle, si cela lui convient, elle doit, lorsque son invité attend des visiteurs, s'absenter du salon à cette heure particulière, à moins que les visiteurs attendus ne soient des amis communs d'elle-même et de son invité.

Si elle est dans le salon avec ses invités lorsqu'un visiteur est annoncé de manière à rendre une introduction inévitable, une présentation formelle doit être faite, mais la maîtresse de maison, après très peu de minutes, doit s'excuser, tranquillement. quitter la salle et ne revenir qu'après le départ du visiteur. Il serait inconsidéré que la maîtresse de maison reste au salon tandis que des visites sont faites à son hôte par des étrangers, sauf sur la demande particulière de son hôte. Lorsqu'un visiteur est un gentleman, et l'invité une jeune femme célibataire, la maîtresse de maison doit rester dans le salon pour la chaperonner.

Lorsque la maîtresse de maison désire faire la connaissance d'un ami particulier de son invité, de qui elle attendait une visite, au moment de la visite et avant que le visiteur ne prenne congé, l'invité doit lui demander si elle lui permettra de présentez-la à la dame chez qui elle loge. Si son visiteur désire être présenté, elle doit alors appeler et demander au domestique de dire à sa maîtresse que Mme A. est dans le salon, message que l'hôtesse comprendrait comme signifiant que sa présence est souhaitée, et la présentation serait alors être faite lors de sa comparution. Une introduction, si elle était faite de cette manière, pourrait devenir la base d'une future connaissance, les deux dames ayant eu la possibilité de refuser la connaissance de l'autre si elles en étaient disposées ; tandis qu'une introduction forcée sans aucune option ne compterait guère comme base d'une future connaissance à moins que les dames ainsi présentées ne s'apprécient mutuellement.

A la campagne, un hôte a rarement des amis et des connaissances dans le voisinage, inconnus de son hôtesse ; dans le cas contraire, l'hôtesse doit donner à son invité la possibilité de voir son visiteur en les laissant ensemble au moment de l'appel.

Lorsqu'un invité est présent lorsque la maîtresse de maison reçoit des visiteurs, elle doit les présenter à son invité ou son invité à eux, selon le rang de l'un ou l'autre (voir chapitre II.) .

Lorsqu'une dame conduit avec une amie qui n'est pas connue de la connaissance qu'elle appelle, elle ne doit pas l'emmener dans la maison avec elle pendant qu'elle appelle, à moins qu'elle ne soit une jeune femme ou qu'il y ait des circonstances particulières. raison pour laquelle les deux dames se sont présentées, ou à moins que les deux dames n'aient exprimé le désir de faire connaissance. Il arrive parfois que les maris et les femmes téléphonent ensemble, mais le plus souvent ils ne le font pas. En règle générale, une dame paie seule une visite, à moins qu'elle n'ait une fille adulte, alors qu'elle doit accompagner sa mère.

Parfois, deux dames, toutes deux intimes avec la maîtresse de maison, font leurs visites ensemble. Une fête de famille, composée d'un père, d'une mère et d'une ou plusieurs filles, se réunit rarement en ville, sauf dans des circonstances très exceptionnelles ; mais à la campagne, une famille de trois ou quatre personnes se réunissait naturellement ; c'est l'étiquette du pays de le faire.

Une différence considérable existe en ce qui concerne les « appels du dimanche », ou appels le dimanche. Les dames ne devraient pas faire de visites cérémonielles le dimanche ; ce ne serait pas une étiquette pour une connaissance de venir un dimanche, cela serait plutôt considéré comme une liberté, à moins qu'on ne lui demande expressément de le faire. Les amis intimes, au contraire, font souvent du dimanche un jour spécial pour appeler, et c'est pourquoi les dames et messieurs, et plus particulièrement les messieurs, prolongent leurs heures d'appel de trois heures à six heures le dimanche.

Lorsqu'une dame ne connaît que les filles d'une famille, et non leur père ou leur mère, elle doit rendre visite aux filles, qui doivent immédiatement la présenter à leur mère lors de la prochaine visite. Si la mère n'est pas présente, la dame qui appelle doit lui laisser des cartes ; et à toutes les visites du matin, lorsque les filles de la maison reçoivent une visite cérémonieuse d'une connaissance, en l'absence de leur mère, soit par indisposition, soit par toute autre cause, des cartes doivent lui être laissées dans le hall avant de partir par la dame qui appelle. (voir chapitre III.).

Dans tous les cas, lorsque des « appels du matin » sont effectués et que la dame appelée n'est pas à la maison, les cartes doivent être déposées selon l'étiquette décrite au chapitre II. , une étiquette qui doit être strictement respectée ; lorsque la dame appelée est « à la maison », les cartes doivent être laissées aux messieurs de la famille, selon les mêmes règles de dépôt de cartes, qui ne peuvent être trop scrupuleusement suivies.

Une maîtresse de maison doit informer sa servante après ou avant le déjeuner, ou avant les heures de visite, si elle a l'intention d'être « chez elle » pour les visiteurs ou non pendant l'après-midi.

"Pas à la maison" est la formule comprise pour exprimer le fait de ne pas souhaiter recevoir de visiteurs.

« Pas à la maison » n'implique pas un mensonge, mais signifie plutôt que, pour une ou plusieurs raisons, il n'est pas souhaitable de voir des visiteurs ; et comme il serait impossible d'expliquer à des connaissances le pourquoi et le pourquoi de l'inconvénient de recevoir des visiteurs, la formule "Pas chez moi" est une explication toute suffisante, pourvu toujours qu'un domestique soit en mesure de donner une réponse directe à la maison. une fois de "Pas à la maison" lorsque la question lui est posée. Si un domestique ne sait pas si sa maîtresse souhaite ou non recevoir des visiteurs, c'est presque une offense directe à la dame qui l'appelle s'il hésite quant à sa réponse et la laisse soit assise dans sa voiture, soit debout dans le hall. tandis que « Il verra si sa maîtresse est « à la maison » », revenant peut-être avec la réponse peu satisfaisante qu'elle n'est « pas à la maison » ; auquel cas l'annonce est presque reçue comme une exclusion personnelle plutôt que comme une exclusion générale des visiteurs.

Si une dame s'habille pour sortir lorsqu'un visiteur l'appelle, le domestique peut en parler au visiteur qui l'appelle et lui proposer de s'assurer si sa maîtresse verra l'appelant ; et l'appelant doit user de sa propre discrétion quant à savoir si elle l'autorisera à le faire ou non ; mais à moins que la visite ne soit importante, il serait préférable, dans ce cas, de ne laisser que des cartes.

Lorsqu'un deuxième visiteur appelle, un domestique ne devrait pas être autorisé à dire que sa maîtresse est « fiancée à une dame » ou « à un gentleman », mais il devrait introduire le deuxième visiteur dans le salon, comme il l'a déjà fait. premier appelant. Il ne devrait pas demander si sa maîtresse verra ou non le deuxième appelant. Il ne doit pas non plus informer le deuxième appelant si quelqu'un est ou non avec sa maîtresse, comme les serviteurs ignorants sont trop portés à le faire.

Il n'est pas habituel d'offrir du café au thé de l'après-midi ; seul le thé est donné. Offrir du café est une mode étrangère et non anglaise.

Les visiteurs du « matin » ne devraient pas être conduits à la salle à manger pour prendre le thé ; et le thé n'est servi dans la salle à manger qu'à l'occasion d'un grand thé de l'après-midi, ou d'un après-midi « à la maison », etc. (Voir chapitre « L'après-midi « à la maison », p. 151) .

L'heure du thé varie de 16h à 16h30. Lorsque les appelants sont présents à 16 heures, le thé doit être apporté à cette heure-là. Il doit être placé sur une petite table préalablement recouverte d'un torchon en lin blanc ou en damassé. Le plateau à thé doit être assez grand pour contenir, outre la porcelaine, la théière en argent, etc., une urne pour l'eau chaude, qui doit être apportée et placée dessus. Un présentoir contenant des petits pains chauds, un gâteau non coupé, des petits gâteaux, de minuscules sandwichs et du pain fin et du beurre doit être placé à proximité de la table à thé. De minuscules assiettes à thé doivent être placées en pile sur le plateau à thé, elles étant d'usage général. L'hôtesse ou sa fille doit verser le thé.

Outre le style de thé de l'après-midi mentionné ci-dessus, il existe une mode plus récente de ce que l'on pourrait appeler « un thé en table ronde », autour duquel s'assoient l'hôtesse et les invités, mais ce style est plus courant dans les maisons de campagne que dans les maisons de ville à l'heure actuelle, en raison de l'espace requis, ne serait-ce que pour d'autres raisons. Le thé est servi dans un petit salon, sur une grande table ronde ou ovale recouverte d'une nappe blanche, sur laquelle est posé le plateau à thé avec tout son contenu. Des gâteaux chauds et froids, des sandwiches, des pâtisseries, des fruits, des confitures, du pain et du beurre, des biscuits, des toasts secs, etc., sont servis et les convives assis à table se servent eux-mêmes selon leurs besoins. L'hôtesse verse le thé et tend les tasses comme lorsque les invités ne sont pas assis de cette façon. Les assiettes à dessert ainsi que les couteaux et fourchettes à dessert doivent être placés sur la table à côté des petites assiettes à thé, à prendre selon les besoins.

NOTES DE BAS DE PAGE :

[2] Voir l'ouvrage intitulé « L'Art de Converser ».

CHAPITRE V

PRÉSÉANCE

L' ordre de préséance dû à chaque individu selon son rang est d'une grande importance dans les banquets officiels et dans les dîners de cérémonie, où sa correcte observance doit être strictement observée.

En ce qui concerne la préséance parmi les personnages royaux , le souverain a préséance sur tous les autres dans le royaume ; le roi a préséance sur la reine Mary. Le prince de Galles a préséance sur le duc de Connaught. La reine Alexandra a la préséance sur les princesses royales. Les princesses royales ont préséance sur leurs maris, le prince Christian et le duc d'Argyll.

La préséance accordée aux personnages royaux étrangers dans ce pays dépend beaucoup de leur rang individuel. Les Altesses Impériales et Royales ont préséance sur les Altesses Sérénissimes.

La préséance accordée aux princes d'Orient est généralement synonyme de celle accordée aux Altesses Sérénissimes ; mais dans certains cas, les revendications de préséance individuelle sont si difficiles à définir, que dans les cas officiels, il est parfois nécessaire d'établir une règle spéciale quant au degré de préséance à accorder.

En ce qui concerne la préséance générale , les archevêques, les ambassadeurs, le Lord High Chancellor, le Premier ministre, le Lord Chancellor of Ireland, le Lord President of the Council et le Lord Privy Seal, ont préséance sur les ducs ; les ducs ont préséance sur les comtes, et ainsi de suite à travers les différents degrés de noblesse.

Les ministres des Affaires étrangères et les envoyés ont priorité après les ducs, dans l'ordre de leur ancienneté de service en Angleterre. Dans tous les cas où la préséance doit être établie entre des personnes de rang égal, il est nécessaire de se référer à une pairie pour la date de création du titre, car celle-ci décide en fait de toute préséance.

Pour la préséance due aux baronnets et à leurs épouses, un baronetage doit être consulté.

Pour la préséance due aux chevaliers et à leurs épouses, un chevalier doit être consulté en référence à chaque ordre de chevalerie.

Pour la préséance due à la profession juridique, il convient de consulter une liste de lois lorsqu'elle n'est pas définie par fonction ou par naissance.

Pour la préséance due au clergé, une liste du clergé doit être consultée lorsque la préférence supérieure ou la naissance ne la définissent pas.

Pour la préséance due aux officiers de l'armée et de la marine, une liste d'armée et une liste de marine doivent être consultées pour déterminer la préséance due à chacun dans les services distincts.

Les officiers doivent être envoyés au dîner selon les dates de commission, mais aucune branche de l'armée n'a préséance sur l'autre en ce qui concerne le grade des officiers ; c'est-à-dire qu'un colonel de 1901, par exemple d'un régiment antillais, précéderait un colonel de gardes, d'artillerie ou de cavalerie de promotion 1902. Rangée en brigade à la parade, la cavalerie prend la droite de la ligne ; ainsi : Artillerie, Royal Engineers, gardes à pied et régiments réguliers, régiments et régiments des Antilles, dans l'ordre nommé dans la liste d'armée.

En ce qui concerne la préséance entre officiers des armées combinées, il convient de consulter un tableau des "Rangs relatifs et préséance dans l'armée et la marine", car un capitaine de la marine après trois ans de service rangs auprès d'un colonel de l'armée, d'un lieutenant de l'armée. une marine de huit ans d'ancienneté se classe auprès d'un major dans l'armée, et d'un lieutenant de rang inférieur dans la marine, se classe auprès d'un capitaine dans l'armée, etc.

Les agents du consulat ont également la priorité en fonction de l'ancienneté du service en Angleterre et de la date d'arrivée officielle. La liste du ministère des Affaires étrangères de l'année en cours doit être consultée pour connaître la date dans chaque cas.

Quant à la préséance due aux veuves titrées remariées : La veuve d'un pair mariée à un roturier conserve son titre par courtoisie, et la préséance due au titre lui est accordée.

Lorsque la veuve d'un duc épouse une personne d'un rang inférieur à celui de son défunt mari, elle conserve toujours sa préséance.

La fille d'un pair, si elle est mariée à un baronnet ou à un roturier, conserve sa préséance, mais si elle est mariée à un baron, sa préséance se confond avec celle de son mari.

La veuve d'un baronnet mariée à un roturier conserve son titre de droit et non par courtoisie.

La veuve d'un chevalier mariée à un roturier conserve son titre par courtoisie seulement, mais la préséance due à la veuve d'un chevalier lui est accordée.

Lorsque la fille d'un duc épouse un pair, elle a la préséance en raison du rang de son mari ; si elle épouse un roturier, la préséance lui est accordée en raison de la fille d'un duc.

L'âge ne confère aucune préséance à l'un ou l'autre sexe. Les égaux en rang du plus haut au plus bas ont préséance selon la création de leur titre et non selon l'âge de la personne qui porte le titre. Ainsi, par exemple, un jeune duc aurait préséance sur un vieux duc, si le titre du jeune duc portait une date antérieure à celle du vieux duc. La même règle s'applique également aux baronnets et aux chevaliers.

Lorsque deux comtes sont présents à un dîner, la date de leurs brevets de noblesse respectifs décide de l'ordre de préséance qui leur est dû.

Un hôte ou une hôtesse doit toujours consulter une « pairie » ou un « baronetage » en cas de doute quant à la préséance du fait d'invités attendus portant des titres ; La richesse ou la position sociale ne sont pas prises en compte dans cette affaire, c'est strictement une question de date.

La préséance due aux dames de rang égal s'applique de la même manière. Ainsi, la jeune épouse d'un baronnet a préséance sur l'épouse âgée d'un baronnet si la création du titre de son époux porte une date antérieure.

Lorsque les prétentions à la préséance de personnes de rang égal s'affrontent, les prétentions d'un gentleman doivent être abandonnées en faveur de celles d'une dame, si les personnes sont de sexes opposés. Ainsi, si deux couples de rang supérieur aux autres invités étaient présents à un dîner, l'hôte devrait descendre la dame du rang le plus élevé, et l'hôtesse devrait être descendue par le monsieur le plus haut rang, auquel cas la dame la deuxième devait aller dîner *avant* son mari, bien que les messieurs qui l'emmenaient dîner fussent d'un rang inférieur à celui de son mari.

Les écuyers et les épouses des écuyers ont préséance selon leur position sociale. Les députés n'ont pas de préséance, même si celle-ci leur est souvent accordée par courtoisie, notamment dans le comté qu'ils représentent ; les épouses des députés n'ont également droit à aucune préséance au motif que leurs maris sont députés.

Le haut shérif d'un comté a préséance sur tous les autres messieurs du comté, quel que soit leur rang, à l'exception du lord-lieutenant, conformément au mandat royal émis par feu Sa Majesté le roi Édouard, donnant la préséance aux lord-lieutenants des comtés avant les hauts shérifs.
.

Le haut shérif de son comté particulier n'a pas de préséance, pas plus qu'un lord-lieutenant ; et les épouses des lords-lieutenants ou des hauts shérifs n'ont aucune préséance en raison de la dignité officielle de leurs maris.

Un juge d'assises a préséance sur le grand shérif car le juge d'assises représente le Souverain du Royaume.

Les ecclésiastiques, les avocats , les officiers de l'armée et de la marine ont préséance sur les écuyers en raison de leur rang ; et dans chaque profession, la préséance devrait leur être accordée selon la dignité, la date d'ordination, la date d'appel et la date de commission dans leurs diverses professions, en supposant que le rang est égal.

Les hauts dignitaires religieux et juridiques ont une priorité particulière ; par exemple, l'archevêque de Cantorbéry a la préséance sur tous les ducs, et le Lord Chancelier a la préséance sur l'archevêque d'York, qui a également la préséance sur les ducs ; les évêques ont préséance sur tous les barons, quelle que soit leur date de création. Le Lord Chief Justice, le Maître des Rôles, lorsqu'ils ne sont pas pairs, et tous les juges de la Haute Cour de Justice dans leurs diverses divisions, ont préséance après les Conseillers Privés et avant les baronnets et tous les chevaliers, à l'exception des Chevaliers de la Jarretière.

Le rang relatif entre les officiers de l'armée et de la marine et les docteurs en théologie est assez difficile à déterminer quant à la préséance à leur donner dans un dîner. "Dod" place ensuite "les écuyers par fonction, qui, bien sûr, incluent tous les officiers de l'armée et de la marine", avant *les* plus jeunes fils de chevaliers et avant les docteurs en théologie, qui suivent ensuite dans l'ordre ; tandis que « Loge » place « les officiers de la marine et de l'armée » *après* les plus jeunes fils des chevaliers célibataires, des ecclésiastiques et des avocats.

Préséance aux dîners. — Lorsque la royauté est présente à un dîner, un prince de sang royal prend la priorité sur une princesse et ouvre la marche avec l'hôtesse, l'hôte suivant ensuite avec la princesse. A l'inverse, une princesse de sang royal prend la priorité sur un prince étranger – son mari – et ouvre la voie avec l'hôte.

L'hôte devrait abattre la Dame du plus haut rang et l'accompagner jusqu'à la salle à manger. Les invités doivent suivre l'hôte par couples selon le degré de préséance qui leur est dû, et l'hôtesse doit suivre le dernier couple en présence du monsieur du plus haut rang.

Lorsqu'un plus grand nombre de messieurs que de dames sont présents à un dîner, comme c'est souvent le cas, ces messieurs doivent suivre l'hôtesse dans la salle à manger et non la précéder.

Lorsqu'une veuve ou une jeune fille est hôtesse et qu'il n'y a aucun monsieur de la famille présent pour agir comme hôte, le monsieur en second rang doit descendre la dame du rang le plus élevé, ouvrant la voie avec elle à la salle à manger, l'hôtesse suivant en dernier lieu, avec le gentleman du plus haut rang.

Dans le cas où la sœur du mari ou la sœur de l'épouse doit agir comme hôtesse, la priorité doit être donnée à la sœur de l'épouse.

La femme du fils aîné doit avoir la préséance sur les sœurs de son mari dans la maison paternelle.

Quant à la préséance due aux parents d'un hôte ou d'une hôtesse, elle devrait céder la place à celle due aux invités sans lien de parenté avec l'hôte ou l'hôtesse, bien que leurs parents puissent être, peut-être, d'un rang plus élevé que les invités eux-mêmes.

Parfois, le fils aîné de la maison agit comme deuxième hôte, éliminant une dame de deuxième ou troisième rang ; mais les filles de la maison doivent toujours être emmenées dîner après les autres dames présentes, et en aucun cas avant elles.

Aucune préséance n'est accordée ni à une dame ni à un gentleman en raison du rang de sa mère.

Aucune préséance n'est accordée aux épouses dans la société, bien que parfois, à la campagne, les gens considèrent comme un devoir d'une épouse de l'envoyer dîner avec l'hôte à l'occasion de son premier dîner dans une maison dans les trois mois suivant son mariage.

Tableau de préséance générale

MESSIEURS

- Le roi.
- Le prince de Galles.
- Les plus jeunes fils du Souverain.
- Les petits-fils du Souverain.
- Les frères du Souverain.
- Les oncles du Souverain.
- Les neveux du Souverain.
- Ambassadeurs.
- Archevêque de Canterbury.
- Lord Grand Chancelier.
- Archevêque d'York.
- Le Premier ministre.

- Lord Chancelier d'Irlande.

- Seigneur Président du Conseil.

- Seigneur du Sceau privé.

- Les ducs qui pourraient occuper l'une ou l'autre de ces cinq fonctions...
    - o 1. Lord Grand Chambellan.
    - o 2. Comte maréchal.
    - o 3. Seigneur Intendant.
    - o 4. Lord Chamberlain.
    - o 5. Maître du cheval.

- Ducs par ordre de leurs brevets de création...
    - o 1. Ducs d'Angleterre.
    - o 2. " " L'Ecosse.
    - o 3. Ducs de Grande-Bretagne.
    - o 4. " " L'Irlande a été créée avant l'Union.
    - o 5. Ducs créés depuis l'Union.

- Fils aînés des ducs de sang royal.

- Marquis qui peuvent occuper l'une ou l'autre des fonctions d'État mentionnées ci-dessus.

- Marquis dans le même ordre que les ducs.

- Fils aînés des ducs.

- Comtes détenant l'une des cinq fonctions d'État.

- Comtes dans le même ordre que les ducs.

- Fils cadets des ducs de sang royal.

- Fils aînés des marquis.

- Les plus jeunes fils des ducs.

- Vicomtes qui peuvent occuper l'une des cinq fonctions d'État.

- Vicomtes dans le même ordre que les ducs.

- Les fils aînés d'Earls.

- Fils cadets des marquis.

- Évêque de Londres.

- " " Durham.

- " " Winchester.

- Autres évêques anglais par ordre de leur consécration.

- Modérateur de l'Église d'Écosse.

- Barons détenant l'une des cinq fonctions d'État.

- Barons qui peuvent être secrétaires d'État ou secrétaire irlandais.

- Barons dans le même ordre que les ducs.

- Le président de la Chambre des communes.

- Trésorier de la Maison.

- Contrôleur de la maison.

- Vice-Chambellan de la Maison.

- Secrétaires d'État au-dessous du rang de barons.

- Fils aînés des vicomtes.

- Les plus jeunes fils d'Earls.

- Fils aînés des barons.

- Des roturiers qui sont des Chevaliers de la Jarretière.

- Conseillers privés de rang inférieur aux précédents, selon la date à laquelle ils ont prêté serment.

- Chancelier de l'Échiquier.

- " " " Duché de Lancastre.

- Lord juge en chef d'Angleterre.

- Maître des Rôles.

- Lords Justices of Appeal et président du tribunal des successions.

- Juges de la Haute Cour de Justice.

- Fils cadets des vicomtes.

- Les barons " "

- Fils des pairs de la vie.

- Baronnets selon les dates des brevets.

- Chevaliers Grand-Croix de Bath.

- Chevaliers Grands Commandeurs, Étoile de l'Inde.

- Chevaliers Grand-Croix de Saint-Michel et Saint-Georges.

- Chevaliers Grands Commandeurs de l'Empire Indien.

- Chevaliers Grand-Croix de l'Ordre royal de Victoria.

- Chevaliers Commandants des Ordres ci-dessus dans le même ordre.

- Chevaliers Baccalauréats des Ordres ci-dessus dans le même ordre.

- Commandeurs de l'Ordre royal de Victoria.

- Juges des tribunaux de comté d'Angleterre et d'Irlande, et juges du tribunal de la ville de Londres.

- Master en folie.

- Compagnons des Ordres de Bath, Étoile de l'Inde, SS. Michael et George et l'Empire indien dans la même séquence.

- Membres de la 4e classe de l'Ordre royal de Victoria.

- Compagnons de l'Ordre du Service Distingué.

- Fils aînés des fils cadets des pairs.

- Fils aînés des baronnets.

- Fils aînés des chevaliers, par ordre de leurs pères.

- Membres de la 5e classe de l'Ordre royal de Victoria.

- Fils cadets des fils cadets de Peers.

- Fils cadets des baronnets.

- Fils cadets des chevaliers, par ordre de leurs pères.

- Écuyers navals, militaires et autres par fonction.

- Messieurs ayant le droit de porter une armure.

DAMES

- La reine.

- La reine mère.

- Les filles du Souverain.

- Épouses des plus jeunes fils du souverain.

- Les petites-filles du souverain.

- Épouses des petits-fils du souverain.

- Les sœurs du souverain.

- Épouses des frères du souverain.

- Les tantes du souverain.

- Épouses des oncles du souverain.

- Les nièces du souverain.

- Épouses des neveux du souverain.

- Duchesses (dans le même ordre que les ducs).

- Épouses des fils aînés des ducs de sang royal.

- Marquises.

- Épouses des fils aînés des ducs.

- Filles des ducs.

- Comtesses.

- Épouses des plus jeunes fils des ducs royaux.

- Épouses des fils aînés des marquis.

- Filles des marquis.

- Épouses des plus jeunes fils des ducs.

- Vicomtesses.

- Épouses des fils aînés des comtes.

- Filles des comtes.

- Épouses des plus jeunes fils des marquis.

- Baronnes.

- Épouses des fils aînés des vicomtes.

- Filles des vicomtes.

- Épouses des plus jeunes fils des comtes.

- Épouses des fils aînés des barons.

- Filles de barons.

- Les demoiselles d'honneur.

- Épouses des plus jeunes fils des vicomtes.

- Épouses des plus jeunes fils des barons.

- Épouses des filles et des fils de Life Peers.

- Épouses de baronnets.

- Filles de baronnets.

- Épouses des fils aînés des chevaliers.

- Filles de chevaliers.

- Épouses des plus jeunes fils des plus jeunes fils de Peers.

- Épouses des plus jeunes fils des baronnets.

- Épouses de jeunes fils de chevaliers.

- Épouses d'écuyers.

- Épouses de messieurs.

CHAPITRE VI

L'APPLICATION FAMILIÈRE DES TITRES

L' application familière des titres diffère sensiblement de l'application des titres lorsqu'ils ne sont pas utilisés familièrement, et de nombreuses personnes se demandent si elles devraient ou non utiliser familièrement les titres dans leur intégralité.

Sa Majesté le Roi devrait être appelé « Monsieur » par tous ceux qui entrent en contact social avec lui ; et par tous les autres sous le nom de « Votre Majesté ».

Sa Majesté la reine Mary devrait être appelée « Madame » par tous ceux qui entrent en contact social avec elle ; et par tous les autres sous le nom de « Votre Majesté ».

Sa Majesté la reine Alexandra devrait être appelée « Madame » par tous ceux qui entrent en contact social avec elle ; et par tous les autres sous le nom de « Votre Majesté ».

Le prince de Galles, le duc de Connaught et tous les princes de sang royal devraient être appelés « Monsieur » par les classes supérieures.

Les princesses de sang royal devraient être appelées «Madame» par les classes supérieures. Les épouses des princes de sang royal devraient également être appelées « Madame » par les classes supérieures.

Toutes les têtes couronnées visitant l'Angleterre doivent être appelées « Monsieur » par leurs connaissances sociales, et « Votre Majesté » par tous les autres. Les dames royales, leurs épouses, doivent être appelées « Madame » par celles qu'elles connaissent personnellement, et « Votre Majesté » par tous les autres.

Un prince étranger portant le titre d'Altesse Sérénissime doit être appelé « Prince », et non « Monsieur », par l'aristocratie et la noblesse, et comme « Votre Altesse Sérénissime » par toutes les autres classes.

Une princesse étrangère, portant également le titre d'Altesse Sérénissime, devrait être appelée « Princesse » lorsqu'elle est adressée familièrement par les classes supérieures, mais pas comme « Madame » ; et comme "Votre Altesse Sérénissime" par toutes les autres classes.

Un duc anglais devrait être appelé « Duc » par l'aristocratie et la noblesse, et non « Votre Grâce » par les membres de l'une ou l'autre de ces classes. Toutes les autres classes devraient l'appeler familièrement « Votre Grâce ».

Une duchesse anglaise doit être appelée « Duchesse » par toutes les personnes conversant avec elle appartenant aux classes supérieures, et « Votre Grâce » par toutes les autres classes.

Un marquis, familièrement, devrait être appelé « Lord A ».

Une marquise doit être appelée « Lady A ». par les classes supérieures. Ce serait une erreur de s'adresser familièrement à un marquis anglais par « Marquis » ou à une marquise par « Marquise ». Toutes les autres classes doivent les adresser soit par « Mon Seigneur » ou « Votre Seigneurie », « Ma Dame » ou « Votre Seigneurie ».

Un comte doit être appelé « Lord B ». par les classes supérieures, et comme « Mon Seigneur » ou « Votre Seigneurie » par toutes les autres classes.

Une comtesse doit être appelée « Lady B ». par les classes supérieures, et comme « Ma Dame » ou « Votre Dame » par toutes les autres classes.

Un vicomte doit être appelé « Lord C ». par les classes supérieures, et comme « Mon Seigneur » ou « Votre Seigneurie » par toutes les autres classes.

Une vicomtesse doit être appelée « Lady C ». par les classes supérieures, et comme « Ma Dame » ou « Votre Dame » par toutes les autres classes.

Un baron doit être appelé « Lord D ». par les classes supérieures, et comme « Mon Seigneur » ou « Votre Seigneurie » par toutes les autres classes.

Une baronne doit être appelée « Lady D ». par les classes supérieures, et comme « Ma Dame » ou « Votre Dame » par toutes les autres classes.

Dans les relations strictement officielles ou commerciales, un marquis, un comte, un vicomte, un baron et le fils cadet d'un duc ou d'un marquis doivent être appelés « Mon Seigneur ».

Le fils aîné d'un duc doit être appelé « Lord A ». par les classes supérieures, et comme « Mon Seigneur » ou « Votre Seigneurie » par toutes les autres classes.

L'épouse du fils aîné d'un duc doit être appelée « Lady A ». par les classes supérieures, et comme « Ma Dame » ou « Votre Dame » par toutes les autres classes.

Les plus jeunes fils d'un duc doivent être appelés « Lord John E ». ou "Lord Charles E." par les classes supérieures, et comme « Mon Seigneur » ou « Votre Seigneurie » par toutes les autres classes. Les personnes qui les connaissaient bien les appelaient familièrement par leur titre et leur prénom, comme « Lord John » ou « Lord Charles ». La même remarque s'applique à leurs épouses, qui sont souvent appelées familièrement « Lady Alfred » ou « Lady Edward ».

Les épouses des plus jeunes fils d'un duc doivent être appelées « Lady John E ». ou "Lady Charles E." par les classes supérieures, et comme « Ma Dame » ou « Votre Dame » par toutes les autres classes.

Les filles d'un duc doivent être appelées « Lady Mary A ». ou "Lady Elizabeth B." par les classes supérieures, et comme « Lady Mary » et « Lady Elizabeth » par ceux qui sont intimes avec elles, et comme « My Lady » ou « Your Ladyship » par toutes les autres classes.

Le fils aîné d'un marquis doit être appelé « Lord A ». par les classes supérieures, et comme « Mon Seigneur » ou « Votre Seigneurie » par toutes les autres classes.

L'épouse du fils aîné d'un marquis doit être appelée « Lady A ». par les classes supérieures, et comme « Ma Dame » ou « Votre Dame » par toutes les autres classes.

Les plus jeunes fils d'un marquis doivent être appelés « Lord Henry B ». et "Lord Frederick B." par les classes supérieures, et comme « Mon Seigneur » ou « Votre Seigneurie » par toutes les autres classes.

Les épouses des plus jeunes fils d'un marquis doivent être appelées « Lady Henry B ». et "Lady Frederick B." par les classes supérieures, et comme « Ma Dame » ou « Votre Dame » par toutes les autres classes.

Les filles d'un marquis doivent être appelées « Lady Florence B ». et "Lady Sarah B." par les classes supérieures, et comme « Ma Dame » ou « Votre Dame » par toutes les autres classes.

Le fils aîné d'un comte doit être appelé « Lord C ». par les classes supérieures, et comme « Mon Seigneur » ou « Votre Seigneurie » par toutes les autres classes.

L'épouse du fils aîné d'un comte doit être appelée « Lady C ». par les classes supérieures, et comme « Ma Dame » ou « Votre Dame » par toutes les autres classes.

Les filles d'un comte devraient être appelées « Lady Blanche » et « Lady Evelyn » par les classes supérieures, et « My Lady » ou « Your Ladyship » par toutes les autres classes.

Les fils cadets des comtes, ainsi que les fils aînés et cadets des vicomtes et des barons, ne portent que le titre de courtoisie d'honorable. Les filles des vicomtes et des barons portent également le titre de courtoisie d'honorable. Ce titre ne doit jamais être utilisé familièrement, « L'honorable Cecil Blank », « L'honorable Mme Cecil Blank » et « L'honorable Mary Blank » doivent être intitulés « M., Mme et Miss Mary Blank ». "

Les baronnets doivent être adressés par leur titre et prénom complets, comme Sir John Blank, par les classes supérieures, et par leurs titres et prénoms uniquement par toutes les autres classes.

Les épouses des baronnets doivent être appelées « Lady B ». ou « Lady C », selon les noms de famille de leurs maris : ainsi, la femme de « Sir John Blank » devrait être appelée « Lady Blank » par les classes supérieures, et non « Lady John Blank » – ce serait donner elle a le rang d'épouse du fils cadet d'un duc ou d'un marquis au lieu de celui d'épouse d'un baronnet uniquement - et comme « Ma Dame » ou « Votre Dame » par toutes les autres classes.

Les épouses des chevaliers doivent être appelées « Lady B ». ou « Lady C. », selon les noms de famille de leurs maris : ainsi, la femme de « Sir John Blank » devrait être appelée « Lady Blank » par les classes supérieures, et « My Lady » ou « Your Ladyship » par tous les autres. Des classes.

En s'adressant familièrement aux étrangers de rang , la règle reçue est de s'adresser à eux par leurs titres et noms de famille individuels.

Un prince ou une princesse doit être désigné par son titre complet : ainsi, « Prince Munich » ou « Princesse Munich » par les classes supérieures. Les personnes intimes avec eux les appellent généralement « Prince » ou « Princesse », selon le cas.

Dans le cas où un prince est un fils cadet, et non le chef régnant de la maison, son prénom est généralement utilisé après son titre lorsqu'on s'adresse à lui : ainsi, « Prince Louis », au lieu de « Prince » uniquement. La même remarque s'applique aux filles célibataires des princes. Ils devraient également être appelés par leur prénom, en plus de leur titre de « Princesse », par l'aristocratie et la noblesse, et par « Votre Sérénissime » ou « Votre Altesse Impériale », selon leur naissance et leur titre, par toutes les autres classes. .

Un duc français doit être appelé par son nom de famille, avec l'ajout de monsieur : ainsi, « Monsieur de Rouen », par les classes supérieures, et comme « Monsieur le Duc » par toutes les autres classes.

Une duchesse française doit être appelée par son nom de famille, avec l'ajout de madame : ainsi, « Madame de Rouen » par les classes supérieures, et comme « Madame la Duchesse » par toutes les autres classes.

Un marquis doit être appelé par son nom de famille, avec l'ajout de monsieur : ainsi, « Monsieur de Harfleur » par les classes supérieures, et comme « Monsieur le Marquis » par toutes les autres classes.

Une marquise doit être appelée par son nom de famille, avec l'ajout de madame : ainsi, « Madame la Harfleur » par les classes supérieures, et comme « Madame la Marquise » par toutes les autres classes.

Un comte doit être adressé par son nom de famille, avec l'ajout de monsieur : ainsi, « Monsieur de Montpellier » par les classes supérieures, et comme « Monsieur le Comte » par toutes les autres classes.

Une comtesse doit être appelée par son nom de famille, avec l'ajout de madame : ainsi, « Madame de Montpellier » par les classes supérieures, et comme « Madame la Comtesse » par toutes les autres classes.

Un vicomte doit être appelé par son nom de famille, avec l'ajout de monsieur : ainsi, « Monsieur de Toulouse » par les classes supérieures, et comme « Monsieur le Vicomte » par toutes les autres classes.

Une vicomtesse doit être appelée par son nom de famille, avec l'ajout de madame : ainsi, « Madame de Toulouse » par les classes supérieures, et comme « Madame la Vicomtesse » par toutes les autres classes.

Un baron doit être appelé par son nom de famille, avec l'ajout de monsieur : ainsi, « Monsieur d'Avignon » par les classes supérieures, et comme « Monsieur le Baron » par toutes les autres classes.

Une baronne doit être appelée par son nom de famille, avec l'ajout de madame : ainsi, « Madame d'Avignon » par les classes supérieures, et comme « Madame la Baronne » par toutes les autres classes.

Une jeune femme célibataire doit être appelée « Mademoiselle d'Avignon » par les classes supérieures, et « Mademoiselle » par toutes les autres classes.

Dans les titres allemands, la distinction « Von » avant le nom de famille est rarement utilisée familièrement, le titre et le nom de famille étant utilisés sans le préfixe « Von ». Ainsi, dans une conversation, le « Comte von Ausberg » doit être appelé « Comte Ausberg », et non « Monsieur le Comte ».

Les dames étrangères de haut rang doivent être appelées par leur titre et leur nom de famille, et non par leur titre seulement, et le préfixe « Von » doit être omis ; mais dans le cas d'un titre français ou italien, le « de » ou « de la » précédant le nom ne doit en aucun cas être omis.

Lorsque les Anglais sont extrêmement intimes avec des étrangers de haut rang, ils s'adressent probablement à eux par leur nom de famille ; mais seules une intimité et une amitié approfondies garantissent cette familiarité.

En ce qui concerne le fait de s'adresser au clergé , un archevêque doit être appelé familièrement « archevêque » par les classes supérieures, et « Votre Grâce » par le clergé et toutes les autres classes.

Un évêque devrait être appelé familièrement « Évêque » par les classes supérieures, et « Mon Seigneur » par le clergé et toutes les autres classes.

Un doyen devrait être appelé « Dean Blank » ou « Dean » par les classes supérieures, et « M. Dean » par le clergé.

Un archidiacre doit être appelé « Archidiacre Blank » et un chanoine « Canon Blank ».

Les épouses des archevêques, des évêques et des doyens doivent être respectivement appelées « Mme A. », « Mme B. » ou « Mme C ». Elles ne tirent aucun titre du rang spirituel de leur mari.

Les officiers de l'armée doivent être respectivement appelés "Général A.", "Colonel B.", "Major C." ou "Capitaine D.", et non comme "Général", "Colonel" ou "Major". sauf par leurs amis très intimes.

Les épouses des officiers doivent être appelées « Mme A. », « Mme B. », « Mme C. » ou « Mme D ». Ils ne doivent jamais être adressés par « Mme Général A. », « Mme Colonel B. », « Mme Major C. » ou « Mme Capitaine D ».

Une dame ne doit pas s'adresser familièrement à son mari uniquement par son nom de famille, comme « Jones », « Brown » ou par quel que soit son nom de famille, ni parler de lui sans le préfixe « M. ».

La règle habituelle est qu'une femme parle de son mari en l'appelant « M. Brown » ou « Mon mari », sauf à des amis intimes, lorsque seul le prénom est fréquemment utilisé, et qu'elle s'adresse à lui uniquement par son prénom.

Une femme ne doit pas s'adresser à son mari par la première lettre de son nom de famille, comme « M. B ». ou "Monsieur P."; un mari ne doit pas non plus s'adresser à sa femme par la première lettre de son nom de famille.

Lorsque des amis intimes s'adressent par la première lettre de leur nom, c'est uniquement par plaisanterie, et de tels cas, bien entendu, ne rentrent pas dans les règles de l'étiquette.

Les pairses s'adressent fréquemment à leurs maris et parlent d'eux par le nom attaché à leur titre, au lieu d'utiliser leur prénom ou leur nom de famille. Ainsi, le « Comte de Blankshire » serait appelé « Blankshire » par son épouse, sans le préfixe de « Lord », et sa signature habituelle serait « Blankshire », sans l'ajout d'un quelconque prénom.

Les épouses des baronnets ne doivent pas s'adresser à leurs maris par leur nom de famille, mais par leur prénom, et doivent parler d'eux comme « Sir George » ou « Sir John ».

Les épouses des chevaliers ne doivent pas non plus s'adresser à leurs maris par leur nom de famille, mais par leur prénom, et doivent parler d'eux comme « Sir George » ou « Sir John ».

Le lord-maire doit être adressé familièrement par « Lord-Maire », et la dame-maire par « Dame-maire », à moins que le lord-maire, en cours de fonction, ne soit créé baronnet ou ne reçoive l'honneur de chevalerie, alors qu'il doit être adressé par « Sir John ». " ou " Sir Henry ", et sa femme comme " Lady A ".

CHAPITRE VII

POINTS D'ÉTIQUETTE À L'ÉGARD DES PERSONNAGES ROYAUX

EN GÉNÉRAL est désormais très fréquemment mise en contact avec la royauté – membres de la famille royale d'Angleterre et membres de diverses familles royales d'Europe.

Avec Sa Majesté, cette association est fréquente dans le grand public, et des personnes possédant un intérêt particulier sont constamment mises en communication avec lui.

L'étiquette stricte de la Cour est largement en suspens et mise de côté par Sa Majesté lorsqu'elle rend visite à des amis personnels ou lorsqu'elle reçoit des visites de ceux-ci.

La gentillesse des princes et princesses anglais est partout reconnue, et les restrictions de l'étiquette de la cour sont souvent relâchées par leur désir lorsqu'ils visitent les maisons de la noblesse et de la petite noblesse.

L'étiquette qui règne dans les cours étrangères — Autriche, Russie, Grèce, etc. — est rarement dérogée et est respectée avec beaucoup de rigueur. C'est à tel point le cas de certains princes étrangers qui visitent nos côtes, que les observances qu'ils revendiquent comme dues à leur position élevée sont souvent considérées comme une contrainte pour les hôtes qu'ils honorent de leur compagnie, en ville ou à la campagne, à dîner, bal ou fête à la campagne.

D'un autre côté, de nombreux personnages royaux qui visitent occasionnellement l'Angleterre se montrent inflexibles et sans cérémonie envers la société en général.

Lorsque des personnages royaux visitent Londres pour quelques semaines, qu'ils se trouvent au palais, à l'ambassade ou à l'hôtel, c'est l'étiquette pour toute personne qui connaît personnellement ou est liée de quelque manière que ce soit à leur cour ou à leur cabinet, ou qui a été présentée à leur cour. , de laisser des cartes sur eux et d'inscrire leurs noms dans leurs livres de visite. Des personnages encore plus élevés dans l'échelle sociale donnent des réceptions en leur honneur et les invitent à séjourner dans leurs demeures princières.

Lors de telles visites, les principaux voisins sont généralement invités à rencontrer les invités royaux lors d'un dîner, d'un bal ou d'une réception, et sur le carton d'invitation est écrit : « Pour rencontrer SAR le prince héritier de — » ou « Son Altesse Sérénissime la Grande-Duchesse de ——, etc.; mais une hôtesse exerce sa propre discrétion sur les invitations qu'elle lance.

Si un bal est envisagé, le comté dans son ensemble est invité au manoir, mais si seules des invitations à dîner sont émises, alors le cercle est nécessairement restreint à quelques privilégiés.

Les voisins qui ne sont pas invités dans une maison où séjourne un invité royal doivent éviter de faire appel à l'hôtesse jusqu'au départ des visiteurs royaux, même si des visites sont dues.

Les principaux personnages d'un comté qui assistent à un divertissement, soit un dîner, soit un bal, sont généralement présentés aux invités royaux par l'hôte ou l'hôtesse, la permission de le faire ayant été préalablement sollicitée.

Lorsque la personne à présenter est une personne de rang ou de distinction, il suffirait de dire : « Puis-je vous présenter Lord A., ou le général B., Monsieur ? mais si la personne à présenter n'a aucun droit particulier à l'honneur autre que celui d'être populaire dans le comté, la demande doit être précédée de quelques mots d'explication concernant la personne à présenter.

Lorsque le nom ou la renommée des personnes présentées sont parvenues aux oreilles des invités royaux, ils se serrent généralement la main au moment de la présentation et entrent en conversation avec eux ; sinon, ils se contentent de s'incliner et de faire une ou deux remarques en passant.

Une fête à la maison est généralement composée de personnes qu'un invité royal connaît plus ou moins. Lorsque le groupe comprend une personne étrangère aux invités royaux, elle doit être présentée à la première occasion.

Les membres de la famille royale ont chacun, plus ou moins, leur cortège particulier, ainsi que les princes étrangers qui visitent périodiquement ce pays, et c'est pourquoi les fêtes à la maison sont généralement composées de ceux qui se déplacent dans le cortège du prince attendu.

Pour la manière appropriée de s'adresser aux personnages royaux, voir le chapitre VI .

En ce qui concerne les invitations royales , toutes les invitations du Souverain sont des ordres, et doivent être répondues et obéies comme telles, et le mot « ordre » doit être utilisé pour répondre à de telles invitations. S'il existe une raison pour ne pas obéir aux ordres de Sa Majesté, elle doit être indiquée.

Les invitations des membres de la famille royale sont traitées par courtoisie comme des ordres, mais en répondant à de telles invitations, le mot « ordre » ne doit pas être utilisé. Les réponses à ces invitations doivent être adressées au contrôleur de la maison, par qui elles sont habituellement émises.

Les réponses aux invitations royales doivent être écrites à la troisième personne et les raisons de leur non-acceptation doivent être indiquées.

Un engagement antérieur ne peut être invoqué comme excuse pour refuser une invitation royale ; seules une indisposition personnelle ou une maladie grave, ou le décès de proches parents, seraient des raisons suffisantes pour ne pas accepter une invitation royale.

Lorsqu'une invitation royale est donnée verbalement, la réponse doit également l'être.

Lors de tous les divertissements auxquels assistent des invités royaux, ceux-ci doivent être reçus par l'hôte et l'hôtesse dans le hall d'entrée. Dans le cas des Altesses Sérénissimes, elles doivent être reçues par l'hôte et conduites par lui jusqu'à l'hôtesse ; cette règle s'applique également à la réception des princes orientaux.

Désormais, il n'y aura plus en Grande-Bretagne d'autres princes ou princesses que ceux du Blood Royal. Seuls les enfants et petits-enfants du Souverain occuperont le rang princier ; les titres d'« Altesse » et d'« Altesse Sérénissime » disparaîtront ; et celui d'« Altesse Royale » sera réservé aux descendants directs du Roi en lignée masculine.

Le roi a jugé souhaitable , dans les conditions créées par la guerre actuelle, que les princes de sa famille qui sont ses sujets et portent des noms et des titres allemands abandonnent ces titres et adoptent désormais des noms de famille britanniques.

Sa Majesté a conféré la pairie du Royaume-Uni aux personnes suivantes :
— Le duc de Teck sera marquis ; le prince Alexandre de Teck sera comte d'Athlone ; le prince Louis de Battenberg sera le marquis de Milford Haven ; et le prince Alexandre de Battenberg comme marquis de Carisbrooke.

Princes indiens. — Le statut exact des princes indiens n'a jamais été réellement fixé, mais tous ceux qui sont « Altesses » ont la préséance à la cour d'Angleterre et dans la société après la famille royale et les princes étrangers. Lors du cortège des divertissements de la Cour, ils se présentent devant les ambassadeurs.

Aucun prince indien n'est considéré comme de sang royal, et ils ne font pas la queue aux levées et aux cours, mais tous ont l' *entrée privée* .

CHAPITRE VIII

POINTS D'ÉTIQUETTE LORS DE VOYAGES À L'ÉTRANGER ET PRÉSENTATIONS DEVANT LES TRIBUNAUX ÉTRANGERS

LA connaissance des résidents étrangers est d'un service considérable aux Anglais qui ont l'intention de passer l'hiver à l'étranger ou de rester quelque temps dans une ville continentale, car c'est par ce moyen qu'ils obtiennent l'entrée dans la société étrangère. Une introduction à l'ambassadeur ou au ministre anglais près une cour étrangère est encore plus utile dans cette affaire.

Les personnes occupant une position reconnue dans la société ont le privilège de laisser des cartes à l'ambassade anglaise de toute ville étrangère dans laquelle elles ont l'intention d'effectuer un séjour temporaire.

La situation des voyageurs anglais est si bien connue du ministère anglais auprès d'une cour étrangère que si une personne, qui n'est pas reçue dans la société anglaise, laissait des cartes à l'ambassade anglaise, elles seraient immédiatement restituées pour signifier que la connaissance est refusée.

Il est erroné de supposer qu'en laissant des cartes à des étrangers de distinction, on puisse commencer à faire connaissance, car à moins que les présentations n'aient été formellement faites, laisser des cartes est une démarche inutile.

Dans les endroits éloignés peu fréquentés par le grand nombre de voyageurs, et où il n'y a que peu ou pas d'Anglais résidents, les voyageurs ayant besoin de conseils ou d'assistance du consul anglais peuvent, sans introduction, faire appel à lui, la nationalité étant la condition. motif pour le faire, et s'ils sont de statut social égal, ils seront reçus avec considération sociale ; sinon, toute l'assistance leur serait apportée d'un point de vue officiel. De nombreuses personnes qui voyagent à l'étranger font d'agréables connaissances, même sans l'aide de présentations, l'occasion d'une rencontre étant en soi une semi-introduction.

De telles rencontres fortuites comportent cependant certains risques, en particulier pour les personnes qui ont été absentes d'Angleterre pendant un certain temps, ou qui, lorsqu'elles sont en Angleterre, sont relativement peu entrées dans la société et qui sont ainsi susceptibles de dériver sans s'en rendre compte dans des amitiés étroites avec des gens peut-être bien élevés et agréables, bien que tabous à la maison pour une raison bonne et suffisante. De tels *contretemps sont pénibles pour les gens de bon cœur lorsqu'ils sont ensuite contraints d'éviter et de renoncer à la connaissance de ceux avec qui ils sont devenus agréablement intimes.* Une présentation à un résident anglais d'une ville ou d'une cité évite tout désagrément de cette nature, car celui qui se trouve dans une telle situation est généralement tenu *au courant* de tout ce qui se passe dans la société chez lui.

Lorsque des personnes souhaitent entrer dans la société à l'étranger, elles s'efforcent d'obtenir des lettres d'introduction d'amis et de connaissances auprès des résidents des villes qu'elles envisagent de visiter.

A moins que les voyageurs anglais n'aient été dûment présentés à la Cour de St James, ils ne peuvent obtenir de présentations devant les tribunaux étrangers par l'intermédiaire des ambassades anglaises.

Lorsqu'une dame désire être présentée devant un tribunal étranger, elle doit écrire à l'ambassadrice anglaise et demander l'honneur d'une présentation, et doit indiquer la date de sa présentation et le nom de la dame par qui elle a été présentée. Après que sa déclaration ait été dûment vérifiée, la demande est accordée. De même, lorsqu'un gentleman désire être présenté devant une cour étrangère, il devra écrire à l'ambassadeur et demander l'honneur d'une présentation, et indiquer la date de la levée à laquelle il a été présenté et le nom de la personne par laquelle il a été présenté. à qui la présentation a été faite.

Les présentations aux cours étrangères ont lieu le soir, et les personnes à présenter et celles qui y assistent se rassemblent avant l'entrée des personnages royaux : la règle est que la grande maîtresse *présente* tour à tour chaque dame à sa royale maîtresse, qui fait à cet effet le tour de l'appartement, et adresse à chacun quelques observations courtoises.

CHAPITRE IX

LE MODE REÇU DE PRONONCATION DE CERTAINS NOMS

IL Y a peut-être deux raisons pour lesquelles divers noms de famille sont si souvent mal prononcés, l'une étant la méconnaissance du caprice de la mode qui régit la prononciation de certains noms bien connus, l'autre l'ignorance ou le manque d'éducation.

Lorsque des personnes sensibles entendent un nom prononcé différemment de la manière dont elles viennent de le prononcer elles-mêmes, et d'une manière et d'un ton fortement évocateurs de correction, cela blesse leur amour- *propre* .

En règle générale, lorsque des personnes ont des doutes quant à la prononciation correcte d'un nom particulier, il serait préférable d'éviter de le mentionner, si possible, jusqu'à ce que leurs doutes soient dissipés par quelqu'un de mieux informé qu'eux.

Les noms qui ont une prononciation à la mode ou particulière, ou qui sont prononcés autrement que comme ils sont orthographiés, sont peu nombreux, et les noms qu'il est possible d'accentuer à tort ne sont pas non plus très nombreux ; mais il est surprenant de constater combien de fois ces noms reviennent au cours de la conversation.

Les noms d'artistes distingués susceptibles d'être mal prononcés apparaissent beaucoup plus souvent dans les conversations que la plupart des noms de famille peu courants.

Il existe de nombreuses chasses et quartiers de chasse célèbres dont les noms sont sujets à des erreurs de prononciation considérables.

En ce qui concerne le fait de mettre l'accent sur la mauvaise syllabe dans la prononciation des noms, il suffit de peu de réflexion pour éviter de commettre cette erreur, une erreur populaire étant de mettre l'accent sur la dernière syllabe d'un nom ; tandis que, dans un nom de deux syllabes, l'accent doit invariablement être mis sur la première, et la seconde syllabe doit être comme légèrement abrégée ou légèrement altérée.

Dans les noms de trois syllabes, l'erreur consiste généralement à mettre l'accent sur la dernière syllabe, alors que l'accent doit être mis sur la deuxième syllabe. Il existe des exceptions occasionnelles à cette règle, et les quelques noms donnés dans ce chapitre, tant en ce qui concerne leur prononciation que leur accentuation, serviront de guide utile dans la prononciation des noms peu courants.

ORTHOGRAPHIÉ.	PRONONCÉ.	REMARQUES.
Abergavenny.	Abergenny.	*Av* n'a pas sonné.
Arbuthnot.	Arbuth n'est pas.	
Arundel.	Arrandel.	
Beaconsfield.	Beckonsfield.	
Beauchamp.	Bea'cham.	
Beauclerk ou Beauclerc.	Bo'clair.	Accent sur la première syllabe.
Belvoir.	Soyez toujours.	
Berkeley.	Bark'ley.	
Béthune.	Bee'ton.	
Bicester.	Bis'ter.	Accent sur la première syllabe.
Blount.	Émoussé.	
Blyth.	Bly.	*Cela* n'a pas sonné.
Bourke.	Burk.	
Bourne.	Brûler.	
Bowles.	Boles.	
Painalbane.	Breaddal'bane.	Accent sur la deuxième syllabe.
Brougham.	Broum.	

Buchan.	Buck'an.	Accent sur la première syllabe.
Burdett.	Burdett'.	Accent sur la dernière syllabe.
Burnett.	Burnett'.	Accent sur la dernière syllabe.
Enterrer.	Baie.	
Calderón.	Chaudron, pas Chaudron.	
Charteris.	Chartes.	
Cholmeley.	Chumley.	
Cholmondeley.	"	
Cirencester.	Cis'ester.	Accent sur la première syllabe.
Clanricarde.	Clanrecarde.	Accent sur la deuxième syllabe.
Cockburn.	Coburn.	*Ck* n'a pas sonné.
Colquhoun.	Kohoon'.	Accent sur la dernière syllabe.
Conynham.	Cunyingham.	
Coutts.	Koots.	
Cowper.	Tonnelier.	

Dalziel.	Deh'al.	Accent sur la première syllabe.
Derby.	Darby.	
Des Vaux.	Deveu.	Le *x* n'a pas sonné.
Devereux.	Devereu.	Le *x* n'a pas sonné.
Dillwyn.	Dil'lun.	Le *Wy prend ton* son ; l'accent sur la première syllabe.
Duchesne.	Dukarn.	
Du Plat.	Du Plar.	
Elgin.		Le *g* dur comme pour donner.
Eyre.	Air.	
Fildes.	Filedès.	*Pas* Filldes.
Fortecue.	Fort'iskew.	
Geoffroy.	Jeffrey.	
Geoghegan.	Gaygan.	
Gifford.	Jifford.	Le *g* doux comme chez George.

Gillett.		*G* dur comme chez Gilbert.
Gillott.		*G* dur.
Glamis.	Glamours.	
Gorges.	Gor'jes.	Premier *g* dur et deuxième *g* doux.
Gough.	Goff.	
Gower.	Gor.	Mais Gower en ce qui concerne la rue de ce nom auprès du grand public.
Harcourt.	Har'kut.	Accent sur la première syllabe.
Heathcote.	Heth'kut.	
Hertford.	Har'ford.	
Maison.	Hume.	
Hugues.	Tailles.	
Jervis.	Jarvis.	
Johnstone.		Le *t* n'a pas sonné.
Kennaird.	Kennaird'.	Accent sur la dernière syllabe.
Kennard.	Kennard'.	Accent sur la dernière syllabe.

Ker.	Kar.	
Knolly.	Connaît.	
Layard.	Laird.	
Leconfield.	Lek'onfield.	
Lefèvre.	Lefavre.	
Leigh.	Lee.	
Lyvédon.	Livden.	
Macnamara.	Macnemar'ar.	Accent sur la troisième syllabe.
Maintien.	Man'nering.	
Marjoribanks.	Marais.	
McIntosh.	Makintosh.	
McLeod.	McCloud.	
Menzies.	Myng'es.	Accent sur la première syllabe.
Meux.	Ruelle.	Le x sonnait comme s.
Millais.	Mil'lay.	Accent sur la première syllabe.
Milnes.	Moulins.	
Molyneux.		Le x retentit, avec un léger accent sur la dernière syllabe.

Monck.	Munk.	
Monckton.	Munk'ton.	Accent sur la première syllabe.
Monson.	Munson.	
Montgomerie ou Montgomery.	Mungum'ery.	Accent sur la deuxième syllabe.
Mowbray.	Mobrey.	
Nigel.	Ni'jel.	
Ouless.	Sans rien.	
Parnell.	Parnel'.	Accent sur la dernière syllabe.
Pépys.	Pep'is.	Accent sur la première syllabe.
Pierrepont.	Pierpont.	
Ponsonby.	Punsonby.	
Pontéfract.	Pomfret.	
Pugh.	Banc.	
Pytchley.	Pȳ tch'ley .	Pas Pitchley.
Ruthven.	Déchiré.	

Sandy.	Sables.	
Sainte-Clair.	Sinclair.	
Saint-Maur.	See'mor, ou S'nt Maur.	
St-Jean.	Sinjin.	En ce qui concerne le chrétien et le nom de famille, mais comme Saint- Jean lorsqu'il est appliqué à l'église ou à la localité.
Seymour.	Sey'mer.	Accent sur la première syllabe.
Strachan.	Paille.	
Tadema.	Tad'ymar.	Accent sur la première syllabe.
Tollemache.	Tollmash.	
Trafalgar.	Trafalgar'.	Accent sur la dernière syllabe ; en ce qui concerne le pair de ce nom, pas autrement.
Trédegar.	Trede'gar.	Accent sur la deuxième syllabe.

Tremayne.	Tremayne'.	Accent sur la dernière syllabe.
Tyrrwhitt.	Tirritt.	
Vaughan.	Vorn.	
Vaux.		Le x retentit.
Villbois.	Veau.	
Villiers.	Vil'lers.	
Waldegrave.	Wal'grave.	Le *de* n'a pas sonné.
Wemyss.	Weems.	
Willoughby D'Eresby.	Willowby D'Ersby.	

CHAPITRE X

PRÉSENTATIONS SUR LES TRIBUNAUX ET PRÉSENTATIONS SUR LES TRIBUNAUX

LES COURS sont maintenant tenues au lieu de salons par Leurs Majestés le Roi et la Reine au Palais de Buckingham, et où se font les présentations à Leurs Majestés.

Ces tribunaux ont lieu le soir à dix heures, mais l'heure à laquelle la compagnie doit commencer à arriver est indiquée par le Lord Chamberlain dans l'avis émis concernant les tribunaux à tenir.

Deux tribunaux ont généralement lieu, mais pas invariablement, avant Pâques et deux autres après Pâques.

Les dames qui ont été présentées dans les salons et les cours tenus pendant les deux derniers règnes n'ont pas besoin d'être présentées de nouveau à Leurs Majestés le Roi et la Reine ; ainsi, les dames qui ont déjà été présentées à ces Salons, et qui désirent être invitées dans l'une ou l'autre de ces Cours, et qui désirent aussi faire des présentations, devront envoyer leurs noms et ceux de celles qui seront présentées. présenté par eux au Lord Chamberlain, St. James's Palace, SW, le 1er janvier de chaque année, mais pas avant cette date.

Les dames ont également le privilège de mentionner en même temps le moment qui leur conviendra le mieux pour présenter leurs respects à Leurs Majestés. S'il ne convient pas à une dame d'assister ou d'être présentée à la Cour particulière à laquelle elle est invitée, elle aura la possibilité de présenter ses excuses au Lord Chamberlain par écrit, lorsque son nom le pourra, si elle le souhaite, et si possible, être transféré vers une autre liste.

Une dame qui fait une présentation à Leurs Majestés doit connaître personnellement et être responsable de la dame qu'elle présente. Elle doit elle-même se présenter au tribunal et ne peut présenter plus d'une dame en plus de sa fille ou de sa belle-fille. Le nombre reçu à chaque Cour étant nécessairement limité, les dames ne peuvent recevoir que des invitations occasionnelles. Par conséquent, ceux qui ne peuvent pas être inclus dans la liste des invitations de l'année recevront une notification à cet effet du Lord Chamberlain en réponse à leur demande d'y assister.

Les personnes habilitées à être présentées devant les tribunaux de Leurs Majestés sont les épouses et les filles des membres de l'aristocratie, les épouses et les filles de ceux qui occupent de hautes fonctions officielles au sein du gouvernement, les épouses et les filles des députés, la noblesse du comté et la noblesse de la ville, les épouses et les filles des membres des professions juridiques, militaires, navales, de bureau, médicales et autres, les épouses et les filles des marchands, des banquiers et des membres de la Bourse, et les personnes engagées dans le commerce sur un grand échelle.

Bien que le mot « noblesse » soit ainsi élastique, et bien que les personnes entrant dans cette catégorie puissent avoir légitimement droit au privilège de fréquenter les tribunaux, il est cependant bien compris que la naissance, la richesse, les associations et la position donnent une raison d'être à *de* tels privilège; ainsi, par exemple, la femme et les filles d'un officier de la marine ou d'un régiment de ligne, dont les moyens sont minces et dont la situation est obscure, ne seraient pas justifiées pour ces raisons de comparaître devant un tribunal, bien que l'officier lui-même puisse assister à un procès. levée si vous le souhaitez ; et cette remarque s'applique également aux épouses et aux filles des ecclésiastiques, des avocats et autres personnes dans une situation similaire.

Les présentations à Leurs Majestés sont faites officiellement par les diverses ambassadrices étrangères, par les épouses des membres du Cabinet et par les épouses d'autres personnages officiels des divers départements de l'État, soit civils, militaires, navals ou cléricaux.

Les présentations dans chacune des cours de Leurs Majestés sont désormais limitées par ordre royal.

Les présentations à Leurs Majestés doivent être faites soit par un parent, soit par un ami de la dame présentée qui a elle-même été présentée précédemment.

Une dame a le privilège de présenter une seule dame à la Cour en plus de sa fille ou de sa belle-fille.

Cette restriction ne s'applique pas aux dames qui, en raison de leur position officielle ou d'autres circonstances, ont le privilège spécial de faire des présentations à Leurs Majestés.

Lorsqu'une présentation n'est pas faite officiellement ou par un proche parent, elle est considérée comme une faveur de la part de celui qui fait la présentation envers la personne présentée.

La responsabilité d'une présentation repose sur celui qui la fait, tant quant à son aptitude sociale que morale ; par conséquent, solliciter la faveur d'une présentation auprès d'un ami, c'est s'engager dans une obligation considérable, et c'est une faveur que les dames n'hésitent pas à refuser, à moins qu'il n'y ait de bonnes raisons de l'accorder.

Lorsque les présentations sont faites par les voies officielles, la responsabilité incombe au « bureau » plutôt qu'à la personne qui fait la présentation ; par conséquent, les présentations ainsi faites ont peu de signification personnelle pour celui qui les fait.

Une dame présentée à son mariage a le privilège d'assister, sur invitation, à tout tribunal ultérieur, mais les dames qui n'ont pas de position officielle ne seront autorisées à assister à un tribunal que sur convocation tous les trois ans. Lors de l'accession de son mari à un titre quelconque, elle devrait être à nouveau présentée, et si elle se mariait une seconde fois, une autre présentation serait nécessaire pour lui permettre d'assister à l'une des cours de Leurs Majestés.

C'est le privilège de la femme mariée de faire des présentations , mais si une personne était présentée dont les antécédents ou la position actuelle la rendent socialement inqualifiée pour être présentée, le Lord Chamberlain, en prenant connaissance du fait, annulerait immédiatement la présentation, et l'annoncer officiellement dans la *Gazette* , et la personne faisant une telle présentation devrait présenter des excuses pour ce faire.

Une dame célibataire ne possède pas le privilège de faire une présentation, quel que soit son rang. Elle n'est pas autorisée à comparaître devant un tribunal ultérieur après sa première présentation, jusqu'à ce que trois ans se soient écoulés ; sauf circonstances exceptionnelles.

Quatre tribunaux se tiennent chaque année au palais de Buckingham, deux avant et deux après Pâques, mais des informations appropriées sont données avant que chaque tribunal ne soit tenu par le Lord Chamberlain par le biais de la Gazette officielle, d'où elles sont *copiées* dans les journaux.

Les épouses des membres du Cabinet et des ambassadeurs ou ministres à la Cour de Saint-James assistent habituellement à chaque Cour, et ont le privilège de le faire en raison des présentations officielles qu'elles font à chaque Cour.

Il est obligatoire qu'une Dame faisant une présentation soit elle-même présente au Tribunal où la présentation doit être faite, bien qu'il ne soit pas nécessaire qu'elle accompagne la personne qu'elle présente, mais simplement qu'elle se présente au même Tribunal.

Lorsqu'une dame a l'intention de faire une présentation, elle doit, le 1er janvier ou après, écrire au Lord Chamberlain et l'informer de son souhait de comparaître devant un tribunal, et lui transmettre le nom de la dame qu'elle doit présenter.

Les dames ne sont pas censées comparaître au tribunal plus d'une fois tous les trois ans, sauf circonstances exceptionnelles.

Une dame assistant à un tribunal peut présenter une dame en plus de sa fille ou de sa belle-fille.

Une Dame présentée pour la première fois ne peut présenter sa fille ou sa belle-fille qu'au Tribunal où elle est présentée.

Aucune candidature ne peut être reçue de femmes qui souhaitent être présentées. Leurs noms doivent être transmis par les dames qui souhaitent faire les présentations.

Les convocations sont délivrées environ trois semaines avant la date de chaque audience.

Les dames peuvent être accompagnées à la Cour par leurs maris si ceux-ci ont été présentés, mais les messieurs ne passent pas devant le roi et la reine. Les dames sont priées de transmettre les noms de leurs maris en même temps que les leurs, afin qu'ils puissent être présentés ensemble, car une fois la convocation émise, la modification d'une fiche de convocation afin d'y inclure le mari d'une femme ne peut être effectuée que autorisée dans les circonstances les plus exceptionnelles.

Ceux qui ont le privilège de l'entrée entrent par la porte du palais située à l'extérieur de la porte de Buckingham. Ceux qui possèdent ce privilège sont le cercle diplomatique, les ministres et leurs épouses, ainsi que les membres de la Maison. Les chambres, au nombre de deux, jouxtant la Chambre de Présence, leur sont réservées. Tous ceux qui ont le privilège de l' *entrée* sont reçus par Leurs Majestés devant le cercle général, et selon leur préséance individuelle, et ils ont aussi le privilège de faire les premières présentations.

Lorsqu'une Dame arrive au Palais, elle doit laisser ses vêtements au vestiaire en présence d'une des servantes. Après avoir traversé la Grande Salle, elle monte ensuite le Grand Escalier jusqu'au Couloir, où elle montre son carton d'invitation au page d'attente, puis se dirige vers l'un des salons.

Lorsqu'une dame arrive en avance, elle est admise dans le salon voisin de celui réservé à l' *entrée* . Lorsqu'elle arrive en retard, elle doit prendre place dans une autre pièce de la suite en fonction du nombre de personnes présentes.

Les messieurs d'armes postés à la porte de chaque salle ferment les barrières dorées lorsqu'ils estiment que les salons sont pleins. Des chaises et des bancs sont placés dans le couloir et dans ces salons pour accueillir les dames attendant ainsi leur tour d'entrer dans la Salle du Trône ou Chambre de Présence.

Au fur et à mesure que les dames quittent chaque pièce pour se rendre dans la Chambre de Présence, d'autres prennent leur place, et les barrières sont de nouveau fermées, et cela continue jusqu'à ce que tout le monde soit reçu.

Une dame doit passer par les deux salons *d'entrée* avant d'accéder à la Galerie de tableaux.

A la porte de la Galerie de tableaux, une traîne de dame, qu'elle portait jusqu'ici à son bras, est descendue par deux fonctionnaires présents et déployée par eux avec leurs baguettes ; elle traversera la galerie avec son train jusqu'à la Chambre de Présence, à la porte de laquelle elle remettra la carte d' invitation qu'elle a apportée avec elle au fonctionnaire qui y est en poste pour la recevoir.

Une dame lors de sa présentation , révérences au roi et révérences à la reine. Le roi s'incline en retour, tout comme la reine. Une dame présentée ne baise pas la main de la reine, comme elle le faisait autrefois. Le roi ne serre la main d'aucun cadeau, quel que soit son rang, et la reine ne serre la main d'aucun cadeau.

Une dame présentée ne fait plus la révérence à aucun membre de la famille royale lorsqu'elle a dépassé Leurs Majestés, et quitte la Chambre de Présence en reculant, face au cortège royal, jusqu'à sortir de l'appartement, lorsqu'un fonctionnaire la place. s'entraîner sur son bras au seuil de la porte.

Lorsqu'une Dame souhaite assister à une Cour , après avoir été dûment présentée, il est nécessaire d'informer le Lord Chamberlain de son souhait d'y assister. Les convocations sont délivrées environ trois semaines avant la date de chaque audience.

Ayant reçu une convocation à comparaître, elle doit emporter avec elle la carte de convocation, qu'elle doit montrer au page d'attente dans le couloir, et éventuellement la remettre au fonctionnaire posté à la porte de la Chambre de Présence, par qui il est transmis au Lord Chamberlain, qui annonce le nom à Leurs Majestés.

Une dame assistant à une révérence de la cour auprès du roi ; elle fait également la révérence à la reine, mais ne fait la révérence à aucun autre membre de la famille royale présent.

Dans le cercle général, il n'y a pas de préséance quant à l'ordre dans lequel les dames assistant à un tribunal entrent dans la chambre de présence. Les premiers arrivés sont les premiers à comparaître devant Leurs Majestés, sans distinction de rang ou de position ; et la même règle s'applique aux dames qui sont présentées, ou aux dames qui font des présentations.

Une Femme Mariée présentée devant un Tribunal peut, devant ce même Tribunal, présenter sa fille ou sa belle-fille ; mais dans ce cas, celui qu'elle présentera devra entrer dans la Chambre de Présence après elle, et non avant elle.

Bien que, selon les règlements actuels, les filles célibataires des membres de la noblesse et de la petite noblesse déjà présentées ne soient censées assister à la Cour qu'une fois tous les trois ans, cela n'empêchera pas qu'elles soient invitées aux fonctions de la Cour, aux bals d'État. , concerts et garden-parties.

Les dames qui ont été présentées à la Cour ont le privilège d'inscrire leur nom dans le livre de visite de Leurs Majestés au palais de Buckingham une fois au cours de la saison. Les heures d'appel à cet effet sont généralement de trois heures à cinq heures de l'après-midi.

Il est impératif pour les dames de porter une tenue complète lorsqu'elles assistent ou sont présentées à un tribunal, à savoir. corsage bas, manches courtes et traîne pour s'habiller à au moins trois mètres de longueur à partir des épaules.

Que la traîne soit ronde ou carrée est une question d'inclinaison ou de mode. La largeur à la fin doit être de 54 pouces.

Il est également impératif que la tenue de présentation soit blanche, si la personne présentée est une femme célibataire ; et c'est aussi la mode pour les femmes mariées de porter du blanc lors de leur présentation, à moins que leur âge ne le rende inapproprié.

Les robes blanches portées par les *débutantes* ou les femmes mariées peuvent être ornées de fleurs colorées ou blanches, selon les goûts de chacun.

Robe de la Haute Cour. — La Reine a eu le plaisir de permettre qu'une robe de haute cour en soie, satin ou velours puisse être portée dans les cours de Leurs Majestés et à d'autres occasions d'État, par des dames auxquelles, en raison d'une maladie, d'une infirmité ou d'un âge avancé. , l'habit actuel de la cour basse est inapproprié, à savoir : corsages devant, coupés en carré ou en forme de cœur, qui peuvent être remplis uniquement de blanc, soit transparent, soit doublé ; à l'arrière, haut, ou coupé aux trois quarts de la hauteur. Manches jusqu'aux coudes, épaisses ou transparentes.

Traines, gants et plumes comme d'habitude.

Il est nécessaire pour les dames qui souhaitent apparaître en « tenue de la Haute Cour » d'obtenir l'autorisation royale, par l'intermédiaire du Lord Chamberlain.

Ce règlement ne s'applique pas aux femmes qui ont déjà reçu l'autorisation de porter une tenue haute.

Seuls des gants blancs doivent être portés , sauf en cas de deuil, alors que des gants noirs ou gris sont autorisés.

Comme une dame présentée ne baise plus désormais la main de la reine comme elle le faisait autrefois, elle n'est pas tenue d'enlever le gant droit avant d'entrer dans la salle de présence. Cet ordre n'est donc plus en vigueur, et une dame portant des coudières et des bracelets trouvera une grande commodité de ne pas être obligée d'enlever son gant.

Il est obligatoire pour les femmes mariées et célibataires de porter des plumes. — Le panache de la cour des femmes mariées est constitué de trois plumes blanches.

Une dame célibataire à deux plumes blanches.

Les trois plumes blanches doivent être montées comme un panache du prince de Galles et portées vers le côté gauche de la tête.

Les plumes colorées ne peuvent pas être portées.

En cas de deuil profond , les plumes blanches doivent être portées, les plumes noires sont inadmissibles.

Des voiles blancs ou des bonnets de dentelle doivent être portés avec les plumes. Les voiles ne doivent pas dépasser 45 pouces.

Les bouquets ne sont pas inclus dans les règlements vestimentaires émis par le Lord Chamberlain, bien qu'ils soient invariablement portés par les femmes mariées et célibataires. Il est donc facultatif de porter ou non un bouquet, et certaines dames âgées portent des bouquets beaucoup plus petits que les dames plus jeunes.

Un éventail et un mouchoir de poche en dentelle sont également portés par une dame lors de sa présentation ou lors de sa comparution à la Cour, mais ces deux articles sont également tout à fait facultatifs.

CHAPITRE XI

PRÉSENTATIONS AUX LEVÉES ET PARTICIPATION AUX LEVÉES

Les levées sont tenues par le Roi en personne. Ceux qui ont été présentés aux levées organisées par feu Sa Majesté le roi Édouard n'ont pas besoin d'être présentés à nouveau à Sa Majesté le roi George.

Quatre levées ou plus sont généralement organisées chaque année par le roi au palais Saint-James.

Les messieurs sont officiellement présentés par les chefs de tout département ou profession auquel ils appartiennent individuellement, qu'ils soient civils ou militaires, navals ou de bureau ; il est plus habituel qu'un gentilhomme soit présenté par le chef de son département, ou par le colonel de son régiment, que par son plus proche parent.

Des présentations sont également faites par des parents et amis des personnes présentées ; mais ceux-ci sont largement minoritaires dans toutes les levées.

Les messieurs doivent être à nouveau présentés à chaque étape de leur carrière, qu'elle soit civile, militaire, navale ou cléricale, lors de nominations civiles, lors de l'obtention d'échelons de rang naval, militaire, juridique ou clérical, et lors de l'accession au titre, qu'il soit hérité ou conféré. .

Ceux qui ont le droit d'être présentés aux Levées de Sa Majesté sont les membres de l'aristocratie et de la noblesse, les membres du corps diplomatique, le Cabinet et tous les hauts fonctionnaires du gouvernement, les députés, les membres éminents de la profession juridique, les professions navales et militaires. , les principaux membres de la profession cléricale, les principaux membres des professions médicales et artistiques, les principaux banquiers, commerçants et membres de la Bourse, ainsi que les personnes engagées dans le commerce à grande échelle. Une exception à la règle en matière de commerce de détail est faite en faveur de toute personne recevant le titre de chevalier, ou occupant la charge de maire, ou étant nommée juge de paix, ou recevant une commission dans les forces territoriales.

Les dates auxquelles doivent avoir lieu les levées sont dûment annoncées dans la *Gazette* et dans les journaux quotidiens.

Lors de toutes les prochaines levées, des cartes d'admission seront exigées, le nombre de personnes à chacune de ces cérémonies devant être limité.

Le Lord Chamberlain a publié la liste révisée suivante des règles, qui doivent être observées lors des présences et des présentations à l'avenir :

Tous les officiers, qu'ils soient sur les listes actives ou à la retraite, de la Royal Navy et des Royal Marines, quel que soit leur grade, doivent communiquer avec et obtenir leurs cartes auprès du secrétaire particulier du Premier Lord de l'Amirauté. Tous les officiers civils de l'Amirauté doivent suivre la même règle.

Tous les officiers, qu'ils soient sur les listes actives ou à la retraite, de l'armée, des réguliers ou des territoriaux, quel que soit leur grade, à l'exception de ceux des établissements indiens et coloniaux, doivent communiquer avec l'adjudant général du War Office et obtenir leur carte auprès de celui-ci, en indiquant clairement à quelle levée ils désirent être présents, et s'ils souhaitent y assister ou être présentés ; dans ce dernier cas, en indiquant par qui et à quelle occasion. Les lieutenants adjoints des comtés doivent également communiquer et obtenir leurs cartes auprès du War Office.

Les officiers de la Household Cavalry et des Foot Guards figurant sur la liste active doivent faire une demande auprès du Lord Chamberlain au Palais Saint-James pour obtenir des cartes d'admission et de présentation. Tous les officiers retraités de la Household Cavalry et de la Brigade of Guards doivent s'adresser au War Office.

Tous les officiers de la fonction publique indienne et de l'armée indienne, quel que soit leur grade, qu'ils soient sur les listes actives ou à la retraite, doivent communiquer avec le secrétaire particulier du secrétaire d'État du bureau indien de Whitehall et obtenir leur carte.

Tous les officiers du service colonial et des forces coloniales, quel que soit leur rang, qu'ils soient sur les listes actives ou à la retraite, doivent communiquer et obtenir leurs cartes auprès du ministère des Colonies de Whitehall.

De même, tous les messieurs liés au ministère des Affaires étrangères, au ministère de l'Intérieur, aux fonctionnaires liés aux chambres du Parlement ou à tout département gouvernemental doivent communiquer et obtenir leurs cartes de présence ou de présentation aux levées auprès du département sous lequel ils servent.

Les juges, les officiers de justice, les conseillers du roi et tous les fonctionnaires juridiques nommés sous la Couronne sont priés de présenter leur demande par l'intermédiaire du secrétaire du Lord Chancelier.

Les pairs, les évêques, les lords-lieutenants des comtés, les membres du Parlement, le clergé de toutes confessions et tous les messieurs, autres que ceux mentionnés ci-dessus, devraient communiquer avec le lord chambellan au palais Saint-James, lorsqu'ils recevront chacun un carte d'entrée à utiliser à la levée.

Les noms tant de présence que de présentation doivent être reçus aux différents bureaux indiqués ci-dessus au plus tard huit jours avant la date de chaque levée, mais dans le cas des officiers, qui en font la demande au War Office, quatorze jours avant la date de chaque levée. chaque levée.

Lorsqu'un Gentleman fait une Présentation, il doit obligatoirement se présenter à la même levée que la personne qu'il présente, et la carte de présentation lui est adressée pour être transmise à la personne à présenter.

Un gentleman, lorsqu'il est présenté, doit s'incliner devant le roi, et Sa Majesté s'inclinera devant lui en retour. Les messieurs assistant à une levée devraient également s'incliner devant Sa Majesté.

Les messieurs qui ont été présentés à une levée ont le privilège d'inscrire leur nom dans le livre de visite de Sa Majesté au palais de Buckingham une fois au cours de la saison. Les heures d'appel à cet effet sont généralement de trois heures à cinq heures de l'après-midi.

La robe à porter dans les tribunaux, les fonctions d'État et les levées. — L'uniforme de grande tenue est invariablement porté par tous les messieurs habilités à le porter. Tous les officiers du corps écossais en kilt devraient porter le kilt, qu'ils soient ou non officiers à cheval. Les messieurs qui ne portent pas d'uniforme peuvent porter soit une robe de cour en velours, nouveau style ; Robe de cour en velours, style ancien ; Robe de cour en tissu.

La robe Court en velours de nouveau style est en velours de soie noire. Le corps du manteau doublé de soie blanche et la jupe de soie noire. Boutons en acier. Gilet en satin blanc ou en velours de soie noir. Culottes en velours de soie noire, bas en soie noire, chaussures en cuir verni, boucles en acier ; nœud papillon blanc, gants blancs, épée, castor noir ou bicorne en soie. La robe de cour en velours, de style ancien, est très semblable à la précédente, avec l'ajout d'un sac à perruque en soie noire sur la nuque et de volants et volants en dentelle. La robe de cour en tissu se compose d'un manteau de tissu mûre foncé, bordeaux ou vert avec des doublures en soie noire, des broderies dorées sur le col, les poignets et les rabats des poches, des boutons dorés avec une couronne impériale ; gilet de soie cordonnée blanche ou Marcella blanche ; culottes en tissu, couleur du poil ; tuyau en soie noire, chaussures en cuir verni, épée, nœud papillon blanc, gants blancs, castor noir ou bicorne en soie.

La robe Levée est identique à la précédente, sauf que l'on porte un pantalon - avec une rangée de dentelle dorée étroite le long des coutures latérales - et non une culotte. Bottes militaires en cuir verni.

Les archevêques et les évêques des Levées et des Cours portent des robes de Convocation, à savoir. chimère en tissu écarlate, sans capuche ; soutane et ceinture violettes, rochet de gazon avec manches, bandes de batiste blanches, foulard en soie noire, culotte noire, boucles de genoux argentées, bas de soie noire, chaussures à boucles argentées ; casquette souple carrée en velours violet ou noir à porter. Lors des cérémonies d'État du soir et des dîners complets, ils portent un manteau de cour en drap violet sur une soutane courte ou un tablier, une ceinture de soie violette, une culotte noire, des bas de soie noire, des chaussures à boucles argentées ; Tricorne en soie cordée noire à porter.

Les doyens et les archidiacres lors des cérémonies d'État du soir portent la même tenue vestimentaire que les évêques, sauf que le manteau et la soutane courte sont noirs. Les docteurs en théologie des Levées et des Cours portent la robe en tissu écarlate de leur Université, sans capuche.

Le clergé, sinon les docteurs en théologie des Levées et des Cours, portent des canoniques complets, c'est-à-dire une robe de Genève en soie noire, à double boutonnage ; longue soutane et ceinture en soie noire, écharpe et bandes de gazon blanches, culottes noires, boucles de genoux argentées, bas de soie noire, chaussures à boucles argentées, tricorne en soie cordonnée noire. Lors des dîners complets et des soirées solennelles, lorsque les canoniques ne sont pas portés, ils portent un manteau de cour en tissu noir, une soutane, un gilet de soie cordonnée noire, une culotte noire, des bas de soie noire, des chaussures et des boucles d'argent ; Tricorne en soie cordée noire à porter. Des gants blancs sont portés lors de toutes les fonctions du tribunal. L'habit académique ne doit être porté à la Cour que lors des présentations des adresses des Universités.

Lorsque la Cour est en deuil, les messieurs assistant à une levée sont censés porter une bande de crêpe noir sur le bras gauche, au-dessus du coude.

CHAPITRE XII

BALLES ET BALLES D'ÉTAT

Des bals sont donnés en ville et à la campagne par la société dans son ensemble, et ces bals d'invitation comprennent les bals de chasse, les bals militaires et navals, les bals Yeomanry et territoriaux, les bals de célibataires, etc.

Les bals publics sont les bals pour lesquels des billets d'entrée peuvent être achetés, bien que pour beaucoup de ces bals, il soit nécessaire d'obtenir des bons auprès des comités ou des patronnes, lorsqu'ils ont lieu en ville ou dans les points d'eau.

Les bals publics comprennent les bals de comté, les bals de charité et les bals d'abonnement, etc.

En ville, le bal est en quelque sorte une science et un divertissement pour lequel de grosses sommes d'argent sont fréquemment dépensées.

Un bal bondé n'est pas toujours considéré comme un bon bal par les invités, souvent au contraire, mais alors, encore une fois, ce qu'on appelle une balle mince peut être accusé de ne pas bien se dérouler et de tomber plutôt à plat ; de ne pas être suivi par l'esprit, et d'être considéré comme un ballon stupide, et ainsi de suite.

Trouver un juste milieu en ce qui concerne le nombre des invités est un exploit en matière de distribution de bal qui ne peut être atteint que par une étude minutieuse de la carte du comté et un choix judicieux de la nuit. Cette sélection est d'une importance primordiale pour le succès d'un bal, car lorsqu'un bal plus intelligent est donné dans une maison plus chic le soir particulier choisi par le donneur d'un bal moins brillant, le bal le plus grand éteint le bal le plus petit, par le biais du plus à la mode. les gens se contentaient de regarder l'un et de passer le reste de la soirée chez l'autre. Cette mise hors jeu, pour ainsi dire de moindre lumière, se produit très fréquemment pendant la saison de Londres chez les donneurs de balle se déplaçant dans les mêmes sets. Les invités censés ajouter de l'éclat aux petits bals n'apparaissent que pour quelques minutes et arrivent généralement assez tôt, sans compliments tôt, peut-être un peu avant onze heures, et restent à peine une demi-heure dans les chambres, se dirigeant vers une autre balle du même calibre, et y restant peut-être encore vingt minutes, avant d'arriver au but, à savoir. *le* bal du soir. Mesdames et messieurs suivent cette pratique, ainsi, peu après midi, un donneur de balle moyen trouve ses chambres désertes de tous sauf de ceux qui n'ont nulle part où aller. Bien que le déplacement des invités si tôt soit une déception pour l'hôtesse, et bien qu'il n'empêche pas les donneurs de bal éphémères de faire des retours convenables en plaçant la famille sur leurs listes de bal, cela gâche néanmoins grandement le plaisir du bal, et empêche qu'il soit considéré avec quoi que ce soit qui s'approche du plaisir ou de la satisfaction, le départ des partenaires les plus éligibles n'étant pas la moindre des contrariétés de la nuit.

Ces *contretemps* sont parfois inévitables ; mais, lorsque cela est possible, il est toujours préférable de différer une balle plutôt que de lui permettre d'entrer en collision avec une balle ayant de plus grandes prétentions.

Une danse impromptue est souvent un grand succès, tandis qu'un bal impromptu est presque aussi sûr de se révéler un grand échec.

La différence entre une danse et un bal réside dans le nombre des invitations lancées, dans la force de la fanfare et dans l'étendue des dispositions du souper.

Lors d'un bal, le nombre des convives varie de quatre-vingts à deux cents ; au bal, ils varient de deux cents à cinq cents.

Lors d'une danse, un orchestre de piano est fréquemment engagé, tandis que lors d'un bal, un orchestre complet est requis. Lors d'un bal, les décorations florales sont un élément important, lors d'un petit bal, on s'en passe souvent. Les dames nouvelles dans la société, ou dont le cercle de connaissances est d'un caractère limité, et qui ne comptent pas dans ce cercle beaucoup de donneurs de balle, et qui désirent pourtant faire connaissance avec le ballon, placent fréquemment leur balle entre les mains de une amie intime de plus haut rang qu'eux, lui donnant *carte blanche* pour constituer une liste de bal. Lorsque ce plan est suivi, les invitations sont toujours envoyées par le donneur de balle ; dans tous les cas, le nom et les compliments de la dame qui forme la liste sont envoyés avec la carte.

Ce plan, bien qu'avantageux pour l'hôtesse, est souvent très désagréable pour ses amis démodés, qui sont naturellement très offensés d'être exclus de la liste de bal, ce qu'ils sont habituellement, comme une dame qui entreprend de former une liste de bal. car une amie n'est pas peu arbitraire quant aux conditions dans lesquelles elle en assume la direction. Elle souhaite naturellement que le bal soit confiné à son propre plateau, à l'exclusion de ce qu'elle appelle tous les étrangers.

Les dames sont toujours plus ou moins réticentes à céder leur balle à l'exclusion de leurs anciens amis, si désireuses qu'elles soient de s'en faire de nouvelles. Mais lorsqu'une balle est ainsi donnée, il est bien entendu que des conditions, aussi strictes soient-elles, doivent être respectées.

Une hôtesse doit recevoir ses invités en haut de l'escalier lors d'un bal donné en ville, et à la porte de la salle de bal lors d'un bal à la campagne. Elle doit serrer la main de chaque invité dans l'ordre de son arrivée.

Les dames d'un groupe doivent s'avancer vers l'hôtesse, suivies par les messieurs de leur groupe.

Une dame et un gentleman ne doivent pas monter l'escalier bras dessus bras dessous, ni faire leur entrée dans la salle de bal bras dessus bras dessous. Les messieurs entrent invariablement dans la salle de bal après les dames de leur groupe, et jamais avant elles, ni bras dessus bras dessous avec elles. Un bal est généralement ouvert soit par l'hôtesse elle-même, soit par l'une de ses filles.

Ouvrir un bal costumé, c'est simplement danser le premier quadrille. Ouvrir une danse, c'est danser la première valse.

Lorsqu'un membre de la famille royale ou un prince étranger est attendu, la danse ne doit commencer qu'à l'arrivée de l'invité royal ; et lorsque l'invité royal est une dame, l'hôte doit ouvrir le bal avec elle, ayant sa femme ou sa fille comme *vis-à-vis* . Lorsque l'invité royal est un prince, l'hôtesse ou sa fille doit ouvrir le bal avec lui.

Lorsqu'un prince souhaite danser avec une dame présente qu'il ne connaît pas, son écuyer l'informe de l'intention du prince et la conduit au prince, en disant ce faisant : " Mme A..., Votre Altesse Royale ". ou "Miss B——, Votre Altesse Royale." Le prince s'incline et lui offre son bras ; la dame devrait faire la révérence et le prendre. Elle ne doit pas s'adresser à lui tant qu'il ne l'a pas adressé, cela n'est pas considéré comme une étiquette de le faire. Le même parcours est suivi par une princesse ; les étrangers à la princesse ne doivent pas lui demander de danser, mais l'hôte a le privilège de le faire. Lorsque plusieurs personnages royaux sont présents, celui du rang le plus élevé ouvre la marche, avec soit l'hôtesse, soit l'hôte. (Voir chapitre V.)

Les invités royaux doivent être reçus par l'hôte et l'hôtesse à l'entrée du manoir, et conduits par eux à la salle de bal. Lors des dîners de bal, la même préséance est strictement en vigueur, les invités royaux ouvrant la marche avec hôte ou hôtesse (voir p. 49).

La même étiquette doit être observée au départ des invités royaux comme à leur arrivée.

Les présentations générales ne doivent pas être faites aux invités royaux et les présentations doivent être faites sur demande uniquement.

Les messieurs présents à un bal sont censés demander aux filles de la maison de danser au moins une fois.

Une hôtesse doit user de sa propre discrétion quant à toute introduction qu'elle juge appropriée de faire. Lorsqu'un bal est donné à la campagne, l'hôtesse doit s'efforcer de trouver des partenaires aux jeunes filles étrangères à la société générale. Mais lorsqu'un bal est donné en ville, on ne s'attend pas à ce qu'elle le fasse, car en ville les invités sont censés se connaître plus ou moins et être indépendants des aimables fonctions d'une hôtesse.

Les danses les plus en vogue en ce moment sont les « Valses », « Le Boston », « Deux pas » et « Le Cotillon », dans lesquelles de beaux cadeaux sont offerts. Les « quadrilles » se dansent aux « bals d'État » et aux bals auxquels assistent le roi et la reine. Également aux "Bals costumés". Les « Lancers » sont dansés occasionnellement aux « Hunt Balls ».

La préséance observée dans l'envoi des convives au souper est bien plus scrupuleusement suivie à la campagne qu'à la ville. L'hôte doit accueillir la dame présente du plus haut rang, et l'hôtesse doit s'efforcer d'envoyer les principaux invités selon leur rang individuel ; mais en ville, elle laisse généralement les invités suivre l'hôte et la dame du plus haut rang selon leurs inclinations, un invité ne doit pas entrer dans la salle du souper avant que l'hôte ne l'ait fait.

Lorsqu'un gentleman invite une dame à souper, il doit naturellement la reconduire à la salle de bal ; le fait que des amis la rejoignent au souper ne le déchargerait pas de cette obligation. Et la même étiquette s'applique également à une dame. Elle ne doit retourner au bal qu'avec le monsieur qui l'a emmenée souper, à moins qu'elle ne soit engagée pour la danse qui suivra, où son partenaire pourrait venir la chercher ; elle devrait alors retourner au bal avec lui.

Il n'est pas habituel que les invités prennent congé d'une hôtesse lors d'un bal londonien. Cette remarque s'applique aux connaissances de l'hôtesse, et non aux amis intimes.

Lors d'un bal à la campagne, les invités sont dans des conditions plus amicales que ce n'est généralement le cas en ville ; et, par conséquent, veillez à prendre congé de l'hôtesse si possible.

Il est facultatif qu'un hôte conduise ou non une dame à sa voiture. A la campagne, on attend plus de lui qu'à la ville à cet égard, car lors d'un bal à Londres, une telle courtoisie impliquerait un effort considérable que peu d'hôtes seraient prêts à subir : les dames accompagnées d'une connaissance se rendent généralement à leurs voitures.

L'habitude de recouvrir les petits balcons et les fenêtres des salons où se déroule un bal, rendant l'atmosphère de la pièce presque insupportable à cause de l'exclusion totale de l'air, est en train de disparaître rapidement.

L'espace ainsi gagné pour l'hébergement des invités est totalement disproportionné par rapport à l'inconfort que cela entraîne pour eux.

Les donneurs de ballon ont enfin compris l'erreur de rassembler deux cents à trois cents personnes dans des pièces mal aérées, et c'est maintenant la règle, lorsqu'on couvre des balcons, d'introduire des cadres de fenêtres dans le revêtement des banderoles et de les draper de rideaux de dentelle, etc., les fenêtres de la salle de bal étant entièrement supprimées.

De gros blocs de glace sont fréquemment placés à des endroits pratiques dans le but de refroidir l'atmosphère, et la glace colorée produit un joli effet.

Les ventilateurs brevetés sont également très utilisés, et le remplacement de l'éclairage électrique, en raison de son faible dégagement de chaleur, est devenu général.

Les amateurs de bal apprécient ces modifications comme seuls peuvent le faire ceux qui ont connu l'atmosphère étroite et étouffante d'une salle de bal surpeuplée, et comme la moitié des salles de bal de Londres ne sont que des salons de taille moyenne, l'absurdité d'exclure l'air de la salle de bal avec des mètres de toile épaisse ne peut pas être trop sévèrement critiqué.

Les donneurs de bal, eux aussi, lancent souvent beaucoup plus d'invitations que ne le permet la taille de leur salle, sous l'idée erronée qu'avoir une grande foule dans leur salle, c'est donner un bon bal.

Mais les donneurs de ballons expérimentés limitent le nombre de leurs invitations à moins de deux cents, au lieu de l'étendre à plus de trois cents.

La saison des bals country commence apparemment en novembre, atteint son apogée en janvier et se termine début février.

Les commissaires de ces bals sont, en règle générale, les représentants des différentes classes qui les fréquentent ; les membres de l'aristocratie résidant dans le comté en tête de la liste des intendants, et les membres des classes professionnelles qui la ferment habituellement.

Le sommet de la salle de bal est, en règle générale, approprié par l'élément aristocratique, les principaux intendants et les « dames patronnes ».

Le plaisir que procure le bal country dépend d'une variété de circonstances, qui n'influencent pas au même degré le monde du bal à Londres.

Les bals de comté sont principalement composés d'une série de grandes fêtes organisées par différentes dames du quartier où se déroule le bal ; mais il existe deux classes de bals de comté, bals qui ont lieu dans les villes grandes et peuplées et auxquels assistent les principaux habitants des villes, avec seulement une petite poignée d'aristocratie et de noblesse du comté.

Il existe également des bals de chasse et des bals de charité annuels qui ont lieu entre octobre et février et qui sont une fusion des deux classes de bals.

Le quartier où se déroule un ballon est une indication suffisante pour savoir s'il est susceptible d'être intelligent ou non.

En règle générale, les principales dames d'un comté prêtent leur nom comme patronnes et supportrices d'un bal de charité, bien qu'il ne s'ensuit nullement qu'elles y assisteront personnellement ; mais une longue liste de patronnes influentes augmente sensiblement la vente des billets, ce qui est le résultat à atteindre.

Une foule nombreuse n'est pas l'objet premier d'un bal départemental, car la somme récoltée par la vente des billets n'est nécessaire qu'à couvrir les dépenses du bal, bien que celles-ci soient parfois considérables, surtout lorsque les décorations sont élaborées et les dispositions prises pour le bal. une grande échelle, auquel cas il n'est pas rare qu'il y ait un déficit plutôt qu'un excédent, déficit qui est supporté par les intendants eux-mêmes.

Pour assurer un bon bal, une unanimité considérable de la part des dames du comté est exigée, et elles se réunissent généralement et se consultent avant de fixer la date du bal, pour prendre en considération les calendriers des bals du comté voisins, et ainsi éviter la possibilité de lesdits bals se heurtant à leur propre bal de comté, et aussi dans le but peut-être d'attirer les fêtes de leurs voisins plus éloignés pour augmenter les chiffres à leur propre bal.

Les fêtes de maison invitées à un bal varient de dix à vingt-cinq personnes, selon le logement d'une maison.

Il n'appartient pas aux commissaires d'un bal de trouver des partenaires pour les dames ou les messieurs, et par conséquent, si une dame ne fait pas partie d'un grand groupe, mais assiste simplement à un bal de comté avec un parent ou un ami, et n'a pas étant une grande connaissance parmi les personnes présentes, elle a très peu de chances d'obtenir des partenaires.

Les jeunes filles ne retournent plus auprès de leurs chaperons après chaque danse ou après avoir été au salon de thé.

Un gentleman doit offrir son bras à sa partenaire à la fin d'une danse pour la conduire au salon de thé. Dans les danses en rond, il est d'usage de faire des pauses fréquentes et de ne pas courir dans la salle de bal jusqu'à ce que la musique cesse.

Lors des bals country, les programmes sont invariablement utilisés ; dans les bals de Londres, on ne les utilise jamais, sauf dans les bals publics.

Les bals du comté commencent généralement entre neuf et dix heures, parfois un bal n'est ouvert que lorsque les stewards les plus influents et leurs groupes sont arrivés, mais le plus souvent les deux premières danses se terminent avant l'arrivée des magnats du comté.

Cela dépend de la durée du trajet et de l'heure à laquelle les gens arrivent au bal ; en règle générale, ils arrivent au plus tard à 22h30

Le moyen habituel de transporter une personne à un bal est par omnibus privé, en plus des voitures et des automobiles ; mais lorsque ceux-ci sont loués pour l'occasion, les frais doivent être supportés par les invités eux-mêmes.

Il est d'usage de quitter un bal champêtre au plus tard à deux heures et demie ; les gens les plus élégants le font invariablement à cette heure-là.

Il va de soi que les personnes assistant aux bals publics emportent avec elles leur billet pour le bal.

Lorsque vous assistez à un bal militaire ou à un bal de chasse, il est généralement de règle de prendre le carton d'invitation et de le remettre au sergent ou au fonctionnaire présent.

Il est parfois indiqué sur la carte d'invitation que cela doit être fait, même s'il est souvent tenu pour acquis que les personnes le feront de leur propre gré.

Lors des bals donnés par des particuliers, les invités ne doivent pas apporter avec eux leur carton d'invitation, sauf s'il s'agit d'un *bal masqué* , où il leur est parfois demandé de le faire.

Pour donner un bal, un préavis de trois semaines est considéré comme nécessaire, mais pour une danse, un court préavis de dix jours suffirait.

La Carte d'Invitation est la carte habituelle "à la maison", le mot "Danse" étant imprimé dans le coin de la carte.

Le mot « bal » ne doit jamais être utilisé sur une carte d'invitation, aussi grandiose que soit le divertissement ; et la même forme d'invitation est employée soit dans le cas d'une petite danse, soit dans le cas d'un grand bal, bien que dans le cas d'une petite danse donnée seulement, les mots « Petit » ou « Tôt » doivent être écrits ou imprimés sur le papier. carte d'invitation.

Les invitations à un bal doivent être émises uniquement au nom de l'hôtesse.

Lorsque l'hôte est veuf et a une fille adulte, les invitations doivent être émises à leurs noms communs.

Lorsque l'hôte est veuf ou célibataire, elles doivent être délivrées à son nom.

Les invitations lancées à leurs bals par les officiers, les membres des comités de chasse, les célibataires, etc., demandent soit le plaisir, soit l'honneur de la compagnie de Mme ——— ; mais cette formule ne doit pas être utilisée par les dames lorsqu'elles lancent des invitations ; la carte "à la maison" doit simplement porter le mot "Danse" en bas de la carte, l'heure et la date renseignées dans l'espace prévu, le nom de l'invité inscrit en haut de la carte.

Dans le cas d'une invitation écrite, il serait correct d'utiliser les mots « bal » ou « danse » en faisant allusion au divertissement sur le point d'être donné, dans une note amicale.

Une dame ou un gentleman pouvait demander une invitation pour son ami à un bal donné par une connaissance, même si la connaissance était de caractère mineur ; mais une dame ou un gentleman ne devrait pas demander une invitation à un bal s'il ne connaît pas celui qui l'a donnée. Le fait que des amis communs aient reçu des invitations à un bal ne donne aucun droit à l'hospitalité d'un étranger, donc de telles demandes sont irrecevables.

La voie à suivre pour une personne qui désire être invitée à un bal donné par quelqu'un qu'elle ne connaît pas est de demander à un ami commun de l'obtenir ; et ce cours est toujours suivi.

Les cartes doivent être déposées par les invités présents à un bal dans la semaine en cours si possible. (Voir chapitre III.)

de pourboire aux domestiques de la maison où se donne un bal.

Bals d'État. — Deux bals d'État sont donnés chaque année au palais de Buckingham pendant la saison de Londres sur ordre de Sa Majesté. Les invitations sont émises par le Lord Chamberlain, mais Sa Majesté révise au préalable la liste.

Lorsque mesdames et messieurs assistent à un bal d'État au palais de Buckingham, ils se rendent à la salle de bal *à l'improviste* ; et aucun accueil officiel ne leur est accordé, ni par la « royauté », ni par le Lord Chamberlain.

La danse ne commence qu'à l'arrivée de la fête royale, lorsque les invités se lèvent et restent debout pendant que l'on danse le Quadrille Royal, avec lequel le bal s'ouvre.

Le roi et la reine agissent comme hôtes et hôtesses à ces occasions, mais limitent leurs attentions à ceux qu'ils connaissent personnellement.

Les dames assistant à un bal d'État au palais de Buckingham doivent porter la robe de soirée habituelle ; mais ils ne devraient pas porter de traînes de cour, ni de plumes, ni de bavettes.

Les messieurs assistant aux bals d'État doivent porter un uniforme ou une tenue de cour complète : manteau, culotte et bas de soie, chaussures et boucles ; les pantalons ne peuvent être portés que dans le cadre d'un uniforme, et non avec une robe de cour comme généralement portée à une levée.

Un gentleman qui veut danser doit retirer son épée, sinon il ne doit pas le faire.

Lorsque la Cour est en deuil, les dames assistant à un bal d'État doivent porter le deuil conformément à l'avis officiel qui paraît dûment dans la *Gazette*
.

Les messieurs devront porter au bras gauche le crêpe, qui est fourni au vestiaire du Palais à ceux qui auraient oublié de s'en munir, car il est impératif, lorsque la Cour est en deuil, qu'une bande de crêpe soit portée. porté au State Ball ou au State Concert.

Les bals donnés par les princes et princesses du sang royal ne sont pas des bals d'État, donc l'habit de cour n'est pas porté par les messieurs présents.

Ils agissent comme hôtes et hôtesses aux bals qu'ils donnent et reçoivent leurs invités en leur serrant la main au fur et à mesure de leur annonce.

Mesdames et messieurs, n'emportez pas avec eux leurs cartes d'invitation au palais de Buckingham.

CHAPITRE XIII

DÎNERS OFFERTS ET DÎNERS

dîner est peut-être la plus importante de toutes les célébrations sociales, c'est pourquoi les dîners occupent la première place parmi tous les divertissements.

On comprend si bien que le service du dîner repose sur le principe de l'équivalent, que ceux qui ne donnent pas de dîner entrent difficilement dans la catégorie des convives au restaurant. Cette règle se prête cependant à de nombreuses exceptions en faveur d'individus privilégiés, de membres populaires et éminents de la société, dont la présence aux dîners est appréciée et accueillie dans la plupart des milieux.

Les dîners sont plus fréquents et revêtent une plus grande importance sociale que toute autre forme de divertissement.

Invitations au dîner. — Une invitation à dîner véhicule une plus grande marque d'estime, ou d'amitié et de cordialité, à l'égard de l'invité, que n'en véhicule une invitation à toute autre réunion sociale, étant le plus grand compliment, socialement parlant, qu'une personne puisse offrir à un autre. C'est aussi une civilité qui peut être facilement échangée, ce qui en soi lui confère un avantage sur toutes les autres civilités.

Le donneur de table orthodoxe doit nécessairement posséder une certaine richesse, et richesse et esprit ne vont pas toujours de pair. Le plus souvent, le premier surpondère plutôt le second ; d'où l'introduction d'un élément plus léger sous la forme de gens amusants dont *le métier* dans la vie est d'être amusant et de paraître amusé.

Le service du dîner est en soi non seulement un test de la position occupée dans la société par celui qui donne le dîner, mais c'est aussi un chemin direct pour obtenir une place reconnue dans la société. Un moyen d'élargir une connaissance limitée et une réputation de donner de bons dîners est en soi un passeport pour la société à la mode. Le service du dîner, au sens plein du terme, est une science qui ne s'acquiert pas facilement, car cela dépend du talent que possède l'hôte ou l'hôtesse pour organiser des dîners.

Lorsqu'on envisage un grand dîner, il est habituel de donner un préavis de trois semaines, mais dernièrement ce préavis a été étendu à quatre, cinq et même six semaines.

Les convives sont plutôt enclins à se révolter contre cette innovation, estimant qu'une invitation datée d'un mois les engage à rester en ville et en quelque sorte contrôle leurs déplacements, car l'acceptation d'une invitation est aux yeux des convives. une obligation contraignante ; seules des problèmes de santé, un deuil familial ou une raison de la plus haute importance justifient qu'elle soit mise de côté ou éludée.

Ceux qui sont assez inconsidérés pour trouver des excuses triviales au dernier moment ne sont pas souvent retenus sur la liste des dîners d'un hôte ou d'une hôtesse.

Les invitations à dîner sont émises aux noms conjoints de l'hôte et de l'hôtesse.

Le maître de maison occupe une position de premier plan parmi ses invités, lorsqu'il dispense l'hospitalité en tant que « donneur du dîner ».

Un préavis de cinq à dix jours est considéré comme suffisant pour les invitations à de petits dîners sans cérémonie.

Les cartes imprimées sont généralement utilisées en ville pour émettre des invitations à dîner et peuvent être achetées auprès de n'importe quelle papeterie ; ces cartes doivent uniquement être remplies avec les noms de l'hôte, de l'hôtesse et des invités, la date, l'heure et l'adresse. Les noms réunis de l'hôte et de l'hôtesse doivent être inscrits dans l'espace prévu à cet effet. Ainsi, « M. et Mme A. », et le ou les noms des invités dans le prochain espace vacant.

Lorsque des invitations sont lancées pour de petits dîners, il est plus courant d'écrire des notes que d'utiliser des cartes imprimées.

Les acceptations ou refus des invitations à dîner doivent être envoyés le plus rapidement possible après la réception des invitations. C'est un manque de courtoisie de la part d'une personne invitée de ne pas le faire, car autrement l'hôtesse se retrouve dans le doute quant à savoir si la personne invitée a l'intention de dîner avec elle ou non, et est par conséquent incapable de remplir la place vacante avec un remplaçant éligible ; rendant ainsi son dîner mal assorti.

Une réponse à une invitation ne peut être sollicitée dans une note ultérieure ; il incombe donc à la personne invitée d'envoyer une réponse dans un délai d'un jour ou deux au moins. Les invitations à dîner sont envoyées soit par la poste, soit par un domestique, et les réponses sont également transmises de la même manière.

Les invitations à dîner sont invariablement envoyées par l'hôtesse.

Il n'est pas d'usage en ville d'inviter plus de trois membres d'une même famille ; c'est maintenant l'usage d'inviter les jeunes filles avec leurs parents à des dîners.

Réception des convives. — Les invités doivent arriver dans les quinze minutes suivant l'heure indiquée sur le carton d'invitation.

En aucune occasion, la ponctualité n'est plus impérative que dans le cas d'un dîner au restaurant ; autrefois, beaucoup s'accordaient une grande latitude à cet égard, et il en résultait une longue attente pour les invités tardifs. Un hôte et une hôtesse attendaient souvent plus d'une demi-heure pour les invités attendus. Mais désormais, la ponctualité est devenue la règle dans les plus hautes sphères, et le dîner est servi dans les vingt minutes qui suivent l' arrivée du premier convive. En général, les gens très habitués aux restaurants s'efforcent d'arriver à l'heure ; mais il y en a beaucoup dans le monde qui présagent de leur position et sont proverbialement peu ponctuels, sachant qu'en pleine saison, une hôtesse attendrait une demi-heure plutôt que de s'asseoir pour dîner sans eux ; mais ce manque de considération se manifeste bientôt dans leurs différents services, et est toujours pris en compte lorsque « leur compagnie est demandée au dîner ».

En France, il n'est pas de règle, ni d'usage, d'attendre le dîner en cas d'arrivée tardive, et le dîner est servi ponctuellement à l'heure indiquée dans l'invitation.

L'heure du dîner varie de huit à neuf heures, bien que 8 h 30 soit peut-être l'heure la plus habituelle. Dans le pays, cela varie de 7h30 à 8h30.

La ponctualité des convives permet à l'hôtesse de faire toutes les présentations qu'elle juge opportunes avant le service du dîner.

L'hôte et l'hôtesse doivent être prêts à recevoir leurs invités dans le salon à l'heure indiquée sur la carte.

A son arrivée, une dame doit enlever son manteau au vestiaire, ou le laisser dans le couloir en présence du domestique, avant d'entrer dans le salon.

Un gentleman doit laisser son pardessus et son chapeau au vestiaire des messieurs ou dans le hall.

Dans les grands dîners, le majordome est posté dans l'escalier et annonce les invités à leur arrivée. Dans les petits dîners, ou lorsqu'il n'y a qu'un seul domestique, le domestique précède le ou les invités à leur arrivée, jusqu'au salon. Les invités doivent alors donner leur nom au serviteur, afin qu'il puisse les annoncer.

Une dame et un monsieur, après avoir été annoncés, ne doivent pas entrer dans le salon bras dessus bras dessous ou côte à côte. La ou les dames, s'il y en a plus d'une, doivent entrer dans la pièce avant le monsieur, bien que le domestique annonce « M., Mme et Miss A ».

L'hôte et l'hôtesse doivent se manifester et serrer la main de chaque invité à son arrivée. Les dames doivent s'asseoir immédiatement, mais les messieurs soit restent debout dans la pièce et se parlent, soit s'assoient après quelques minutes d'attente.

Lorsqu'une dame connaît de nombreux invités présents, elle ne doit pas se déplacer immédiatement pour serrer la main de tous, mais doit saisir l'occasion de le faire d'une manière discrète ; il suffirait de les reconnaître à un signe de tête ou à un sourire. Une dame devrait s'incliner devant tout gentleman qu'elle connaît, et il devrait traverser la pièce pour lui serrer la main immédiatement s'il n'est pas engagé.

Dans un petit dîner où les convives ne se connaissent pas, l'hôtesse doit présenter les uns aux autres les personnes du plus haut rang ; mais lors d'un grand dîner, elle ne le ferait pas, à moins qu'elle n'ait une raison particulière pour faire les présentations.

A la campagne, les présentations se font bien plus souvent lors des dîners qu'à la ville.

La préséance est strictement observée à tous les dîners. (Voir Chapitre V.)

Envoi des invités au dîner. — L'hôte doit emmener la dame du plus haut rang présente au dîner, et le gentleman du plus haut rang doit emmener l'hôtesse. Cette règle est absolue, à moins que la dame ou le monsieur du plus haut rang ne soit apparenté à l'hôte ou à l'hôtesse, auquel cas son rang serait suspendu, par courtoisie envers les autres convives.

Un mari et sa femme, ou un père et sa fille, ou une mère et son fils, ne devraient pas être envoyés dîner ensemble.

Un hôte et une hôtesse devraient, si possible, inviter un nombre égal de dames et de messieurs. Il est d'usage d'inviter deux messieurs ou plus qu'il n'y a de dames, afin que les dames mariées ne soient pas obligées d'aller dîner seulement avec leurs maris. Ainsi, Mme A. et M. B., M. B. et Mme A., Mme B. devraient être emmenés à dîner par M. C., et M. A. devrait emmener Mme G., et ainsi de suite.

Lorsque les dames sont en majorité à un dîner, dans la mesure de deux ou trois, les dames du plus haut rang doivent être invitées à dîner par les messieurs présents, et les dames restantes doivent suivre d'elles-mêmes ; mais un tel arrangement est inhabituel et indésirable, bien que parfois inévitable lorsque le dîner est impromptu, par exemple, et que le préavis donné n'a été que bref.

S'il manque un gentleman par rapport au nombre requis, l'hôtesse entre souvent seule pour dîner, en suivant le sillage des derniers couples.

La manière habituelle d'envoyer des invités à dîner est que l'hôte ou l'hôtesse informe chaque gentleman, peu après son arrivée, de celle des dames qu'il doit inviter à dîner.

Aucun « choix » n'est donné à un gentleman quant à laquelle des dames il préférerait inviter à dîner, il s'agit simplement d'une question de préséance.

En cas de difficulté sur l'ordre dans lequel les invités doivent suivre l'hôte jusqu'à la salle à manger, l'hôtesse, connaissant la préséance due à chacun de ses invités, devra indiquer à chaque monsieur quand ce sera son tour de descendre à la salle à manger. -chambre. Il devrait alors offrir son bras à la dame que l'hôte lui avait préalablement demandé d'inviter à dîner.

Le dîner est annoncé par le majordome ou le domestique.

Lorsque les invités sont arrivés ou lorsque l'hôte désire que le dîner soit servi, il doit appeler ou informer le domestique en conséquence.

A l'annonce du dîner, l'hôte doit donner son bras droit à la dame du plus haut rang présente et, avec elle, ouvrir la voie à la salle à manger, suivi de la dame en second, avec un gentleman en second, et ainsi de suite. sur. Le monsieur le plus haut placé présent devra suivre en dernier avec l'hôtesse.

Lorsque les seconds couples s'apprêtent à quitter le salon, l'hôtesse demande fréquemment à chaque gentleman à tour de rôle de suivre une dame selon la préséance due à chacun. Ainsi : « Monsieur A., voulez-vous emmener Mme B. ? Cela répond également à l'objectif d'une présentation, dans le cas où les couples ne se connaissent pas et que l'hôtesse n'a pas trouvé l'occasion de les présenter à leur arrivée.

Lorsqu'il se présente un cas de préséance dans lequel soit la dame, soit le monsieur doivent renoncer à leur droit de préséance, celui du monsieur cède la place à celui de la dame. (Voir Chapitre V.)

Un gentleman doit offrir son bras droit à une dame en quittant le salon.

Mesdames et messieurs ne doivent pas se rendre à la salle à manger en silence, mais doivent immédiatement engager la conversation entre eux. (Voir l'ouvrage intitulé « L'art de converser ».)

En entrant dans la salle à manger, la dame que l'hôte a invitée à dîner devra s'asseoir à sa droite. Sur le continent, cette coutume est inversée, et c'est l'étiquette pour la dame de s'asseoir à la gauche du monsieur qui l'invite à dîner.

L'hôte doit rester debout à sa place, au bas de la table, jusqu'à ce que les convives soient assis, et faire signe aux différents couples, lorsqu'ils entrent dans la salle à manger, des places qu'il souhaite qu'ils occupent à table. C'est la manière la plus habituelle de placer les convives à table. Lorsque l'hôte n'indique pas où il doit s'asseoir, il s'assoit à côté de l'hôte ou de l'hôtesse selon la préséance.

L'hôte et l'hôtesse doivent fixer à l'avance les places qu'ils souhaitent que leurs invités occupent à table.

Si un hôte n'indiquait pas aux invités les différentes places qu'il souhaitait qu'ils occupent, le résultat serait probablement que les maris et les femmes seraient assis côte à côte, ou que des personnes peu sympathiques s'asseyaient ensemble.

La coutume de mettre une carte avec le nom de l'invité sur la table, à la place réservée à chaque invité, est fréquemment suivie lors des grands dîners et, dans certains cas, le nom de chaque invité est imprimé sur un menu et placé devant. de chaque couverture.

L'hôte et la dame qu'il invite à dîner doivent s'asseoir au bas de la table. Il doit s'asseoir au centre, en bas de la table, et placer à sa droite la dame qu'il a fait descendre. La même règle s'applique à l'hôtesse. Elle doit s'asseoir au centre, en haut de la table, le monsieur qui l'a invitée à dîner étant placé à sa gauche.

La dame en deuxième position doit s'asseoir à la gauche de l'hôte.

Chaque dame doit s'asseoir à la droite du monsieur qui l'invite à dîner.

C'est uniquement une question d'inclination si une dame et un monsieur, qui sont allés dîner ensemble, conversent uniquement entre eux, ou aussi avec leurs voisins de droite et de gauche, mais ils trouvent généralement un sujet de conversation en commun, sinon un dîner ne serait qu'une succession de *tête-à-tête* .

Les menus sont placés le long de la table, en moyenne pour une à deux personnes ou occasionnellement une pour chaque personne, et les cartes de menu sont élaborées ou simples, selon les goûts de chacun, et sont achetées imprimées à cet effet, avec un espace pour les noms des plats à remplir, ce qui est habituellement fait par la maîtresse de maison, à moins que l'établissement ne soit de grande envergure, il est d'usage de les écrire en français.

Les porte-menus fantaisistes sont très utilisés.

L'utilisation de menus serait prétentieuse lors d'un petit dîner où il y a peu de choix de plats ; mais quand on a le choix des plats, un menu est indispensable.

Le mode habituel et à la mode de servir le dîner s'appelle *Dîner à la Russe* , bien que lors de petits dîners ou de dîners amicaux, l'hôte préfère parfois découper lui-même le rôti dans le premier plat et les oiseaux dans le deuxième plat. Mais les tables à dîner, soit pour dîner *à la Russe* , soit pour dîner *en famille*

, sont invariablement disposées dans le même style, la différence étant simplement l'étendue de l'étalage fait en ce qui concerne les fleurs, les assiettes et les verres, qui sont les accessoires du dîner. table à manger.

Lorsque l'hôte sert la soupe, une petite louche pour chaque personne est la quantité convenable ; une assiette creuse ne doit pas être remplie de soupe.

Lorsque le groupe est petit et que les joints ou les oiseaux sont sculptés par l'hôte, les portions doivent être remises aux invités dans l'ordre dans lequel ils sont assis, bien qu'il arrive parfois que les dames soient aidées avant les messieurs.

La règle de tous les dîners est que le serviteur commence à servir en remettant les plats à la dame assise à la droite de l'hôte, puis à la dame assise à la gauche de l'hôte, et de là toute la longueur de la table à chaque invité. dans l'ordre des places assises, quel que soit le sexe.

Des entrées doubles devraient être proposées lors des grands dîners, et les serviteurs devraient commencer à distribuer les plats simultanément des deux côtés de la table.

Le Dîner à la Russe est la mode russe introduite dans la société il y a de nombreuses années. Tout le dîner est servi sur une table d'appoint, aucun plat n'étant posé sur la table, sauf des plats de fruits.

Décorations de table à dîner. — Quant au style le plus correct de décoration de table, elle offre une grande diversité de disposition.

Pièces centrales hautes et pièces centrales basses. Des verres bas placés le long de la table et des traînées de plantes grimpantes et de fleurs posées sur la nappe elle-même sont quelques-uns des éléments dominants de l'époque, mais les décorations de table sont essentiellement une question de goût plutôt que d'étiquette, et l'étendue de ces décorations dépendent beaucoup de la taille du coffre à assiettes et de la longueur de la bourse du donneur de table.

Les fruits du dessert sont généralement disposés au centre de la table, au milieu des fleurs et de l'assiette. Certaines tables à dîner sont également ornées d'une variété d'idées françaises outre les fruits et les fleurs ; d'autres tables à dîner sont décorées uniquement de fleurs et d'assiettes, le dessert n'étant pas du tout posé sur la table ; mais ce dernier mode ne peut être adopté que par ceux qui peuvent faire un somptueux étalage de fleurs et d'assiettes à la place des fruits.

En ce qui concerne l'éclairage de la table. L'éclairage électrique est désormais largement utilisé en ville, et plus ou moins à la campagne lorsque cela est possible. Lorsqu'elles ne sont pas disponibles, les lampes et les bougies en cire sont utilisées comme auparavant. Les teintes utilisées doivent être soigneusement choisies car elles contribuent grandement au confort des invités et à la réussite de l'éclairage. Les chandeliers en argent sont souvent équipés de petites lampes électriques, et de belles lampes en argent sont utilisées de la même manière pour la table du dîner.

Le terme « couvert » désigne la place mise à table pour chaque personne. Il se compose d'une cuillère à soupe, d'un couteau et d'une fourchette à poisson, de deux couteaux, de deux grandes fourchettes et de verres à vins donnés. Pour de tels arrangements, voir le chapitre « En attendant le dîner » dans l'ouvrage intitulé « En attendant à table ».

Le xérès se boit toujours après la soupe, et le jarret avec le poisson après la soupe. Le champagne se boit immédiatement après le premier *plat* servi et pendant le reste du dîner jusqu'au dessert. Le Claret, le Xérès, le Porto et le Madère sont les vins bu au dessert, et non le champagne, car il s'agit essentiellement d'un vin de dîner. Quand les liqueurs sont données, elles le sont après les glaces.

Étiquette à table. — La soupe doit être mangée avec une cuillère à table et non avec une cuillère à dessert, il serait déplacé d'utiliser une cuillère à dessert à cet effet. Les cuillères à dessert, comme leur nom l'indique, sont destinées à d'autres usages, comme par exemple pour manger des tartes aux fruits, des puddings à la crème, etc., ou toute friandise pas suffisamment consistante pour être mangée à la fourchette.

Le poisson doit être mangé avec une fourchette en argent lorsque cela est possible, sinon avec un couteau et une fourchette à poisson en argent.

Tous les plats préparés, comme *les quenelles* , *les rissoles* , les galettes, etc., doivent être consommés uniquement avec une fourchette et non avec un couteau et une fourchette.

Pour les ris de veau, les côtelettes, etc., un couteau et une fourchette sont nécessaires ; et bien entendu pour la volaille, le gibier, etc.

Pour manger des asperges, il faut utiliser un couteau et une fourchette, et les pointes doivent être coupées et mangées avec une fourchette, comme le chou marin, etc.

La salade doit être mangée avec un couteau et une fourchette ; il est servi dans des assiettes à salade, placées à côté des assiettes.

Le concombre est consommé dans l'assiette et non dans une assiette séparée.

Les pois doivent être mangés avec une fourchette.

En mangeant du gibier ou de la volaille, il ne faut pas toucher avec les doigts l'os de l'aile ou de la patte, mais la viande coupée ferme l'os ; et s'il s'agit d'une aile, il est préférable de la couper au niveau de la jointure, ce qui permet de couper la viande beaucoup plus facilement.

La pâtisserie doit être mangée avec une fourchette, mais dans le cas d'une tarte aux fruits, une cuillère à dessert doit être utilisée ainsi qu'une fourchette, mais uniquement dans le but de porter le fruit et le jus à la bouche ; et dans le cas des fruits à noyau — cerises, prunes, prunes, etc. — soit la cuillère à dessert, soit la fourchette, doit être portée aux lèvres pour recevoir les noyaux, qui doivent être placés à côté de l'assiette ; mais lorsque les noyaux du fruit sont de plus grande taille, ils doivent être séparés du fruit avec la fourchette et la cuillère, et laissés sur l'assiette, et non mis dans la bouche ; et chaque fois qu'il est possible de séparer les noyaux du fruit, il est préférable de le faire.

Les gelées, les blanc-mangers, les puddings glacés, etc., doivent être mangés à la fourchette, comme tous les sucreries suffisamment consistantes pour en permettre.

Lorsque l'on mange du fromage, il faut placer de petits morceaux de fromage avec le couteau sur de petits morceaux de pain, et les deux porter à la bouche avec le pouce et l'index, le morceau de pain étant le morceau à tenir, car il ne faut pas prendre de fromage. entre les doigts et ne doit pas être mangé avec la pointe du couteau. [3]

Le verre à doigt doit être retiré de la plaque à glace et placé sur le côté gauche de l'assiette à dessert. Lorsque les glaces ne sont pas données, le d'oyley doit être retiré avec le verre à doigt et placé en dessous.

Lorsqu'on mange des raisins, la main à moitié fermée doit être placée devant la bouche, et les noyaux et les peaux doivent tomber dans les doigts et placés sur le côté de l'assiette. Certaines personnes courbent la tête de manière à permettre aux noyaux et aux peaux des raisins de tomber sur le côté de l'assiette ; mais cette dernière méthode est démodée et rarement suivie. Les cerises et autres petits fruits à noyau doivent être consommés de la même manière que les raisins, ainsi que les groseilles à maquereau.

Lorsque les fraises, les framboises, etc., ne sont pas consommées avec de la crème, il faut les manger avec la tige ; lorsqu'ils sont consommés avec de la crème, il faut utiliser une cuillère à dessert pour les retirer des tiges. Lorsqu'il est servi à l'américaine sans tiges, il faut utiliser à la fois une fourchette et une cuillère.

Les poires et les pommes doivent être pelées et coupées en moitiés et en quartiers avec un couteau à fruits et une fourchette, tout comme les pêches, les nectarines et les abricots.

Les melons doivent être mangés avec une cuillère et une fourchette.

Pins avec couteau et fourchette.

Le dessert est remis aux convives dans l'ordre dans lequel le dîner a été servi. [4]

Lorsque les convives ont été aidés à boire du vin et que les domestiques ont quitté la salle à manger, l'hôte doit passer les carafes à ses convives, en commençant par le monsieur le plus proche de lui.

Ce n'est pas la mode pour les messieurs de boire du vin entre eux, ni au dîner, ni au dessert, et l'invité remplit ou non son verre, selon son inclination.

Les dames ne sont pas censées exiger un deuxième verre de vin au dessert, et passer les carafes est principalement réservé aux messieurs. Si une dame avait besoin d'un deuxième verre de vin au dessert, le monsieur assis à côté d'elle lui remplissait son verre ; elle ne devrait pas se servir du vin. Après que le vin aura été distribué une fois autour de la table, ou une dizaine de minutes après que les domestiques auront quitté la salle à manger, l'hôtesse donnera le signal aux dames de quitter la salle à manger, en s'inclinant devant la dame du plus haut rang présente. , assis à la droite de l'hôte. Elle doit alors se lever de son siège, comme devraient le faire toutes les dames qui la voient.

Les messieurs doivent également se lever et rester debout près de leurs chaises jusqu'à ce que les dames aient quitté la pièce, ce qu'ils doivent faire dans l'ordre dans lequel ils y sont entrés, la dame du rang le plus élevé en tête, l'hôtesse suivant en dernier.

L'hôte, ou le monsieur le plus proche de la porte, doit l'ouvrir pour que les dames s'évanouissent et la fermer après elles.

Lorsque les dames auront quitté la salle à manger, les messieurs devront se serrer le plus près possible de l'hôte, afin de rendre la conversation générale.

Les vins que boivent habituellement les messieurs après le dîner sont du bordeaux de belle qualité et du porto.

Les dames, en sortant de la salle à manger, rentrent au salon. Le café devrait être apporté presque immédiatement au salon. Les tasses à café contenant le café doivent être apportées sur un plateau en argent, avec un pot à crème et une bassine de sucre cristallisé.

Dans les grandes maisons de campagne, le café est parfois apporté dans une cafetière en argent, et la dame se servait alors elle-même son café, tandis que le domestique tenait le plateau.

Le café doit être apporté quelques minutes plus tard à la salle à manger, et soit remis aux messieurs, soit posé sur la table, afin qu'ils puissent se servir eux-mêmes (voir l'ouvrage évoqué précédemment).

Un plan très général est que, après que le vin ait été distribué une ou deux fois, l'hôte offre des cigarettes, qui sont fumées avant que les messieurs rejoignent les dames dans le salon.

Après le café, le gentleman le plus haut placé doit quitter la salle à manger le premier. L'hôte ne proposerait pas d'ajournement au salon avant d'avoir remarqué le désir de le faire de la part de ses invités, mais il n'y a pas de règle absolue à ce sujet.

Ce n'est plus la mode aujourd'hui pour les messieurs de s'asseoir autour de leur vin au-delà de quinze ou vingt minutes au maximum, au lieu, comme autrefois, de trois quarts d'heure à une heure, changement très apprécié des hôtesses.

Sur le continent, les messieurs accompagnent les dames au salon et ne restent pas à la salle à manger comme en Angleterre.

Le monsieur le plus haut placé présent pourrait proposer un ajournement au salon dans un délai d'un quart d'heure s'il le jugeait à propos. Si les autres convives étaient engagés dans une discussion à laquelle il ne voulait pas prendre part, ayant proposé l'ajournement, il pouvait quitter la salle à manger pour rejoindre les dames du salon ; mais en règle générale, les messieurs quittent la salle à manger ensemble, l'hôte suivant le dernier.

L'hôte doit sonner la cloche de la salle à manger avant de quitter la pièce, pour indiquer au majordome que les messieurs ont quitté la pièce.

Dans les dîners de cérémonie en ville, ni musique ni cartes ne sont introduites pendant la demi-heure habituelle qui se passe dans le salon avant l'heure du départ.

Lors des dîners champêtres, la musique ou les jeux de cartes sont demandés.

Départ après le dîner. — Il n'y a aucune règle quant à l'ordre dans lequel les invités doivent prendre congé. Dix heures et demie est l'heure habituelle du départ général ; et le majordome annonce les différentes voitures qui arrivent aux invités dans le salon. Mais si une dame voulait savoir si sa voiture était arrivée, elle devait demander la permission à l'hôtesse ; et la cloche sonnerait pour faire l'enquête. La même remarque s'applique à la commande d'un taxi : la dame doit demander à l'hôtesse si on peut en commander un pour elle.

L'hôtesse doit serrer la main de tous ses invités à leur départ, en se levant de son siège pour ce faire.

Au départ, chaque invité doit serrer la main de l'hôte et de l'hôtesse.

Si, en sortant de la chambre, des connaissances se croisent, elles doivent se souhaiter bonne nuit, mais elles ne doivent pas faire le tour des chambres dans ce but.

L'hôte doit conduire une ou deux de ses principales invitées jusqu'à leurs voitures.

Les dames devront enfiler leurs manteaux au vestiaire, l'hôte attendant dans le hall pendant ce temps.

Un gentleman apparenté à l'hôte ou à l'hôtesse, ou un ami de la famille, pourrait proposer de conduire une dame jusqu'à sa voiture si l'hôte était occupé autrement.

Lors d'un dîner, les invités ne devraient jamais offrir **de pourboires aux domestiques présents.** Les messieurs ne devraient pas offrir d'honoraires aux hommes domestiques, pas plus que les dames à la femme de chambre présente.

Les invités doivent rendre visite à l'hôtesse dans la semaine ou la dizaine de jours qui suivent le dîner. Si elle n'est « pas à la maison », une femme mariée doit laisser une de ses propres cartes et deux de celles de son mari ; une veuve doit laisser une de ses propres cartes ; un célibataire ou un veuf doit laisser deux cartes.

La règle relative aux appels après les dîners est très assouplie entre amis intimes, et l'appel est souvent complètement omis ; et cela plus particulièrement à l'égard des messieurs, dont les occupations pendant la journée sont considérées comme des raisons bonnes et suffisantes pour ne pas venir.

Dîners champêtres. — À la campagne, les nouvelles connaissances, si elles sont voisines, devraient être invitées à dîner si possible dans le mois suivant la première visite, et la nouvelle invitation devrait être donnée dans le mois suivant.

Lorsque les invités sont réunis dans une maison de campagne, ils sont envoyés dîner le premier soir, selon leur préséance individuelle ; mais les soirs suivants, les messieurs tirent souvent au sort pour décider quelle dame ils auront le plaisir d'inviter à dîner, sinon une dame et un monsieur iraient dîner ensemble cinq ou six fois de suite, selon la durée de la visite, mais c'est plus une pratique chez les gens qui marchent avec leur temps que chez ce qu'on appelle les « vieux jeux ».

Lorsqu'une fête est variée par des convives supplémentaires chaque soir, le tirage au sort cède la place à la préséance, étant une pratique trop familière pour être adoptée lors d'un grand dîner.

Dire Grace , avant et après le dîner, est une question de sentiment plutôt que d'étiquette. Autrefois, c'était une coutume très répandue de dire « grâce », mais ces dernières années, ce mot est plus souvent omis qu'autrement, surtout lors des grands dîners en ville.

A la campagne, lorsqu'un ecclésiastique est présent, il faut lui demander de dire grâce. Lorsque la grâce est dite par l'hôte, elle est dite à voix basse et en très peu de mots ; les invités inclinaient la tête pendant ce temps.

Ce n'est pas un changement révolutionnaire rapide dans les mœurs qui a provoqué la différence qui existe aujourd'hui entre l'époque élisabéthaine et l'époque actuelle ; aucun mentor raffiné ne s'est manifesté pour enseigner que ce n'était pas la chose la plus agréable et la plus propre à faire, de mettre des couteaux dans le sel, de tremper les doigts dans des assiettes ou d'étaler du beurre avec le pouce ; au contraire, ces choses se sont redressées peu à peu, pas à pas, jusqu'à ce que l'on parvienne au code de bonnes manières actuel. Mais il est tout à fait possible que dans cent ans on découvre que les mœurs du siècle actuel offrent de larges possibilités d'amélioration.

En attendant, ces règles d'étiquette observées dans la société sont respectées et suivies par ceux qui ne souhaitent pas paraître singuliers, excentriques, démodés, anticonformistes, ou tout autre adjectif que l'humeur de leurs juges pourrait les inciter à leur appliquer. pour commettre des solécismes, petits ou grands.

Les femmes mariées, en règle générale, dînent au restaurant avec leur mari et n'acceptent pas les invitations à de grands dîners lorsque leur mari n'est pas en mesure de les accompagner. Il y a bien sûr des exceptions à cette règle, et des circonstances surviennent parfois où elle est considérablement assouplie ; mais même dans ce cas, il préférerait les petits dîners conviviaux aux grands dîners.

Durant toute absence temporaire de son mari, une dame acceptait des invitations à dîner avec ses parents et amis intimes, même si elle pouvait refuser les invitations à de grands dîners donnés par des connaissances ; mais, en règle générale, lorsqu'il est notoire que le chef de famille est absent pour une période de temps quelconque, les invitations sont rarement envoyées à la femme par les organisateurs de grands dîners.

Lorsque les demoiselles sont invitées à dîner, elles accompagnent leur père, leur mère ou leur frère ; mais parfois, lorsqu'une fête de demoiselles est donnée par un ami de leurs parents, les demoiselles sont invitées seules, et elles doivent aller soit avec leur femme de chambre dans un fiacre, soit seules dans la voiture de leur père.

NOTES DE BAS DE PAGE :

[3] Concernant la disposition de la table pour le dessert, voir l'ouvrage intitulé « Attendre à table ».

[4] Voir l'ouvrage intitulé « Waiting at Table ».

CHAPITRE XIV

ÉTIQUETTE À LA TABLE DU DÎNER

LA MODE a ses caprices et ses caprices, et en ce qui concerne les objets inanimés, ces caprices et caprices ne sont que transitoires et évanescents, mais lorsqu'ils touchent aux mœurs et aux modes, ils deviennent une convention et une coutume peut-être pour de nombreuses années. Les changements et les innovations, aussi légers soient-ils, sont plus subtils que soudains et, aussi paradoxal que cela puisse paraître, ils sont aussi importants qu'insignifiants ; il est cependant difficile de croire que les doigts faisaient autrefois office de fourchettes, et qu'il n'était pas d'usage qu'un hôte fournisse des fourchettes à ses invités, qui, s'ils étaient assez pointilleux pour les exiger, étaient censés les mettre dans leurs poches.

Il y a çà et là des gens dans le monde qui affectent quelques bizarreries de manières, mais ces caprices prennent toujours la forme d'originalités et non de vulgarités ; et même dans ce cas, seuls ceux dont la position dans la société est sûre s'y livrent.

En ce qui concerne l'étiquette à table. — Lorsqu'une dame s'est assise à table, elle doit immédiatement retirer ses gants ; bien qu'il arrive parfois que les longs gants de coude ne soient pas retirés pendant le dîner, cela est visible et peu pratique. Elle doit déplier sa serviette et la placer sur ses genoux. Peu importe qu'elle place le pain à droite ou à gauche de la couverture lorsqu'elle le retire de la serviette.

Un gentleman doit faire de même avec sa serviette et son pain, en plaçant l'un sur ses genoux et l'autre à sa main droite ou gauche.

Lorsqu'une dame met un peu de temps à enlever ses gants, elle doit retirer sa serviette avant de le faire : sinon une servante lui offrirait de la soupe avant qu'elle ait fait de la place pour l'assiette creuse en retirant la serviette, et elle devrait décider rapidement quant à laquelle des deux soupes qu'on lui tendra prendra-t-elle, pour ne pas faire attendre la servante ; et ainsi de suite à chaque plat tout au long du dîner en ce qui concerne le poisson, la viande, etc.

Les invités doivent consulter le menu avant de s'asseoir pour dîner. Manger de la soupe vient en premier. Autrefois, on avait l'habitude de le boire dans une bassine. De nos jours, personne ne « boit » de la soupe, on la « mange » ; qu'il s'agisse de la fausse tortue ou de la julienne la plus claire, on la mange dans une assiette creuse au dîner et avec une cuillère à table.

Il y a une raison à ce choix de cuillères ; la soupe n'est rien si elle n'est chaude, et comme on a l'habitude de n'en donner qu'une demi-louche à chacun, on la mange plus vite, et donc plus chaude, avec une grande cuillère qu'avec une petite.

Il y a aussi une bonne et suffisante raison pour que de petites quantités de soupe soient données au lieu de grandes, à savoir. l'étendue du menu ; et lorsqu'une assiette de soupe est remise à un invité habitué au service réglementaire, il craint qu'on s'attende à ce qu'il dîne avec cette assiette et qu'il n'y ait pas grand-chose à suivre.

Encore une fois, de petites portions nécessitent une plus petite quantité de soupe, et un serviteur est moins susceptible de renverser des assiettes contenant un peu de soupe que des assiettes à moitié pleines.

Lors des dîners de bal, lorsque la soupe est servie dans des assiettes creuses, elle est également mangée avec une cuillère à table, mais non lorsqu'elle est servie dans de petites tasses.

Il y a de nombreuses années, il était de bon ton de manger du poisson avec une fourchette et une croûte de pain ; auparavant, un couteau de table et une fourchette étaient considérés comme les objets appropriés à utiliser à cette fin. On a alors découvert qu'un couteau en acier donnait une saveur désagréable au poisson, et une croûte de pain a été remplacée par le couteau. Cette mode dura longtemps, malgré le rapprochement désagréable des doigts de l'assiette, et jusqu'à aujourd'hui les gens d'autrefois ont une prédilection pour cette croûte de pain. Un soir, un restaurant connu jeta sa croûte de pain et mangea son poisson avec deux fourchettes d'argent ; cette notion a trouvé une telle faveur générale que la société a laissé tomber l'humble croûte et a pris une seconde fourchette. Cette mode a connu son petit jour, mais finalement les deux fourchettes se sont avérées lourdes pour l'usage et pas tout à fait satisfaisantes, et ont été remplacées par le petit couteau et la fourchette à poisson en argent, délicats et pratiques, qui sont maintenant d'usage général.

Il faut toujours donner de petits morceaux de poisson et ne pas mettre deux sortes de poissons différentes dans la même assiette.

Lorsqu'on donne des huîtres , elles précèdent la soupe et doivent être mangées avec une fourchette et non avec une fourchette à poisson. En mangeant des huîtres, la coquille doit être stabilisée sur l'assiette avec les doigts de la main gauche, les huîtres ne doivent pas être coupées, mais doivent être consommées entières. De très nombreuses femmes ne mangent pas d'huîtres au dîner simplement parce qu'elles ne les aiment pas, tandis que d'autres les refusent sous l'impression qu'il est plus distingué de ne pas en manger. Peut-être qu'en ce qui concerne les jeunes filles, c'est un goût à acquérir. Certains hommes sont très, voire excessivement pointilleux, à l'égard des appétits manifestés par les dames, et voudraient qu'elles refusent les *entrées* et mangent une tranche de poulet et une cuillerée de gelée. D'autres, au contraire, respectent le bon appétit comme preuve d'une bonne santé et d'une bonne digestion. Il y a bien sûr un médium en toute chose, et comme les grands dîners sont principalement commandés en vue de plaire aux palais des hommes aux goûts épicuriens, on ne s'attend pas à ce que les dames mangent des plats les plus assaisonnés et les plus riches. mais il faut plutôt sélectionner le plus simple du menu. Cette remarque s'applique plus particulièrement aux jeunes filles et aux jeunes femmes mariées, tandis que les dames d'âge moyen et âgées sont libres de faire à peu près ce qu'elles veulent, sans provoquer de commentaires ni même d'observations.

En ce qui concerne les entrées , certaines se mangent avec un couteau et une fourchette, d'autres avec une fourchette uniquement. Toutes *les entrées* qui offrent une certaine résistance à la fourchette nécessitent l'aide du couteau et de la fourchette, comme les escalopes, le *filet de bœuf* , les ris de veau, etc., mais lorsque *les rissoles* , les galettes, *les quenelles* , le curry désossé, *les vol-au-vents* , *les timbales* , etc., sont mangés, seule la fourchette doit être utilisée.

Dans le cas des *entrées plus légères* , le contact du couteau est censé militer contre leur saveur délicate ; ainsi, pour ces *bonnes bouches,* la fourchette suffit pour les diviser et les manger.

La cuisse de poulet, de faisan, de canard ou de canard sauvage ne doit jamais être donnée à un invité, sauf dans les cas où il y a plus d'invités présents qu'il n'y a de viande de poitrines et d'ailes à leur offrir. Dans ces circonstances, le sculpteur est réduit à la nécessité de se rabattre sur les pattes des oiseaux, mais dans ce cas, seule la partie supérieure de la cuisse doit être donnée, de sorte qu'un invité n'a que peu de difficulté à couper la viande de l'os. Une aile d'oiseau est généralement offerte à une dame. Autrefois, on pensait qu'il était correct de couper l'aile au niveau de l'articulation, puis de couper la viande de l'os ; mais cela demande une certaine force du poignet et de la dextérité, si l'oiseau n'est pas dans sa *première jeunesse* .

En ce qui concerne les petits pigeons, les pluviers dorés, les bécassines, les cailles, les alouettes, etc., un oiseau entier est donné à chaque invité, et la bonne manière de manger ces oiseaux est de couper la viande de la poitrine et des ailes et de manger chaque morceau à le moment de le couper ; l'oiseau ne doit pas être retourné et retourné sur l'assiette, ni coupé en deux ou disséqué d'une autre manière. Les cuisses des pigeons bordelais ne sont pas, en règle générale, mangées, et on n'en donne qu'un demi-oiseau, car il y en a suffisamment sur l'aile et la poitrine pour satisfaire un appétit ordinaire de second plat. Lorsque les pattes d'oiseaux plus petits sont mangées, comme la bécassine ou le pluvier doré, la viande doit être coupée comme celle de la poitrine ou de l'aile.

Les jeunes filles, en règle générale, mangent rarement un deuxième plat délicat de cette description ; un peu de poulet ou de faisan au contraire est généralement accepté par eux.

Lorsque de grosses pommes de terre sont servies dans leur peau, il faut en même temps leur remettre une assiette à salade sur laquelle les placer.

Lorsque les asperges arrivent en saison, elles sont souvent servies dans le deuxième plat plutôt que dans le premier, auquel cas elles sont consommées séparément. Lorsqu'il est servi avec de la viande ou de la volaille, il doit être consommé dans la même assiette contenant l'une ou l'autre.

En mangeant des asperges, certains messieurs âgés adhèrent encore à la mode de leur jeunesse et tiennent les tiges entre leurs doigts, mais la jeune génération coupait les pointes avec un couteau et une fourchette.

Le chou marin est également donné en deuxième plat au début de la saison et doit être mangé avec un couteau et une fourchette.

Les champignons se mangent également avec un couteau et une fourchette.

Il est à peine besoin de dire qu'il serait vulgaire de manger des petits pois avec un couteau, même si ceux qui résident à l'étranger ou qui ont l'habitude de voyager sur le continent ne sont pas étrangers à ce que des étrangers bien élevés le fassent. Hommes.

Les artichauts sont, peut-on dire, un légume difficile et peu soigné à manger ; ils ne sont donnés que dans le deuxième plat comme légume à part ; les feuilles extérieures doivent être enlevées avec le couteau et la fourchette, et les feuilles intérieures qui entourent le cœur ou la tête de l'artichaut doivent être portées à la bouche avec les doigts et aspirées pour les sécher ; Les épicuriens considèrent ce légume comme un morceau délicat, mais lors des dîners, les jeunes dames ne devraient pas essayer de manger ces artichauts.

Les plats salés, lorsque cela est possible, doivent être mangés avec une fourchette, mais parfois un couteau est également d'une utilisation impérative.

En ce qui concerne les sucreries , *les compotes* de fruits et les tartes aux fruits doivent être consommées avec une cuillère à dessert et une fourchette, ainsi que les plats où le jus ou le sirop prédominent au point de rendre nécessaire une cuillère à dessert. Mais chaque fois qu'il est possible d'utiliser une fourchette plutôt qu'une cuillère, il est toujours préférable de le faire.

Gelées, crèmes, blanc-mangers, puddings glacés, etc. se dégustent à la fourchette.

Bien entendu, les jeunes filles ne mangent pas de fromage lors des dîners.

CHAPITRE XV

SOIRÉES

Les Soirées sont des réceptions de style « à domicile » selon le nombre d'invités. Dans les cercles officiels et politiques, elles sont invariablement appelées « réceptions », mais lorsqu'elles sont données à plus petite échelle dans la société en général, elles sont appelées « à la maison ».

Les invitations aux soirées doivent être émises sur des cartes « à la maison ».

Le nom de la personne invitée doit être inscrit en haut de la carte dans le coin droit, les mots « à la maison » étant imprimés sous le nom de la dame qui lance l'invitation, le jour et la date sous les mots « à la maison ». ," l'heure sous la date. L'adresse doit être imprimée au bas de la carte.

Lorsque de la musique doit être donnée, elle doit être mentionnée sur la carte « à la maison », donc « Musique ».

L'heure varie de 10 à 11 heures ; dans les cercles privés, 10 ou 10 h 30 est l'heure habituelle ; dans les milieux officiels à 10h30 ou 11 heures.

Lorsqu'une personnalité royale étrangère est attendue, ou un étranger de distinction, ou une personne possédant un intérêt public, les mots « Pour rencontrer Son Altesse Sérénissime la Princesse D. » ou « Pour rencontrer le Comte C. » doit être écrit en haut des cartons d'invitation.

Lorsqu'une réception ou "à la maison" suit un dîner donné par l'hôtesse, il n'est pas habituel de prévoir un divertissement particulier pour les invités. Mais lorsqu'un « à la maison » ne suit pas un dîner, il est habituel d'offrir une sorte de divertissement aux invités, comme de la musique vocale ou instrumentale professionnelle.

Les invités sont censés arriver entre une demi-heure et une heure de l'heure mentionnée sur le carton d'invitation, bien que cela soit facultatif.

Recevoir les invités. — L'hôtesse doit recevoir ses invités en haut de l'escalier, où elle reste habituellement jusqu'à l'arrivée du principal de ses invités ; tandis que l'hôte accueille les invités dans le salon lui-même.

Les réceptions ou « à domicile » se terminent généralement peu avant une heure, sauf le samedi, où l'heure de départ est 12 heures précises.

Faire des présentations. —Une hôtesse doit faire preuve de sa propre discrétion en ce qui concerne les présentations.

Lorsqu'un personnage royal est présent, le plus distingué des invités doit être présenté par l'hôte ou l'hôtesse. Lorsqu'une célébrité est présente, des présentations doivent également être faites ; et en ce qui concerne les présentations générales, elles doivent être faites chaque fois que l'hôtesse le juge opportun, et les principaux invités, lorsqu'ils ne se connaissent pas, doivent être présentés les uns aux autres lorsque l'occasion se présente.

J'entre au souper. — L'hôte devrait emmener souper la dame du plus haut rang.

Lorsqu'une princesse royale est présente, l'hôte doit l'emmener dîner.

Lorsqu'un prince royal est présent, il doit emmener l'hôtesse dîner. (Voir Chapitre V.)

Il est facultatif que l'hôtesse suive avec le gentleman du plus haut rang présent, à moins qu'un prince étranger ne soit présent, lorsqu'elle doit suivre l'hôte, et dans le cas d'un prince royal présent, elle doit précéder l'hôte.

Lorsqu'un prince ou une princesse royale ou une altesse sereine est présent, une table doit être réservée pour l'hôte et l'hôtesse et le groupe royal, et tous les invités que les visiteurs royaux peuvent désirer doivent les rejoindre au souper.

Lorsque la salle du souper n'est pas assez grande pour accueillir tous les convives à la fois, les convives les plus distingués doivent y entrer les premiers.

Lorsque l'hôte est informé que le souper est servi, il doit dire aux principaux messieurs présents laquelle des dames il souhaite qu'ils invitent à souper, et doit lui-même ouvrir la marche avec la dame du plus haut rang présente.

L'hôtesse devrait également aider à envoyer les principaux invités au souper, et lorsque la compagnie générale remarquerait le mouvement vers la salle du souper, elle devrait suivre dans la même direction.

Lorsque la compagnie générale ne semble pas savoir que la salle du souper est ouverte, l'hôtesse doit demander aux différents messieurs d'emmener les dames souper et doit elle-même ouvrir la voie avec l'un des messieurs.

Lorsque la compagnie générale trouvera la salle du souper bondée, elle devra retourner au salon pour un quart d'heure environ ; mais l'hôtesse devra faire en sorte qu'une représentation instrumentale ou vocale commence dès le premier souper, de manière à occuper l'attention des invités qui restent dans le salon.

Souvent, les invités ne retournent pas au salon après le souper, mais vont au vestiaire pour prendre leurs manteaux et leurs étoffes, et de là vers leurs voitures.

Il n'est pas habituel de prendre congé de l'hôte et de l'hôtesse lors des réceptions.

Invités royaux présents. — Lorsqu'un personnage royal est présent, l'hôte doit la conduire à sa voiture.

Lorsqu'un prince étranger est présent, l'hôte doit l'accompagner jusqu'à la porte du hall.

Du thé et des rafraîchissements légers doivent être servis le soir dans la bibliothèque ou dans un appartement adjacent.

Le souper doit être servi à midi, dans la salle à manger, et doit avoir le caractère d'un souper de bal.

Les invitations aux Bridge Parties sont émises sur des cartes « à la maison » lorsque les invités sont plus de quarante, et sur des cartes de visite lorsqu'un nombre inférieur est invité.

Le formulaire d'invitation est « Mme A——— À la maison » dans les deux cas. Le jour, la date et l'heure sont inscrits sous les mots « à la maison » et « Bridge » dans le coin des cartes en face de l'adresse. L'heure habituelle de ces soirées de réception est 21 heures, ce qui permet de jouer trois heures avant minuit. Les invités arrivent très ponctuellement, plutôt avant qu'après l'heure indiquée sur les cartons d'invitation. Les invités sont en nombre égal des deux sexes, car les maris et les femmes sont invités ensemble lorsqu'ils sont tous deux connus pour être des joueurs de bridge, et les célibataires qui ne dédaignent pas de jouer à petits enjeux sont très demandés. Également les femmes célibataires d'un certain âge ; pas les filles adolescentes.

Des prix sont remis dans certaines maisons aux joueurs conquérants. Un pour les dames et un pour les messieurs, et parfois un deuxième prix pour le deuxième meilleur joueur des deux sexes. Cela se produit lorsque jouer pour de l'argent ne convient pas à un hôte et à une hôtesse. Les prix consistent pour la plupart en articles utiles. Par exemple, une boîte de gants, une boîte de bonbons, une caisse d'eau de Cologne, un porte-cartes, un sac à main, etc., qui sont tous acceptables pour les dames ; et une boîte de cigares ou de cigarettes, une flasque en argent, un bâton ou un parapluie monté en argent, sont des prix que les gagnants sont heureux d'accepter.

Les tables de pont auxquelles les invités doivent s'asseoir sont numérotées et l'hôtesse décide par qui elles doivent être occupées. Les noms, au nombre de quatre pour chaque table, sont écrits ou imprimés avec le numéro de la table sur des petites cartes et remis aux convives par l'hôtesse à leur arrivée. Ceci est fait pour que les bons joueurs puissent être placés ensemble et pour éviter toute confusion et toute perte de temps en les plaçant aux différentes tables.

Les rafraîchissements fournis consistent en premier lieu en du « café », qui est apporté dans la salle de jeux ou dans le salon et remis aux invités. Aucun repas n'est offert avec ce café d'après-dîner. Un souper est donné soit à la fin de la pièce à midi, ce qui est le plan le plus habituel, soit à 10 h 30, après quoi la pièce reprend pendant environ une heure ; mais cette dernière est plutôt une coutume provinciale que urbaine, et est destinée à ceux dont l'heure du dîner est matinale, à six heures et demie peut-être.

Lorsqu'un souper n'est pas servi, de très bons rafraîchissements légers le remplacent, y compris des tasses de soupe chaude pendant les mois d'hiver.

L'entrée au souper est disposée autant que possible sur les lignes suivantes, si la préséance n'empêche pas son exécution. Les joueurs de chaque table qui sont partenaires au moment du souper entrent ensemble. L'hôte ouvre la voie avec son partenaire, et tous suivent, l'hôtesse et son partenaire venant en dernier.

Les cartes doivent être déposées dans la semaine ou dix jours après leur réception.

Une femme mariée doit laisser une de ses propres cartes et deux de celles de son mari.

Une veuve doit laisser une de ses propres cartes.

Un célibataire ou un veuf doit laisser deux de ses cartes. (Voir Chapitre III .)

CHAPITRE XVI

MARIAGES ET DÉJEUNERS DE MARIAGE

Les mariages de l'après-midi sont invariablement célébrés à 14h30. Seuls les mariages très calmes ont lieu le matin. Autrefois, seuls quelques rares personnes en mesure d'obtenir des licences spéciales pouvaient célébrer des mariages l'après-midi.

Le mariage par « Banns » est très en faveur dans la société en général. Les bans doivent être publiés trois semaines consécutives avant le mariage dans la paroisse où réside l'époux, ainsi que dans celle où réside la mariée, et tous deux doivent résider quinze jours dans leurs paroisses respectives avant la publication des bans.

Mariages sous licence. — Lorsqu'un mariage est célébré sous licence, le coût, taxes et timbres compris, s'élève à 2 £. Celui-ci doit être obtenu au Bureau de la Faculté ou au Bureau du Vicaire Général, Doctors' Commons, et est disponible dans n'importe quelle église de la paroisse où l'une des parties a résidé quinze jours avant la demande de licence. que ce soit en ville ou à la campagne.

Lorsque la licence est obtenue dans le pays par l'intermédiaire d'un représentant clérical, le coût varie, selon le diocèse, de 1 15 *s.* à 2 £ 12 *s.* 6 *j.*

Les licences spéciales ne peuvent être obtenues qu'auprès de l'archevêque de Cantorbéry, après en avoir fait la demande au bureau de la faculté, et une raison particulière doit être donnée pour la demande, et elle recevra l'approbation de l'archevêque.

Les frais pour une licence de mariage spéciale s'élèvent en moyenne à 29 £ 5 *s.* 6 *j.*

Les honoraires des ecclésiastiques officiants varient considérablement, selon la position et les moyens de l'époux, de 1 £ 1 *s.* à 5 £ 5 *s.* , selon l'inclination du marié.

L'honoraire du verger est sujet à une variation semblable, commençant à 2 *s.* 6 *j.*

Tous les frais relatifs à un mariage doivent être défrayés par l'époux et payés par lui, ou par le témoin en son nom, à la sacristie de l'église, avant la cérémonie ; immédiatement après, ou quelques jours plus tôt.

L'étiquette observée lors des mariages est invariablement la même, que le mariage ait lieu le matin ou l'après-midi, qu'il s'agisse d'un grand mariage ou d'un mariage relativement petit, que les invités soient au nombre de deux cents ou de vingt.

Les invitations doivent être émises de trois semaines à quinze jours avant le jour du mariage.

Le déjeuner ou la réception de mariage doit être donné par les parents de la mariée ou par son parent le plus proche, et les invitations doivent être émises au nom des deux parents.

Les invitations doivent être émises sous forme de notes imprimées à l'encre ; ils sont désormais rarement imprimés en argent. Le formulaire doit être le suivant : "M. et Mme ——— demandent le plaisir de la compagnie de M. et Mme ——— lors du mariage de leur fille Helen avec M. John S———, à l'église Saint-Pierre, Hanover Square, le mardi 8 mai, à 14h30, et ensuite à ——— Square. RSVP"

S'il s'agit d'une belle-fille, cela devrait être "au mariage de la fille de Mme A———, Helen B———".

Cadeaux de mariage. — Quiconque est invité à un mariage fait invariablement un présent à la mariée ou au marié ; c'est la règle reçue de le faire. Beaucoup envoient des cadeaux avant l'envoi des invitations, dès que les fiançailles sont connues, si elles ne veulent pas être longues.

Il n'y a aucune règle quant à l'heure avant le jour du mariage où le présent doit être envoyé ; mais les invitations sont généralement envoyées à ceux qui ont offert des cadeaux, même s'ils habitent à une distance considérable et ne peuvent peut-être pas assister au mariage.

Les cadeaux de mariage sont exposés sur des tables de différentes tailles, selon leur nombre, et s'ils sont très nombreux et précieux, il n'est pas rare de les exposer lors d'un thé l'après-midi, offert à cet effet la veille du mariage. Chaque cadeau doit porter la carte du donateur qui y est attachée. Les cadeaux en argenterie doivent être placés sur une table recouverte d'un tissu foncé ou de velours. Il n'est pas rare d'entourer les cadeaux de fleurs, notamment de roses, et cela est souvent fait par des personnes aux goûts artistiques.

L'époux doit fournir l'alliance et le bouquet de la mariée.

Les bouquets pour les demoiselles d'honneur sont également le cadeau du marié et doivent leur être envoyés le matin du mariage. Il est également censé faire un cadeau à chaque demoiselle d'honneur : soit une broche, un médaillon, un bracelet ou un éventail, qui doit être envoyé soit la veille du mariage, soit le matin du jour du mariage.

Le marié doit fournir l'automobile pour se transporter lui et son épouse de l'église à la maison où le déjeuner et la réception de mariage doivent avoir lieu, et de nouveau de la maison à la gare, ou, si le voyage est effectué par route, vers le lieu de la lune de miel ; mais il arrive fréquemment que le père de la mariée mette à cet effet sa propre automobile à la disposition des mariés , surtout à la campagne. Le carrosse nuptial est le seul, selon l'étiquette, que le marié est censé fournir.

Les invités doivent fournir leur propre moyen de transport, et ni le marié ni le père de la mariée ne sont censés le faire. Cela doit être parfaitement compris par les invités dans tous les cas.

La coutume d'avoir des garçons d'honneur pour soutenir le marié est maintenant très générale, comme lors des mariages royaux, un marié royal étant soutenu par quatre à six garçons d'honneur. Deux des garçons d'honneur font généralement office d'huissiers et aident à asseoir les invités.

Le témoin devrait être un célibataire, bien qu'un homme marié puisse agir à ce titre. Il doit soit accompagner le marié à l'église, soit l'y rencontrer. Il se tiendrait à sa droite pendant la cérémonie, un peu en retrait, et lui rendrait le petit service de lui remettre son chapeau à la fin.

Il signera ensuite le registre à la sacristie, et paiera les honoraires au clergé et au verger, au nom du marié, soit avant, soit après la cérémonie, si le marié ne les paie pas à son arrivée.

Le marié et le témoin doivent arriver à l'église avant la mariée et attendre sa venue, debout à droite des portes du chœur.

La mariée devrait être conduite à l'église dans l'automobile de son père. Si elle a une ou plusieurs sœurs et qu'elles officient comme demoiselles d'honneur, elles doivent, avec sa mère, la précéder à l'église. L'automobile devrait alors revenir chercher la mariée et son père ; mais quand elle n'a pas de sœurs, son père la précède généralement à l'église et la reçoit à la porte de l'église, sa mère l'accompagnant dans l'automobile.

Les demoiselles d'honneur doivent arriver peu de temps avant la mariée et former une ligne de chaque côté du porche de l'église ou à l'intérieur de la porte de l'église. La mère de la mariée se tient généralement à leurs côtés.

Lorsque la mariée arrive, elle doit prendre le bras droit de son père, ou le bras droit de son frère aîné ou de son plus proche parent masculin, qui est chargé de la donner ; il la rencontrerait à la porte de l'église à la place de son père et la conduirait au chœur ou à l'autel.

Lors des mariages choraux, le clergé et la chorale dirigent le cortège nuptial et ouvrent la voie jusqu'au chœur, tout en chantant un hymne.

Les demoiselles d'honneur doivent suivre la mariée et son père dans la nef de l'église. Lorsque le nombre de demoiselles d'honneur est pair, quatre, six, huit ou douze ; mais lorsque le nombre est impair, comme cinq, sept ou neuf, et que trois d'entre elles sont des enfants, ce qui est généralement le cas, les demoiselles d'honneur les plus âgées doivent marcher « deux et deux », en suivant ensuite les enfants.

Lors des mariages à la mode, un ou deux petits garçons font office de pages et portent parfois la traîne de la mariée.

La demoiselle d'honneur en chef est généralement la sœur aînée célibataire de la mariée ou la sœur du marié, et elle doit suivre à côté de la mariée avec sa compagne de demoiselle d'honneur, lorsque les enfants ne sont pas inclus dans le groupe.

La mère de la mariée doit suivre les demoiselles d'honneur et marcher aux côtés de son fils, ou d'un autre parent masculin, en les suivant dans la nef de l'église. Lors d'un mariage, mesdames et messieurs ne marchent pas bras dessus, bras dessous, mais côte à côte.

Les parents immédiats de la mariée et les proches parents du marié doivent s'asseoir sur des bancs ou des chaises, selon l'église dans laquelle le service est célébré. Dans certaines églises, le service a lieu à l'entrée du chœur, et les mariés entrent dans le chœur et se tiennent devant l'autel pour recevoir l'adresse, et seule la partie finale du service y est célébrée.

Les parents du marié doivent se placer en entrant à droite de la nef, se trouvant ainsi à la droite du marié, et s'asseoir sur les bancs. Les parents de la mariée doivent se placer en entrant à gauche de la nef, se trouvant ainsi à la gauche de la mariée, et s'asseoir sur des bancs ou des chaises. De grandes cartes avec les mots « Pour les parents de l'époux », « Pour les parents de la mariée » sont fréquemment placées sur les bancs pour indiquer où ils doivent s'asseoir.

La mariée doit se tenir à la gauche du marié ; le père de la mariée, ou le parent masculin le plus proche, doit se tenir à sa gauche afin de la donner.

Les demoiselles d'honneur doivent se tenir immédiatement derrière la mariée dans l'ordre dans lequel elles passent devant l'église.

La mariée doit enlever ses gants au début du service et les donner avec son bouquet à la demoiselle d'honneur en chef pour qu'elle les tienne.

Les invités doivent s'asseoir sur les bancs ou sur les chaises.

Les invités emmènent rarement leurs livres de prières avec eux à l'église pour en suivre le service. Les hymnes chantés sont généralement imprimés sur des tracts et placés sur les bancs ou sur les sièges.

Le marié porte généralement une fleur à sa boutonnière, car il ne porte pas de faveur de mariage.

Les autres messieurs pourront, bien entendu, porter des bouquets à boutonnières, s'ils le souhaitent.

Lorsque le service est terminé , la mariée doit prendre le bras gauche du marié et, précédée du ecclésiastique officiant et suivie de ses principales demoiselles d'honneur, du père, de la mère et des invités les plus distingués, doit entrer dans la sacristie, où le registre. doit être signé par les mariés, deux ou trois des parents les plus proches, et par deux ou trois des amis les plus intimes, et le principal des invités, y compris le témoin et la demoiselle d'honneur en chef. Le père de la mariée doit le signer, mais il est facultatif que la mère de la mariée le fasse ou non.

Lorsque le registre a été signé et que les membres de la sacristie ont serré la main de la mariée et lui ont présenté leurs félicitations, la mariée doit prendre le bras gauche du marié et traverser la nef de l'église suivie de ses demoiselles d'honneur, dans le même ordre qu'elles. ont déjà traversé la nef.

Les mariés quittent généralement l'église sans s'arrêter pour serrer la main de plusieurs de leurs amis présents si une réception doit suivre.

Lorsque les mariés quittent l'église, la mère de la mariée doit être la suivante à suivre, afin qu'elle soit à la maison pour recevoir les invités à leur arrivée. Il n'y a pas de préséance quant à l'ordre dans lequel le reste de la compagnie quitte l'église ; cela dépend entièrement de l'habileté de leurs domestiques à monter leurs automobiles.

Les bouquets de fleurs naturelles à boutonnières ont entièrement remplacé les cadeaux de mariage à l'ancienne pour les dames et les hommes, et sont parfois offerts aux invités avant qu'ils ne quittent leur siège à la fin de la cérémonie, mais pas toujours. Les bouquets à boutonnières doivent être portés sur le côté gauche, aussi bien par les dames que par les messieurs.

Une mariée veuve ne doit pas porter de voile nuptial, ni de couronne de fleurs d'oranger, ni de fleurs d'oranger sur sa robe.

Elle ne doit pas être accompagnée de demoiselles d'honneur et les cadeaux de mariage ne doivent pas être portés par les invités.

La manière dont les invitations à la réception de mariage d'une veuve doivent être émises dépend des circonstances individuelles. Par exemple, si une jeune veuve réside avec ses parents, les invitations doivent être émises à leurs noms comme lors de son premier mariage, et la forme de l'invitation doit être similaire, sauf que les mots "Leur fille, Mme A., veuve de Monsieur A." devrait être remplacé par son prénom. Si, comme c'est très souvent le cas, une veuve réside dans sa propre maison, ou si le mariage doit avoir lieu dans un hôtel, les invitations doivent être émises en son propre nom et le formulaire doit être "Mme Cecil A. demande le plaisir (ou l'honneur) de la compagnie de M. et Mme B. lors de son mariage avec M. Henry C., à l'église St. George le mardi 30 décembre à 14h30, et ensuite à Eaton Jardins, RSVP" "La présence de" au lieu de "la compagnie de" peut être mis si vous préférez.

Il est entendu qu'une veuve ne devrait pas avoir de demoiselles d'honneur , mais il lui est loisible d'avoir des pages présents, si l'on veut qu'un mariage soit à la mode et élégant, bien que de nombreuses femmes ne se prévalent pas de ce privilège. Le marié devrait naturellement avoir un témoin ; il peut être le frère de la mariée s'il le souhaite (l'idée selon laquelle cela n'est pas permis est erronée). Un homme marié peut être invité à agir en qualité de témoin, puisqu'il n'y a pas de demoiselles d'honneur pour exiger son attention, bien que cela soit rarement fait et qu'un frère ou un ami célibataire soit préféré.

Une veuve peut être cédée par son père, son oncle, son frère ou même par un ami ; en effet, il est plus courant d'avoir ce soutien qu'autrement. Lors d'un premier mariage, « être donné » est impératif, lors d'un deuxième, il est facultatif ; et si une veuve lors d'un mariage tranquille préfère ne pas suivre cette coutume, elle peut le faire.

Il existe une grande incertitude quant à savoir si une veuve doit ou non continuer à porter sa première alliance lorsqu'elle se marie une seconde fois. En fait, il n'y a pas de règle absolue à ce sujet, et une veuve peut continuer ou non à le porter, selon son envie. Si elle a des enfants et a eu quelques années de vie conjugale, elle les conserve généralement. Si elle est une jeune veuve, elle l'enlèvera probablement et ne portera que la deuxième bague ; mais quand telle est son intention, elle ne doit cesser de le porter qu'après être arrivée à l'église et avoir ôté ses gants avant la cérémonie ; mais, en somme, il est plus habituel de porter les deux alliances que la seconde seulement.

Autrefois, les veuves considéraient qu'il était impératif de se marier aux couleurs de la veuve , gris ou mauve, et que le blanc était interdit ; mais ce n'est plus ainsi considéré, et une veuve peut porter et porte effectivement du blanc ou du crème le jour de son mariage - ce n'est pas exactement une robe de mariée de jeune fille, car une teinte de couleur est introduite. Le plus grand nombre considère encore le gris pâle ou l'héliotrope pâle comme plus appropriés à l'occasion d'un second mariage, et il en est sans doute ainsi lorsqu'une veuve n'est pas dans sa première jeunesse. Bien entendu, une veuve ne peut pas porter de voile de mariée ; elle doit porter un chapeau ou une tuque, blanche ou colorée, à sa guise. Elle peut avoir un bouquet, non seulement de fleurs blanches, mais mauves ou roses, ou violettes, selon son choix. Il est tout à fait permis d'organiser un service choral complet et de décorer l'église dans laquelle la cérémonie a lieu avec des plantes et des fleurs, mais les faveurs du mariage ne doivent pas être remises aux invités à la fin.

Lorsqu'une veuve organise une réception, les nouveaux mariés doivent recevoir leurs invités debout ensemble. La mère de la mariée, ou un proche parent, pourrait l'aider à recevoir. S'il faut déjeuner, ils ouvriront la voie à la salle à manger et s'assiéront en bout de table, côte à côte ; mais si un thé de réception est donné, les invités pourraient être envoyés à l'heure du thé, c'est-à-dire qu'ils seraient informés que le thé est en cours, et les mariés pourraient les suivre plus tard si le nombre était trop grand pour permettre à tous d'y aller. dans le salon de thé en même temps.

Il est tout à fait normal qu'une veuve ait un gâteau de mariage , mais il ne doit pas être décoré de fleurs d'oranger ou de fleurs blanches, mais simplement de glaçage et d'ornements. L'exposition des cadeaux au mariage d'une veuve est, en règle générale, très restreinte. Le marié et sa famille étant les principaux donateurs, les présents sont rarement exposés. L'exception est lorsqu'une veuve s'est fait de nombreux nouveaux amis et a reçu d'eux des cadeaux de mariage. Les cadeaux, lorsqu'ils sont faits à une veuve possédant sa propre maison, sont censés avoir une valeur substantielle, et on ressent une réticence générale à lui offrir des bagatelles, même si elles sont coûteuses, comme une jeune mariée l'apprécierait ; ce n'est pas le cas d'une femme mariée de rang social.

En arrivant à la Maison où aura lieu le déjeuner ou la réception de mariage, les messieurs devront laisser leur chapeau dans le hall. Les dames ne doivent pas retirer leur bonnet ou leur chapeau lors d'un déjeuner ou d'une réception de mariage, pas plus que les demoiselles d'honneur ne doivent le faire.

Les hommes doivent enlever leurs gants lors des déjeuners de mariage, mais il est facultatif que les femmes le fassent ou non.

Lors des réceptions, il est facultatif pour les dames et les messieurs d'enlever ou non leurs gants.

Les invités qui n'ont pas encore eu l'occasion de parler aux mariés, lorsqu'ils seront introduits dans le salon où se réunit la société, doivent leur serrer la main, après avoir d'abord accompli cette cérémonie avec l'hôte et l'hôtesse, si ils ne l'ont pas déjà fait.

Avant l'annonce du déjeuner, le père ou la mère de la mariée doit dire au directeur des messieurs présents qui emmener au déjeuner. Mais cela ne s'applique qu'à un déjeuner assis.

Lors des déjeuners debout, les invités ne sont pas envoyés par couples, mais entrent à leur guise, même deux ou trois dames ensemble, et peu ou pas de préséance, nuptiale ou autre, est suivie en règle générale.

Le déjeuner devra être servi dans la salle à manger, à la bibliothèque ou sous un grand chapiteau, selon le cas.

La mère de la mariée et la mère du marié doivent avoir préséance sur toutes les autres dames présentes à l'occasion d'un déjeuner de mariage.

Lors des réunions strictement familiales, les invités doivent entrer au déjeuner dans l'ordre suivant :—Les mariés. Le père de la mariée avec la mère du marié. Le père du marié avec la mère de la mariée. Le témoin avec la demoiselle d'honneur en chef. Les demoiselles d'honneur restantes avec les messieurs qui doivent les emmener déjeuner.

Le reste de la compagnie devrait suivre le sillage des demoiselles d'honneur. La mariée doit prendre le bras gauche du marié.

Les déjeuners assis et les déjeuners debout sont également à la mode, bien que ces derniers soient beaucoup plus généraux et que l'on observe peu ou pas de préséance nuptiale. Lorsqu'un déjeuner debout est donné, de petites tables sont disposées pour le confort des mariés sur un côté de la pièce, tandis qu'une longue table occupe le centre de la pièce.

Lorsqu'un déjeuner assis est donné, les mariés doivent s'asseoir soit à la tête d'une longue table, soit au centre de celle-ci, la mariée à la gauche du marié. Le père de la mariée doit s'asseoir à côté de la mariée, avec la mère du marié. Lorsque les mariés sont assis au centre de la table, les demoiselles d'honneur doivent s'asseoir en face d'eux avec les messieurs qui les ont accueillis à déjeuner ; chacun étant assis à la droite d'un gentleman.

Lorsque les mariés occupent le haut de la table, les demoiselles d'honneur, accompagnées des messieurs qui les ont accueillis à déjeuner, doivent se placer à côté des parents de chaque côté de la table, en les divisant en deux groupes.

Lorsque le père de la mariée est décédé, son frère aîné ou son parent masculin le plus proche doit prendre sa place et emmener la mère du marié au déjeuner.

Un petit-déjeuner de mariage est désormais appelé déjeuner, le champagne et les autres vins remplacent le thé et le café, dont les boissons ne sont servies que vers la fin du déjeuner. Lors des mariages qui ont lieu à 14h30, un déjeuner est fréquemment offert à 15 heures, suivi d'un « thé » à 16 heures.

Le menu du déjeuner comprend généralement de la soupe, des entrées chaudes et froides ; poulets, gibiers, mayonnaises, salades, gelées, crèmes, etc., etc., et autres plats du même caractère.

Les friandises doivent être placées sur la table, les fruits aussi.

Les entrées, etc., devraient être remises par les serviteurs, les friandises devraient également être retirées de la table par les serviteurs et distribuées à tour de rôle.

Lors d'un déjeuner debout, les messieurs doivent aider les dames et eux-mêmes à préparer les différents plats sur la table, car les plats ne sont pas remis lors de cette description de déjeuner ; Les entrées chaudes et les soupes ne sont pas servies. Le menu est par ailleurs similaire.

Les tables doivent être décorées de fleurs lors d'un déjeuner debout ou assis. Les bouteilles de champagne doivent être placées sur toute la longueur de la table lors d'un déjeuner debout ; sinon, les messieurs devraient demander aux domestiques présents du champagne pour les dames qu'ils ont descendues et pour eux-mêmes. Lors d'un déjeuner assis, les domestiques offrent du champagne aux convives dans le même ordre dans lequel ils remettent les plats.

Une fois les bonbons remis, la mariée doit couper le gâteau de mariage. Pour ce faire, elle fait simplement la première incision avec un couteau ; il doit ensuite être coupé par le majordome en petites tranches et remis aux invités dans des assiettes à dessert.

La santé des mariés doit ensuite être proposée par l'invité le plus distingué présent, pour lequel le marié doit lui rendre grâce. Il devrait ensuite proposer la santé des demoiselles d'honneur, pour laquelle le témoin devrait leur rendre grâce.

Parfois, le monsieur le plus haut placé présent propose également cette santé à la place du marié.

La santé du père et de la mère de la mariée doit être assurée par le père du marié.

Il est désormais d'usage de limiter les propositions de santé lors des déjeuners de mariage dans les limites les plus étroites. La santé des mariés, et celle des demoiselles d'honneur étant, en général, les seules santés proposées.

Lors des déjeuners debout et des réceptions de mariage, seule la santé des mariés est proposée.

La mariée doit quitter la salle à manger immédiatement après que les santés ont été bues, pour changer de tenue pour le départ.

La demoiselle d'honneur en chef devrait l'accompagner, si elle est apparentée à elle, et les invités devraient s'ajourner au salon pour attendre la réapparition de la mariée, qui ne devrait pas tarder longtemps, et l'adieu devrait alors être fait. Les congés ne doivent pas être prolongés au-delà de ce qui est absolument nécessaire.

Les parents doivent suivre les mariés dans la salle et leur dire adieu.

La coutume démodée de jeter des pantoufles de satin après la mariée est parfois observée, aussi stupide soit-elle. C'est le privilège du témoin ou de la demoiselle d'honneur en chef d'accomplir cet acte ridicule.

Lorsque du riz est jeté après une mariée, il doit être dispersé par les femmes mariées et non par les femmes célibataires présentes ; mais la coutume, comme celle de lancer ce qu'on appelle les « confettis », est désormais pratiquement obsolète dans la bonne société.

Parsemer le chemin de la mariée de fleurs, depuis l'église jusqu'à la calèche par les enfants du village, est une coutume très suivie lors des mariages qui ont lieu à la campagne.

La lune de miel dure rarement plus d'une semaine ou dix jours. De nombreuses mariées préfèrent passer leur lune de miel dans leur future maison, si elle se trouve à la campagne, plutôt que de faire un voyage précipité à Paris ou ailleurs, ou de la passer dans la maison de campagne d'une amie qui leur est prêtée à cet effet. Mais la décision prise est entièrement une question de sentiment individuel.

Le Trousseau de la Mariée devra être marqué des initiales du nom qu'elle prendra.

L'époux doit fournir le linge de maison et tout ce qui concerne la nouvelle maison de la mariée.

Les cadeaux de mariage doivent être expédiés à la résidence de la mariée immédiatement après le mariage, et ils doivent être immédiatement placés à leur place, et non disposés dans le but d'être montrés aux visiteurs.

La couronne de mariée ne doit pas être portée après le jour du mariage. La couronne de mariée, le bouquet de mariée et les fleurs d'oranger du gâteau de mariage, s'ils sont conservés comme souvenirs de l'heureux événement, doivent être conservés dans les recoins d'un tiroir verrouillé dans la chambre de la mariée et ne doivent pas être exposés sous des verres dans la chambre de la mariée. Salle de dessin.

La préséance ne doit pas être accordée à la mariée pendant les trois premiers mois qui suivent le mariage, bien que cette vieille coutume soit parfois suivie lors des dîners champêtres à l'occasion de la première visite de la mariée.

La coutume d'envoyer un gâteau de mariage à des amis est une coutume explosée, et n'est suivie qu'entre relations proches.

Les cartes de mariage sont, à proprement parler, obsolètes et envoyées uniquement par des personnes qui adhèrent à des coutumes démodées.

Les mots « Pas de cartes » ne doivent pas être insérés lorsque l'annonce d'un mariage est envoyée aux journaux ; il ne faut pas non plus ajouter que les mariés seront « à la maison » certains jours.

CHAPITRE XVII

RÉCEPTIONS DE MARIAGE

Un mariage de l'après-midi a généralement lieu entre 14h et 14h30, et la "réception" qui suit est donnée de 14h30 à 17h, au retour de l'église.

Lorsqu'un mariage est choral, la chorale et le clergé mènent souvent le cortège nuptial. Ceci est convenu avec le vicaire de l'église où le mariage est célébré.

Les invitations aux réceptions de mariage ne sont plus émises sur des cartes « à la maison », mais sont incluses dans les invitations à la cérémonie de mariage émises sous forme de notes imprimées. (Voir chapitre XVI .)

Les arrangements dans le salon de thé et les rafraîchissements offerts devraient être similaires à ceux servis lors des grands après-midi « à la maison », avec l'ajout d'un gâteau de mariage et de champagne.

La cérémonie est, autant que possible, supprimée pour l'envoi des invités au salon de thé, et c'est un grand avantage sur un déjeuner de noces, assis ou debout, où l'on doute quant à la qualité de son repas. au lieu exact appartenant à chaque parent individuel.

Soit les mariés entrent en premier, suivis des demoiselles d'honneur et de quelques invités principaux, soit ils suivent plus tard, selon leur préférence. Le reste de la compagnie devrait descendre les escaliers si l'espace le permet, car une réception de mariage est une affaire de monde, même dans la plus grande des demeures. Non seulement sont invités tous ceux qui ont offert un cadeau de mariage à la mariée ou au marié, à distance de visite, mais même ceux qui ne sont pas assez intimes pour qu'on s'attende à ce qu'ils le fassent.

Les invités ne doivent pas se rendre d'abord au salon de thé, mais doivent se rendre immédiatement au salon et serrer la main de l'hôte et de l'hôtesse, puis des mariés. Les mariés doivent se tenir ensemble dans le salon et serrer la main de tous ceux qu'ils connaissent. Les mariés doivent être les premiers à entrer dans le salon de thé. Les fleurs, bien entendu, sont un élément important lors des réceptions de mariage.

Le thé et le café doivent être servis par les servantes, généralement par les servantes des dames, mais des domestiques doivent également être présents pour ouvrir le champagne selon les besoins. On boit très peu de vin à cette heure de la journée. Les dames s'en soucient rarement et les messieurs l'évitent par principe. Pourtant, pour complimenter la mariée, les proches boivent une coupe de vin mousseux, bien que sa santé soit rarement évoquée et que des discours d'aucune sorte soient prononcés. La mariée doit mettre le couteau dans le gâteau de mariage, et le majordome doit le couper et le remettre aux invités.

Les sièges ne doivent pas être placés dans le salon de thé, et les tables doivent occuper le dessus ou le côté, ou à la fois le dessus et le côté, de la pièce, selon le nombre d'invités invités, de manière à laisser le plus d'espace possible dans le salon de thé. le centre de la pièce.

Les mariés ne sont pas toujours présents au thé de mariage, car le départ vers le lieu proposé pour la lune de miel ne le permet pas dans tous les cas, et la mère tient le "à la maison", et les invités inspectent les cadeaux après le nouveau mariage. -un couple marié est parti.

Un « chez soi » est parfois donné quelques jours avant le mariage pour l'inspection des cadeaux, s'ils sont très nombreux et beaux ; mais même lorsque cela est fait, ils constituent toujours un centre d'intérêt l'après-midi du mariage pour les nombreux invités. Lorsque les bijoux et l'argenterie font partie en grande partie des présents, on estime parfois nécessaire d'avoir un policier de service pendant que la maison est ouverte à tant de visiteurs, et alors qu'effectuer une entrée sous prétexte d'affaires serait une erreur. chose facile.

CHAPITRE XVIII

FRAIS DE MARIAGE

Les responsabilités de l'époux au point de vue pécuniaire commencent dès le moment de ses fiançailles. Il doit immédiatement offrir à la future mariée une bague de fiançailles. Un homme de richesse, même modeste, n'éprouve aucune difficulté à choisir et à acheter une belle bague coûtant entre 50 et 100 £ ; mais un homme pauvre, ne possédant qu'un faible revenu, est souvent amené à faire des dépenses plus élevées qu'il ne peut commodément se permettre en matière d'anneau de fiançailles. Il sait que tous les membres de la famille de la mariée porteront un jugement sur ce cadeau s'il ne s'agit que d'un modeste cadeau d'une valeur d'environ 10 £, ce qui est tout à fait autant que ce qu'il estime être justifié de dépenser ; il sait que lui et lui-même seront considérés comme très mesquins ou comme porteurs d'une perspective peu inspirante des jours à venir. La bague de fiançailles portée au doigt de la mariée après le mariage est un souvenir durable, et si elle est pauvre, elle n'en sera pas fière – lui non plus. Les hommes riches amènent les mariées à choisir des bagues de fiançailles, la dépense ne leur étant pas opposée ; mais les hommes pauvres ne peuvent pas le faire, car le choix pourrait se porter sur des pierres précieuses au-dessus de leurs moyens, c'est pourquoi ils font eux-mêmes le choix, selon la situation des familles dans lesquelles ils sont sur le point d'entrer. Si le statut est supérieur au sien, du point de vue financier, les bagues de fiançailles doivent être choisies en fonction des bijoux portés par les membres de ces familles, et un marié dépenserait ainsi au moins 40 £ pour une bague de fiançailles adaptée à une dame ainsi placée. En revanche, lorsque des hommes aux revenus modestes épousent les filles de parents ayant une situation similaire à la leur, les bagues de fiançailles offertes ne sont pas coûteuses, et un billet de dix livres, ou même moins, couvrirait le coût de ces bagues. jetons. Les alliances sont à la portée de tous les mariés, aussi pauvres soient-ils.

Pendant les fiançailles, la question des cadeaux aux mariées élues n'est jamais absente des pensées de leurs mariés. Les riches font plaisir à eux-mêmes et à leurs épouses en offrant des bijoux coûteux, qui sont souvent choisis par les épouses elles-mêmes en compagnie de leurs époux. C'est un shopping très agréable, mais qui n'appartient pas à la grande majorité. Les hommes de condition modeste offrent des cadeaux de valeur moyenne et peu nombreux ; ils ne sont pas tenus par l'étiquette, lors de leurs engagements, de donner des bijoux si leurs revenus ne justifient pas cette dépense ; mais un homme doit avoir très peu d'argent pour vivre s'il ne parvient pas à donner un bracelet, un collier ou quelque bijou de ce genre à la fille qu'il est sur le point d'épouser.

Offrir des cadeaux aux demoiselles d'honneur est une autre obligation des mariés. Ici encore, les riches exercent leur générosité et leur bon goût avec le concours de leurs épouses, qui les assistent dans le choix des cadeaux convenables en bijoux. Celles-ci sont en moyenne de 5 £ et plus pour chaque demoiselle d'honneur, ce qui le porte à un bon total lorsque les demoiselles d'honneur sont nombreuses. Le point qui affecte la générosité des mariés, cependant, n'est pas combien ils devraient dépenser pour ces cadeaux, mais plutôt combien peu peuvent être dépensés pour eux en tenant dûment compte de la convenance des choses, c'est-à-dire. la position des demoiselles d'honneur. Deux souverains seraient une somme raisonnable à dépenser pour un homme aux petits moyens pour chaque cadeau à la demoiselle d'honneur.

Le bouquet de la mariée et les bouquets des demoiselles d'honneur viennent ensuite sur la liste des dépenses supportées par le marié. Les hommes riches dépensent généreusement dans cette direction, mais les sommes moyennes à donner pour subvenir aux revenus ordinaires sont de deux guinées pour une guinée pour le bouquet d'une mariée, et de cinq et vingt à quinze shillings chacun pour les bouquets des demoiselles d'honneur.

Les frais liés à la cérémonie sont strictement à la charge du marié. Si le mariage est sous licence, il en paie les frais, qui en ville s'élèvent à £2 2 *s.* 6 *j.* , et à la campagne à partir de £ 2 12 *s.* 6 *j.* à 3 £ 3 *s.* Les honoraires du vicaire de l'église où le mariage doit être célébré varient de 1 1 *s.* à 5 £ 5 *s.* , plus souvent 1 £ 1 *s.* qu'autrement avec la majorité des mariés ayant des revenus modérés, l'exception étant de 5 £ 5 *s.* Les frais mineurs sont très insignifiants qu'un marié est censé payer. Il paie l'organiste pour qu'il joue une marche nuptiale à la fin du service, si ce n'est pas une marche chorale ; les sonneurs de cloches comptent sur lui pour leurs honoraires, tout comme les vergers, etc. Ainsi, un marié ne paie que ce qui est absolument nécessaire à la cérémonie du mariage, et très peu de plus.

Lorsqu'un ami de la mariée ou du marié accomplit la cérémonie ou y assiste, le marié ne lui remet pas d'honoraires, mais un cadeau d'une certaine sorte lui est fait, soit en argenterie, soit par un petit chèque, selon les circonstances. , pour les frais ferroviaires ou autres. Il est habituel que le marié fasse cela, à moins que le clergé en question ne soit un parent de la mariée, alors qu'un cadeau commun est généralement offert par les mariés.

Les parents de la mariée supportent une grande partie des dépenses du mariage , au premier rang desquelles le trousseau de la mariée, dont le coût dépend entièrement de la situation et des revenus. Les dîners et « à domicile » donnés avant le mariage pour présenter le marié aux membres de la famille de la mariée sont donnés par les parents de la mariée. La réception de mariage est donnée par eux, soit à leur domicile, soit dans un hôtel. Quant à leur part des dépenses liées à la cérémonie, cela dépend si le mariage doit être chic ou tranquille. Dans le premier cas, les dépenses qui leur incombent sont assez considérables ; dans ce dernier cas, ils sont quasiment nuls. Un service choral, par exemple, est payé par les parents de la mariée, l'organiste, le chef de chœur et la chorale étant tous payés séparément. Si les hymnes chantés sont imprimés sur des tracts, cette dépense insignifiante est également incluse. Toutes les décorations florales sont payées par les parents de la mariée, tout comme la location du auvent et du feutre rouge aux portes de l'église. Lorsque des faveurs de mariage ou des boutonnières sont offertes, c'est également par eux.

Pour qui la famille de la mariée est censée fournir des moyens de transport est invariablement un détail mal compris. — Le père de la mariée n'a qu'à fournir des voitures ou des voitures pour se transporter avec la mariée à l'église, ainsi que pour les membres de sa famille résidant sous son toit et pour les visiteurs qui séjournent avec lui pour le mariage. Il n'est pas tenu de les fournir à d'autres invités, sauf à la campagne, et encore seulement à ceux qui arrivent par train à une gare routière et ne peuvent se procurer un moyen de transport pour eux-mêmes. En ville, le marié doit fournir l'automobile pour se transporter, lui et la mariée, de l'église à la maison de son père, puis à la gare. À la campagne, c'est l'inverse qui se produit, et le père de la mariée le fait en prêtant à cet effet une de ses propres voitures ou voitures.

L'époux est censé fournir les meubles et tous les effets ménagers de la nouvelle maison, y compris l'assiette et le linge, qui constituent naturellement des éléments très importants. Beaucoup de cadeaux de mariée, cependant, sont faits pour alléger ces dépenses, et se composent en grande partie d'argenterie, et parfois aussi de linge, provenant des membres de la famille de la mariée ; cependant, la règle en Angleterre est que le marié doit le fournir comme faisant partie des nécessités du foyer, et le don par les parents est tout à fait facultatif.

CHAPITRE XIX

APRES-MIDI "À LA MAISON"

Les « à la maison » de l'après-midi sont un élément important parmi les divertissements de la journée, les grandes fêtes de l'après-midi et les petites fêtes de l'après-midi ; les fêtes sont si grandes que le nombre d'invités est égal à celui d'une grande cohue ou d'une réception en soirée, et si petites qu'elles pourraient à juste titre relever de la dénomination de thés de l'après-midi.

Les après-midi « à la maison », les dames sont présentes en grande majorité, il y a généralement entre une dizaine de messieurs et une trentaine de dames en moyenne présentes à ces réunions. Les dames ont un penchant prononcé pour cette classe de divertissement, car ils offrent l'occasion de rencontrer leurs amis et connaissances, ou de faire de nouvelles connaissances, de former des projets d'avenir et d'échanger des civilités ; et même au plus fort de la saison londonienne, les après-midi « à la maison » sont entièrement fréquentés par les membres du monde à la mode.

Il existe différentes classes d'après-midi "à la maison" : le grand "à la maison" de cinquante à deux cents invités, où habituellement des talents vocaux et instrumentaux professionnels sont engagés, et de la musique assez bonne est donnée, bien que le divertissement ne soit pas d'une importance suffisante pour être qualifié de concert ; le « chez soi » de cinquante à cent convives quand seuls les talents amateurs sont réquisitionnés ; et le petit « chez soi » de dix à trente personnes, où la conversation remplace habituellement la musique, la fête étant composée d'amis plutôt que de connaissances.

Les invitations à "At Homes" doivent être émises au nom de l'hôtesse uniquement, et non aux noms réunis du maître et de la maîtresse de maison.

Les invitations doivent être émises sur des cartes « à la maison », grandes et petites, ainsi que sur des cartes de visite. Le nom de la personne invitée doit être écrit en haut de la carte dans le coin droit, les mots « à la maison » étant imprimés sous le nom de la dame qui lance l'invitation, et le jour et la date sous les mots « à la maison ». maison", et l'heure sous la date. Tout divertissement à offrir doit être ajouté au bas de la carte, dans le coin gauche. L'adresse doit être imprimée dans le coin droit, en bas de la carte.

Les lettres RSVP sont parfois soit écrites, soit imprimées sur la carte "à la maison", dans le coin gauche du bas de la carte, mais il n'est pas habituel d'écrire "RSVP" dans le coin d'un après-midi "à la maison". carte, car le nombre d'invités présents à ce cours de divertissement n'a pas d'importance ; mais si une réponse est ainsi demandée, une réponse doit être envoyée. RSVP signifie « *répondez, s'il vous plaît* » ou « une réponse est demandée ».

Il est d'usage d'inclure le chef de famille, mari ou père, dans l'invitation. Ainsi, en haut de la carte, dans le coin droit, doit être écrit « M. et Mme A. » ou « M. et Mademoiselle A ». Les filles de la maison doivent être incluses dans l'invitation envoyée à leur mère. Ainsi « M. et Mme A. », « Les demoiselles A. », mais les fils de la maison doivent être invités séparément.

Lorsqu'une famille est composée d'une mère et de ses filles, l'invitation doit être « Mme et les demoiselles A ».

Le titre d'« Honorable » ne doit pas figurer sur un carton d'invitation, mais uniquement sur l'enveloppe contenant le carton.

Tous les autres titres sont reconnus sur les cartons d'invitation ; mais les lettres KCB, MP, etc. ne doivent pas être écrites sur les cartes, mais seulement sur les enveloppes dans lesquelles elles sont enfermées.

Si une dame sait qu'elle ne pourra pas être présente, il serait poli de lui envoyer des excuses, même si l'étiquette stricte ne l'exige pas ; tant l'invitation que la réponse peuvent dans tous les cas être envoyées par courrier.

Il n'est désormais plus nécessaire de laisser les cartes « à la maison » après l'après-midi.

Les invitations aux grands après-midi « à domicile » doivent être lancées une quinzaine de jours avant la journée, et aux petits « à domicile » dans la semaine environ qui suit la journée.

L'arrivée des invités. — Lorsque les invités arrivent, ils ne doivent pas demander si l'hôtesse est chez elle, mais entrer immédiatement dans la maison ; et ils devraient être introduits immédiatement dans le salon de thé.

Les messieurs devront laisser leurs chapeaux et pardessus dans le hall.

Dans les grandes maisons, un vestiaire devrait être prévu, afin qu'une dame puisse retirer un manteau ou une cape de fourrure, habituellement portée en hiver ; mais dans les petites maisons, un vestiaire n'est pas nécessaire, car les salles de réception ne sont ni si bondées ni si chaleureuses, et les toilettes des dames ne sont pas non plus si élaborées.

Rafraîchissements. — En général, les rafraîchissements « à la maison » doivent être servis dans la salle à manger, sur un long buffet à une extrémité de la pièce, ou sur une longue table s'étendant sur toute la longueur de la pièce.

Les femmes de chambre et autres servantes doivent se tenir derrière la table pour verser et distribuer les tasses de thé ou de café à travers la table, comme demandé.

Il est habituel d'avoir des servantes à ces occasions pour servir le thé, un ou plusieurs domestiques étant également présents, au cas où quelque chose serait demandé d'eux, bien que les messieurs se servent généralement eux-mêmes de coupe de bordeaux, de vin , etc.

Les rafraîchissements habituels offerts dans ces « maisons » sont le thé et le café, ce dernier étant servi dans de grandes urnes en argent. (Voir le chapitre « Préparer le thé de l'après-midi » dans l'ouvrage intitulé « Attendre à table ».) Xérès, coupe de champagne, coupe de bordeaux, glaces, fruits, biscuits et gâteaux raffinés, pain fin et beurre, gibier en pot, sandwichs. , etc.

Les assiettes à glace sont utilisées pour les glaces, les assiettes à dessert pour les fruits et les salades de fruits.

Aux petits "à la maison" le champagne, le verre à vin et les glaces ne sont pas distribués. Le thé doit être préparé dans des théières, plutôt que dans des urnes, dans les grandes et petites « maisons ».

Dans les petites maisons, le thé est généralement servi dans le plus petit des deux salons, ou dans un boudoir ou une antichambre attenante. Le thé est ensuite servi par les demoiselles de la maison, ou par l'hôtesse elle-même, mais rarement par les servantes lorsqu'il est servi dans le salon.

Cependant, la manière la plus commode de servir le thé est de le servir dans la salle à manger, à moins que le nombre des convives ne soit limité, car il semblerait peu sociable s'ils se rassemblaient dans la salle à manger, laissant l'hôtesse relativement seule dans la salle à manger. le salon.

Lorsque le thé est servi dans la salle à manger, le serviteur présent demande généralement aux invités s'ils veulent prendre le thé avant d'être conduits dans le salon.

Lors des petits thés, les tasses de thé doivent être remises aux dames par les messieurs présents, ou par la jeune dame officiant à la table à thé, et les messieurs se tiennent généralement dans la pièce, ou près de la table à thé, à petite heure. maisons."

Recevoir des invités. — Le domestique doit précéder les invités au salon comme lors des « visites du matin ».

En liberté « à la maison », l'hôtesse doit recevoir ses invités à la porte du salon et leur serrer la main à leur arrivée. La porte du salon doit rester ouverte et elle doit se tenir dans l'embrasure de la porte.

Lors des petits thés, la porte du salon ne doit pas rester ouverte et l'hôtesse doit recevoir ses invités dans la chambre, comme lors des « visites du matin ».

Les invités doivent arriver entre quatre heures et quart et cinq ou six heures et demie. Les invités ne sont pas censés rester pendant les trois heures spécifiées et sont libres de rester aussi longtemps ou aussi peu de temps qu'ils le souhaitent. Les premiers arrivés sont généralement les premiers à repartir.

Lorsque l'hôtesse le juge opportun, elle présente une ou deux des dames l'une à l'autre, soit de manière formelle (voir chapitre II), soit de manière semi-formelle, en disant : « Mme A. , je ne pense pas que vous connaissiez Mme B."; mais elle ne devrait pas dire cela à moins d'être sûre que Mme B. désire connaître Mme A., ou que Mme A. n'a aucune objection à connaître Mme B. [5]

Faire des présentations générales à ces occasions est plutôt l'exception que la règle. Les présentations ne doivent être faites que lorsque l'hôtesse est consciente que les personnes présentées sont susceptibles de s'apprécier mutuellement, ou pour toute raison d'égale importance.

Les invités doivent se rendre au salon de thé en présence de messieurs de leur connaissance ou, dans le cas de dames, entre eux, s'ils ne l'ont pas fait à leur arrivée.

Ce déplacement vers le salon de thé s'effectue généralement entre la musique, les récitations, etc.

Parfois, l'hôtesse présente un ou deux des messieurs présents aux dames du plus haut rang afin de les envoyer au salon de thé.

Une dame devrait placer sa tasse vide sur n'importe quelle table à proximité, à moins qu'un homme ne propose de la poser pour elle. Il est facultatif qu'une femme enlève ou non ses gants, et beaucoup préfèrent ne pas le faire.

En liberté « chez soi », l'hôtesse reste tout le temps à son poste et ne s'assoit presque jamais. Dans les petits « à la maison », elle doit se déplacer parmi ses invités, conversant plus ou moins avec eux. Lorsqu'il y a des filles, elles doivent aider leur mère à divertir les invités.

Lorsque les dames se connaissent, elles devraient profiter de l'occasion pour se parler. Il est habituel que les dames se déplacent dans les pièces l'après-midi « à la maison » pour parler à leurs différents amis et connaissances ; et ils ne sont en aucun cas obligés de rester assis au même endroit à moins qu'ils ne le souhaitent.

Lorsque la musique est donnée l'après-midi « à la maison », il est habituel d'écouter le spectacle, ou du moins de faire semblant de le faire ; et si la conversation a lieu, elle doit être à voix basse, afin de ne pas déranger ou ennuyer les interprètes.

Il n'est pas nécessaire de prendre congé de l'hôtesse l'après-midi « à la maison », à moins qu'elle ne se trouve près de la porte du salon lorsque l'invité s'évanouit, ou à moins qu'elle ne soit une nouvelle connaissance et que la visite chez elle soit une première. maison, alors qu'il serait poli de le faire.

Lorsqu'il est tard et qu'il ne reste que quelques invités, ceux-ci doivent faire leurs adieux à l'hôtesse.

Lors de ces thés de l'après-midi ou « à la maison », l'hôtesse ne doit pas sonner pour ordonner d'ouvrir la porte à l'invité qui part ou d'appeler son automobile, comme lors des « appels du matin ». Les invités se dirigent vers la salle et les domestiques présents appellent les automobiles au fur et à mesure qu'on les demande.

Les automobiles doivent toujours attendre l'après-midi « à la maison », car les dames ne peuvent parfois pas rester plus d'un quart d'heure.

Les convives restent soit dans le hall, soit dans la salle à manger jusqu'à ce qu'ils entendent l'annonce de leurs automobiles.

Aucune gratification ne devrait jamais être offerte aux domestiques lors de ces divertissements, ni, en fait, lors de tout divertissement quel qu'il soit.

Concerts de l'après-midi. —Lorsque des concerts sont donnés l'après-midi, les invitations doivent être émises sur les cartes habituelles "à la maison", qui peuvent être achetées avec les mots "à la maison", etc., déjà imprimées, ou elles sont imprimées sur commande, avec le nom et l'adresse. de l'hôtesse. Le nom de la personne invitée doit être inscrit au-dessus du nom de l'hôtesse, dans le coin droit de la carte.

La date sous la ligne « à la maison » doit figurer au centre de la carte sous le nom de l'hôtesse ; l'heure doit être écrite dans le coin gauche et les lettres RSVP L'adresse imprimée doit être dans le coin droit.

Les noms des artistes doivent être ajoutés au bas de la carte, dans le coin droit.

L'heure habituellement fixée pour un concert est 15 heures.

L'hôtesse doit recevoir ses invités à la porte du salon, puis ils doivent immédiatement s'asseoir. Les sièges doivent être disposés en rangées au centre de la pièce, et les canapés et canapés doivent être placés autour de la pièce.

Le programme d'un concert est divisé en deux parties, et à la fin de la première partie, les invités doivent se rendre à la salle à manger pour des rafraîchissements, qui sont servis comme en général « à la maison ».

Danses de l'après-midi. — Les invitations aux danses de l'après-midi doivent être émises sur des cartes « à la maison » de la manière déjà décrite. "Danse" devrait être imprimé dans le coin des cartes et l'heure de "4 heures à 7 heures" devrait être remplacée par celle de "3 heures". Les mots « danse de l'après-midi » ne doivent pas être écrits sur un carton d'invitation, et il n'existe aucune autre forme d'invitation reçue pour les danses de l'après-midi que celle déjà donnée.

Les danses de l'après-midi sont très populaires dans les points d'eau, les stations militaires, les petites villes des environs de Londres, etc., mais elles sont rarement données à Londres même.

Des rafraîchissements devraient être servis tout au long de l'après-midi, de 16 heures à 19 heures, comme en général « à la maison ».

Les dames devront retirer leurs vestes ou châles au vestiaire, mais conserver leurs chapeaux ou bonnets ; l'hôtesse doit recevoir ses invités à la porte du salon, comme lors d'un après-midi « à la maison ».

Les Bridge Teas occupent une place importante dans la vie sociale. Il s'agit d'une forme de divertissement pratique, car ils permettent d'inviter un petit nombre d'invités, même huit personnes étant considérées comme un nombre raisonnable de joueurs à inviter, alors que vingt-quatre sont nettement un nombre extérieur. Le nombre moyen est dans la plupart des cas de seize, au total.

La pièce commence généralement à 15h30, parfois plus tôt, et se poursuit jusqu'à 7h30, laissant une pause pour le « thé » à 16h30.

Les invitations à ces rencontres informelles sont émises soit sous forme de notes amicales, soit sur des cartes de visite. Si sur ces dernières, les mots « à la maison », le jour et la date sont inscrits sous le nom de l'hôtesse, tandis que « Pont, 3h30 » ou « 3 heures » est inscrit dans le coin des cartes en face de l'adresse. .

L'hôtesse arrange à l'avance les places que les convives occuperont aux différentes tables ; ceci est fait pour que les bons joueurs puissent jouer ensemble. Lorsque tout le monde est arrivé, l'hôtesse indique à ses invités où s'asseoir et fait elle-même partie des acteurs. En prenant place, ils se tournèrent vers des partenaires. Elle n'invite pas les invités à la regarder, car cela l'obligerait à ne pas jouer, mais à leur parler pendant qu'ils restent ; de plus, la conversation est découragée, car elle détourne l'attention des joueurs du jeu.

Les dames conservent leurs chapeaux, mais enlèvent leurs manteaux, fourrures, etc., à leur arrivée.

NOTES DE BAS DE PAGE :

[5] Voir le chapitre « Converser avec de nouvelles connaissances », dans l'ouvrage intitulé « L'art de converser ».

CHAPITRE XX

JOURNÉES "À LA MAISON"

Une journée « À la maison » signifie qu'une femme est à la maison avec ses amis et connaissances un jour particulier de la semaine. Elle devrait laisser entendre ce fait en imprimant sur ses cartes de visite les jours où elle est chez elle. Ainsi : « les jeudis de mars », ou « les jeudis de mars et d'avril », ou n'importe quel jour de la semaine qu'elle juge approprié de nommer. Elle doit laisser ces cartes en personne à ceux qui ne sont pas à la maison lorsqu'elle appelle, ou bien elles peuvent être envoyées par la poste. Ceux qu'elle trouve à la maison, elle doit les informer que son jour « à la maison » est le « jeudi ». Dans ce cas, elle ne doit pas laisser sa carte de visite, seulement deux cartes de son mari, sur lesquelles la journée "à la maison" ne doit pas être inscrite.

Le jour « à la maison », les appels doivent être passés de trois à six, ou de quatre à six. Les premiers arrivés devront partir avant l'heure du thé de l'après-midi et limiteront leur visite en fonction du degré d'intimité existant, en restant d'un quart d'heure à une heure selon les cas.

Une Hôtesse ou sa Fille devrait verser le Thé lors de ces journées « à la maison » où le thé n'est pas servi dans la salle à manger comme « à la maison », ce qui devrait être fait lorsque le nombre de visiteurs est très considérable.

La popularité d'une hôtesse d'accueil se teste lors de ces journées "à la maison" par le nombre de visiteurs qui l'appellent dans l'après-midi, et lorsque les journées "à la maison" ne sont pas un succès socialement parlant, elle doit les interrompre au bout d'un certain temps, et devrait remplacer occasionnellement « à la maison ».

La question de savoir si la journée "à la maison" est un échec ou l'inverse dépend en grande partie du statut social de la dame qui passe une journée "à la maison" et de la localité dans laquelle elle vit. Dans les quartiers périphériques de la ville, cela a ses avantages, lorsqu'un appel équivaut presque à un voyage et lorsque les connaissances sont rares dans le voisinage immédiat. Encore une fois, cela a ses avantages lorsque les dames sont très occupées pendant la semaine et lorsque leur temps est consacré à une occupation captivante, charitable ou artistique, à la maison ou ailleurs, littéraire ou scientifique, dans les studios, les musées et les institutions publiques. etc., un travail entrepris pour leur propre amusement, profit ou avancement, ou pour le bénéfice d'autrui. Pour ces dames, une journée « à la maison » est une commodité. Un jour par semaine est tout ce qu'ils peuvent s'accorder en dehors de leurs engagements importants, et pour eux, une intimité tranquille et des loisirs sont indispensables. Les dames à la mode considèrent qu'une journée "à la maison" est une lourde charge pour leur temps et leurs inclinations. Leurs engagements sont trop nombreux pour qu'on puisse admettre qu'ils consacrent chaque semaine un après-midi entier à l'appel des gens. Non seulement les engagements de longue date, mais aussi ceux impromptus, excluent ce sacrifice. Ce serait un manquement à la politesse que de ne pas être présent à la maison pour recevoir des appelants lors d'une journée « à la maison », et de nombreuses circonstances peuvent nécessiter une absence de la maison cet après-midi-là. Si toutefois l'absence est inévitable, un proche pourra remplacer l'hôtesse le jour "à la maison" concerné.

Les personnes qui apprécient pleinement les journées « à la maison » sont celles qui ont plus de temps libre qu'elles ne savent quoi en faire. Les quelques appels qu'ils doivent passer sont vite passés, les quelques amis qu'ils doivent voir sont vite vus, ils n'ont pas d'occupation et ils sont reconnaissants de l'opportunité offerte par les journées "à la maison" de rencontrer leurs amis et de trouver une hôtesse à la maison. .

CHAPITRE XXI

ÉTIQUETTE COLONIALE

GÉNÉRALE , l'étiquette est suivie dans les colonies et dans l'Inde par les Anglais et les Anglaises tout comme dans la mère patrie, en ce qui concerne ses principes, ses règles et ses observances. Une différence marquée se situe dans les heures d'appel, il est vrai, elles étant réglées par le climat. Dans les climats chauds, les premières heures du matin, avant midi, et les heures tardives du soir, après le coucher du soleil, sont, selon la mode du lieu, les heures choisies pour l'appel ; mais dans des climats plus tempérés, semblables au nôtre, les heures de l'après-midi sont, comme chez nous, les heures de visite. Là encore, la règle selon laquelle les résidents doivent faire appel aux nouveaux arrivants, qu'ils soient les visiteurs d'autres résidents ou les futurs résidents, s'applique aussi bien dans les cercles civils que militaires.

Dans toutes les colonies et dépendances, la « Maison du gouvernement » est le centre vers lequel gravite toute la société, c'est-à-dire que tous les nouveaux arrivants, qu'ils soient destinés à devenir résidents permanents ou temporaires, pour autant que leur position sociale le justifie, s'empressent de faire ont annoncé leur arrivée en inscrivant leurs noms et adresses dans le livre d'or tenu à cet effet dans chaque Hôtel du Gouvernement. Le but de cela est d'être reçu à Government House, et d'obtenir ainsi une entrée dans la société du lieu. Ce qui suit cette observance sociale - elle ne mérite guère le nom de civilité, de tels appels étant motivés en premier lieu par l'intérêt personnel - dépend d'une variété de circonstances, de la position de l'appelant et du fait que le séjour soit permanent ou non. temporaire, que les présentations soient faites ou non, et ainsi de suite. Les invitations qui leur sont adressées sont réglées en conséquence. Ils peuvent se limiter aux après-midi « à la maison » ; ou des réceptions, des dîners et des danses peuvent être inclus ; ou une visite à la résidence d'été du gouverneur et de son épouse peut également être comptée parmi les invitations, car cette dernière n'est pas une démonstration inhabituelle d'hospitalité accordée à certains individus.

La manière dont le gouverneur d'une colonie doit être adressé par ses invités dépend de son rang. Comme il représente le souverain, il serait tout à fait correct de l'appeler « Monsieur », comme étant le moyen le plus déférent, et les gouverneurs en tant que corps aiment plutôt qu'on s'adresse ainsi. Dans le cas où un gouverneur est chevalier – une éventualité très courante – il serait également correct de l'appeler « Sir George » et non « Sir ». Lorsqu'un gouverneur n'a pas reçu le titre de chevalier, il doit être appelé « M. A... », lorsqu'on ne souhaite pas être trop rigide et formel.

Dans une conversation, lorsqu'on fait référence au gouverneur - celui-ci étant présent - il ne devrait pas être "Le gouverneur", mais "Lord Blank", "Sir George" ou "M. A... - a dit ceci et cela", à moins que des étrangers ne soient présents . , devant qui il semblerait juste d'être un peu formel.

Lorsque vous adressez une lettre à un gouverneur, l'enveloppe doit être adressée à « Son Excellence Sir George Blank », aussi amical que soit son contenu ; mais lorsqu'on écrit à la femme d'un gouverneur, on n'a pas jugé bon de l'appeler « Son Excellence », mais simplement « Lady Blank », sauf dans le cas de la femme d'un vice-roi, comme dans l'Inde ou en Irlande ; mais en revanche, ce point a été soulevé il y a quelques années, et il a alors été décidé que les épouses des gouverneurs avaient le droit d'être ainsi adressées.

Familièrement, les membres de la suite d'un gouverneur appellent à la fois le gouverneur et son épouse « Son » et « Son Excellence » et les appellent « Votre Excellence », et tous ceux qui les approchent officiellement, étant de rang inférieur, font de même ; mais socialement, ils sont rarement abordés de la sorte.

Un évêque colonial ne devrait pas en fait être appelé « Mon Seigneur » ou appelé « Le Seigneur Évêque », si l'on veut être tout à fait correct ; mais « Mon Seigneur » ou « Le Seigneur Évêque » sont maintenant souvent utilisés par des personnes qui savent que ce n'est pas le style de discours approprié, mais qui utilisent ces titres, souhaitant être plus déférents que scrupuleusement corrects. Lorsque vous écrivez à un évêque colonial, l'enveloppe doit être adressée à « Le très révérend, l'évêque de — », et la lettre commence par « le très révérend monsieur » ou « Cher évêque Blank ».

Un officier colonial qui a reçu du Roi la permission spéciale de conserver le titre d'« Honorable » qu'il portait dans sa colonie, se voit accorder à la Cour, c'est-à-dire *lors* d'une levée, d'un bal de cour, etc., la même préséance qu'un fils de pair, qui est qualifié d'« honorable », mais cela ne lui donne pratiquement aucun rang ni préséance lors des réunions sociales ordinaires, où cette subvention spéciale est inconnue ou ignorée. De plus, le privilège ne confère aucun rang ni préséance à l'épouse ou aux filles d'un honorable colonial, tout comme l'épouse d'un très honorable ici n'a aucune préséance particulière.

Le titre d'honorable ne peut continuer à être porté par un officier colonial à la retraite ou un conseiller législatif à moins qu'il n'ait été spécialement autorisé par le souverain sur la recommandation du secrétaire d'État aux Colonies.

CHAPITRE XXII

ÉTIQUETTE INDIENNE

C'EST la coutume que ceux qui souhaitent être invités à la Maison du Gouvernement (Maison Viceregale) à Simla ou ailleurs doivent, dès leur arrivée, inscrire leur nom dans le livre d'or tenu à cet effet, et ils sont sûrs, s'ils le souhaitent, société générale, à convoquer à une ou plusieurs des réceptions organisées au cours de la saison. Ils sont présentés à la vice-reine — comme on appelle l'épouse du vice-roi — par l'un des *aides de camp* en attente.

Lorsqu'une dame est l'épouse d'un fonctionnaire du gouvernement, cela lui donne une position dans la société indienne qu'elle n'aurait peut-être pas autrement, et constitue en soi un passeport pour la plupart des fonctions. Le rang officiel est primordial en Inde.

Quant à la fréquentation des salons vice-royaux , ils n'ont lieu qu'à Calcutta et le soir. Si une dame a été présentée à une cour en Angleterre, elle peut se rendre dans un salon à Calcutta ; mais, si elle n'a pas été présentée chez elle, elle devra être présentée par quelque autre dame qui aura été présentée à la cour vice-royale.

En écrivant officieusement au gouverneur général de l'Inde, il ne serait pas correct d'utiliser le titre de « vice-roi », et la suscription appropriée est « Son Excellence le très honorable » ; ou, s'il s'agit d'un duc, « Son Excellence le duc de —— » ; ou, s'il est marquis, "Son Excellence le très honorable. Marquis de ——", etc.

A l'épouse d'un vice-roi, l'adresse doit être : « Son Excellence la duchesse de —— », « Son Excellence la marquise de —— », « Son Excellence la comtesse de —— » ; ou « Son Excellence The Lady Blank », si elle est l'épouse d'un baron.

Lorsque vous vous adressez familièrement ou officieusement à un vice-roi ou à une vice-reine, « Votre Excellence » ne doit être utilisé dans aucun des deux cas. Le titre doit être utilisé uniquement dans les deux cas.

En étant présenté à l'une de leurs Excellences, il serait correct de faire la révérence.

CHAPITRE XXIII

GARDEN-PARTIES

LES GARDEN-PARTIES sont des divertissements organisés chaque année. S'il fait beau, plus c'est agréable pour les invités ; si elle est mouillée, une garden-party se transforme en un grand « à la maison ». Dans presque tous les comtés, une série de garden-parties sont organisées par les principales dames de leurs quartiers respectifs en août et septembre, rien d'autre que l'absence du domicile, la maladie ou quelque autre raison tout aussi valable étant considéré comme une excuse suffisante pour le non-respect de cette obligation sociale. devoir.

Le comté dans son ensemble s'attend à être invité au moins une fois par an à se promener dans le magnifique parc du seigneur du manoir, à ramer sur le lac, à jouer au tennis sur la pelouse, à se promener dans les sentiers sinueux du des massifs d'arbustes feuillus et ombragés, pour admirer les teintes brillantes des géraniums qui parterres et terrasses, ou les asters panachés, ou les rosiers tardifs de Gloire-de-Dijon, qui à la fin du mois d'août sont dans toute leur beauté. Il y a ensuite les vérandas où l'on peut flâner, et d'où se retirer, si le soleil est trop fort, dans le manoir lui-même, les salles de réception étant généralement ouvertes à l'occasion d'une garden-party.

Une garden-party est l'occasion d'offrir l'hospitalité à un large éventail d'invités – des gens qu'il ne serait pas commode de recevoir autrement que par cette description de rassemblement. Les invitations sont alors librement accordées aux dames, depuis la énergique dame de quatre-vingts ans jusqu'à la petite dame de huit ans.

Un grand avantage offert par une garden-party est qu'il importe peu de savoir dans quelle mesure les dames sont en majorité, et c'est un reproche à un comté plutôt qu'à une hôtesse si le rassemblement des invités est de quatre-vingts dames contre vingt messieurs.

Les invitations à une Garden-party doivent être émises au nom de l'hôtesse, et dans un délai de trois semaines à une semaine après la date fixée. Des cartes « À la maison » doivent être utilisées à cette fin, et les mots « et fête » doivent invariablement être ajoutés après les noms des invités.

"Croquet" ou "Tennis" doivent être imprimés dans un coin de la carte, l'heure, 3h à 7h, au-dessus, le jour et la date sous le nom de l'hôtesse. "Si le temps le permet" est rarement écrit sur la carte, et les invités sont censés arriver même si l'après-midi doit être pluvieux et couvert, et seul un après-midi très humide, sans interruption entre les averses, devrait empêcher leur apparition. À la campagne, les dames ne pensent guère à parcourir dix milles en voiture pour assister à une garden-party.

Organisation de Garden-Parties. — Les garden-partys ou croquet-partys se donnent selon des barèmes de dépenses différents, et les préparatifs sont réglés en conséquence.

Lorsqu'une garden-party est organisée à petite échelle et que les préparatifs sont relativement peu nombreux, des rafraîchissements doivent être servis dans la maison. (Pour les rafraîchissements habituels fournis et pour les dispositions générales, voir l'ouvrage intitulé « Waiting at Table », p. 82.)

Une bonne quantité de chaises et de sièges de jardin devrait être placée sur la pelouse et autour du terrain, des tapis étendus sur l'herbe pour ceux qui s'assoient dehors, et plusieurs jeux de croquet fournis aux joueurs.

Lors des grandes garden-parties, une fanfare est considérée comme un complément nécessaire, et la fanfare du régiment cantonné à proximité est généralement disponible pour ces occasions.

Un orchestre donne *de l'éclat* à un rassemblement en plein air et lui confère une importance locale. En dehors de cela, les sons d'un groupe animent dans une large mesure un divertissement de cette description. L'endroit où la fanfare est stationnée est un point de ralliement pour la compagnie, et les dépenses et les ennuis résultant de l'engagement d'une fanfare sont compensés par le divertissement qu'il procure.

La question de l'engagement d'une fanfare militaire est généralement prise en charge par le maître de maison plutôt que par la maîtresse, car, en premier lieu, le consentement du colonel du régiment doit être obtenu, pour des raisons de forme et de courtoisie, avant les arrangements sont complétés avec le chef d'orchestre.

Le transport du groupe doit également être fourni et discuté avec le chef d'orchestre, ainsi que des rafraîchissements pour les musiciens ; et ces détails sont plus efficacement exécutés par un hôte que par une hôtesse.

Parfois, un grand chapiteau est érigé pour servir des rafraîchissements, mais le plus souvent, les rafraîchissements pour la compagnie générale sont servis dans la maison et seules des boissons fraîches sont distribuées dans une tente aux joueurs de cricket ou de tennis sur gazon.

Les matchs de cricket sont souvent la *raison d'être* d'une garden-party, la rendant populaire auprès des dames et des messieurs. Le match de cricket dans ce cas a généralement lieu dans un champ proche du terrain du manoir, le match commence vers midi, et la compagnie générale arrive vers trois heures et demie, ou ponctuellement à quatre heures, pour assister à l'arrivée.
.

Le golf occupe désormais la première place parmi les divertissements de plein air à la mode auprès des deux sexes. Les liens privés sont relativement peu nombreux, mais des liens de clubs existent dans presque tous les quartiers : clubs de femmes, clubs d'hommes et clubs pour dames et hommes.

Les tournois de croquet ou de tennis sont fréquemment l'occasion de donner des garden-parties, et des jeux très excitants s'y déroulent.

Lorsqu'un tournoi a lieu, il prend la forme d'une garden-party ; cela dure généralement deux jours. Les dispositions prises pour sa tenue dépendent des circonstances et elle se déroule, comme les matchs de tir à l'arc, sur des terrains privés ou publics.

Divertissements. — Lorsqu'un certain nombre d'enfants sont attendus à une garden-party, des spectacles de marionnettes, de Punch-and-Judy ou de prestidigitation sont donnés pour leur amusement.

Dans les quartiers éloignés de la ville, ces spectacles sont difficiles à obtenir ; c'est pourquoi les forains amateurs viennent courageusement à la rescousse, et leurs efforts bienveillants pour divertir les mineurs sont appréciés de tous côtés.

Il n'est pas rare qu'un peu de musique amateur soit donnée lors d'une garden-party : il ne s'agit pas d'un programme musical préétabli, mais de performances impromptues. Ces efforts bon enfant pour animer la compagnie durent environ une heure, et ces représentations ont lieu soit dans le salon, soit dans la salle de musique du manoir.

Les garden-parties se terminent rarement par une danse, même si parfois la danse clôt les divertissements de l'après-midi.

Le temps consacré au croquet ou au tennis exclut de la part des joueurs toute envie de s'exercer davantage sous forme de danse, et les jeunes préfèrent apparemment jouer au croquet de 3 à 7 sur la pelouse plutôt que de danser sous un chapiteau ou dans un salon. à cette heure-là.

Un hôte et une hôtesse reçoivent leurs invités lors d'une garden-party sur la pelouse ; les étrangers doivent être présentés à l'hôtesse par ceux qui ont entrepris de les amener chez elle, et elle doit serrer la main de tous les arrivants. Il est également habituel que les invités serrent la main de l'hôtesse au moment du départ, si l'occasion s'en présente.

Les garden-parties commencent de 15h30 à 16h et se terminent à 19h.

Lors des préparatifs d'une garden-party, il convient de prendre en considération l'hébergement des chevaux de calèche et des automobiles des nombreux invités, ainsi que des rafraîchissements fournis aux domestiques et aux chauffeurs.

Les concerts publics de l'après-midi, les bazars et les expositions florales sont essentiellement des événements fréquentés *en masse par des dames* , et c'est l'exception plutôt que la règle que les messieurs les accompagnent ; encore une fois, lors des réunions privées de l'après-midi, les dames apparaissent généralement non accompagnées de messieurs.

Lorsqu'une garden-party est une réception de très grande envergure, il n'est pas rare de mettre les mots « garden-party » sur les cartons d'invitation à la place des mots « à la maison » ; ainsi : "La comtesse de A—— demande le plaisir de la compagnie de M. et Mme B—— lors d'une garden-party le ——", etc.

CHAPITRE XXIV

FÊTES DANS LES JARDINS DE LA VILLE

LES premières garden-parties en ville ont généralement lieu début juin et se poursuivent pendant ce mois et le mois suivant. Les garden-parties du Lambeth Palace et du Fulham Palace sont les pionnières de la saison des garden-partys, et la société en général suit l'exemple avec plus ou moins d'empressement.

Les fêtes dans les jardins de la ville se transforment en grandes réceptions organisées à l'extérieur, et ceux qui savent ce que signifient des salons bondés pendant les journées étouffantes de juin sont particulièrement heureux de ce changement de lieu et passent volontiers une heure ou plus à l'une d' *elles* . de ces *réunions* en plein air , au lieu de songer à un quart d'heure de trop long séjour à l'intérieur des portes, où c'est la chaleur *contre* le courant d'air, et où il est difficile de déterminer où il est le plus répréhensible, dans le salon. , salon de thé, ou dans un escalier. Bien que ces réceptions soient appelées « garden-parties », le véritable style et le titre sont « à la maison », l'adresse étant une indication suffisante pour les invités quant à la description du divertissement à donner, comme les grands jardins et pelouses dans et autour de Londres, où se déroulent ces fêtes annuelles, sont bien connus de la société dans son ensemble. Un orchestre jouant dans le parc où se déroule la garden-party semble être une condition *sine qua non* , mais son excellence n'est qu'une question de dépense. Les invités ont ainsi le plaisir d'écouter les morceaux de groupes splendides, et aussi la déception d'en entendre d'autres bien en dessous de la moyenne.

Comme on ne peut pas compter sur notre climat capricieux pour rester beau vingt-quatre heures d'affilée, il est rarement jugé opportun d'avoir toutes les tables de rafraîchissements à l'extérieur, et donc seulement des glaces, des fraises et des boissons. la crème et les coupes de glace sont servies à l'extérieur ; le thé, le café et le reste, accompagnés de glaces, de fraises et de crème, sont invariablement servis à l'intérieur des portes.

Les tables de restauration en plein air soulagent considérablement les tables des salons de thé, surtout pendant la première demi-heure, lorsque la grande ruée se fait dans cette direction. Encore une fois, en cas de fortes pluies, les serviteurs peuvent facilement retirer les seaux de glace et les bols de fraises et de crème hors de danger. Même une grande tente ou un chapiteau n'est pas considéré comme tout à fait souhaitable pour se rafraîchir, car sous un soleil brûlant, l'air intérieur devient surchauffé et oppressant, tandis que dans le cas d'une averse, les résultats sont presque désastreux.

La popularité des garden-parties est incontestable par temps propice. Diverses raisons y conduisent ; D'une part, le mouvement est un échange si agréable par rapport à la position presque stationnaire que les invités sont obligés de prendre dans un salon bondé. De plus, le nombre d'invités est tellement plus grand que pour un « chez soi », que les chances de rencontrer un nombre correspondant d'amis et de connaissances sont triplées ; ou, au contraire, si seulement quelques amis se trouvent parmi les invités, la situation ne se résume pas à l'isolement et à l'ennui ; et l'alternative de s'asseoir sous un arbre ombragé ou de flâner sur la pelouse en écoutant les musiques du groupe est un plaisir positif en comparaison de s'asseoir dans le coin d'un salon barricadé par une phalange de dames, ou de se tenir coincé dans le au milieu du même. Il n'est donc pas étonnant que les invitations à ces réceptions en plein air soient accueillies avec satisfaction et plaisir.

Les arrivées à une garden-party se font presque simultanément, ou sinon elles se succèdent rapidement, de sorte que l'hôte et l'hôtesse ont un court intervalle entre les arrivées et les départs ; et cela offre l'occasion de donner plus qu'une poignée de main à de nombreux invités, *c'est-à-dire* une petite conversation amicale ; tandis que dans un « chez soi », l'hôtesse doit être à son poste de 16 heures à 19 heures, car les invités arrivent en continu, même à proximité de l'heure prévue pour le départ.

L'hôte est censé être présent à une garden-party, et il l'est presque toujours ; mais sa présence chez sa femme « à la maison » reste un peu douteuse, et son absence est souvent expliquée sous prétexte qu'elle est inévitable ; mais les raisons triviales que beaucoup d'hommes avancent à leurs femmes pour leur non-apparition prouvent à quel point ils sont heureux d'échapper à l'épreuve à toutes conditions. Un homme en plein air est à son meilleur, et c'est pourquoi une garden-party séduit presque autant son hôte que son invité.

Bien que les mots « à la maison » soient généralement utilisés lors de l'envoi d'invitations à ces réceptions, il arrive parfois que les mots « garden-party » soient remplacés à leur place sur les cartes « à la maison », lorsque les rassemblements sont inhabituellement nombreux ; ainsi : "La vicomtesse B—— demande le plaisir de la compagnie de M. et Mme G—— lors d'une garden-party le ——", etc.

CHAPITRE XXV

SOIRÉES GARDEN-PARTIES

La saison des Garden-Party a été élargie par l'introduction des « Evening Garden-Parties » dans la liste des festivités champêtres, et cette forme de divertissement a trouvé une grande faveur auprès de tous.

Les invitations sont émises sur les cartes habituelles "à la maison", les horaires de 21 heures à 12 heures. Parfois, "danser" est imprimé sur les cartes, mais pas souvent, car il n'est pas habituel de combiner une garden-party en soirée avec une danse, sauf où seuls les jeunes filles et les jeunes hommes sont invités.

Les destinataires des invitations à une garden-party en soirée ressentent une certaine perplexité quant au style vestimentaire à porter. Les femmes doivent-elles porter une robe du matin ou une robe du soir ? Les hommes sont également dubitatifs sur ce point. Doivent-ils ou non porter une robe de soirée ? Bien que cela ne soit pas indiqué sur les cartons d'invitation, il est tacitement entendu que les dames sont censées apparaître dans la tenue habituelle des garden-partys : de jolies robes et chapeaux ou bonnets élégants, et de petites écharpes à la mode portées à la place des parasols lors de l'événement. de l'air du soir se révélant quelque peu frais. La robe de soirée, lorsqu'elle est portée dans l'un de ces "à la maison", semble particulièrement déplacée. Les fines chaussures du soir, qu'il faut nécessairement porter avec ce genre de tenue, ne conviennent ni à l'herbe rosée, ni aux graviers pierreux ; et bien que lors des concerts du soir au Jardin Botanique, de nombreuses dames portent une « tenue de soirée » avec des manteaux de soirée élégants, cela n'est pas la question. Ils partent pour une petite demi-heure environ, et non pour un séjour de trois heures. Quoi qu'il en soit, lors des garden-parties du soir, la règle est de ne pas porter de robe de soirée en ce qui concerne les dames. Les hommes, en revanche, sont censés le faire, la tenue du matin étant considérée comme déplacée en ces occasions. Un pardessus léger est indissociable d'une tenue de soirée, c'est pourquoi il n'est pas considéré comme un vêtement risqué pour les hommes, même lors des soirées d'été les plus fraîches.

Quant aux arrangements pour une de ces garden-parties nocturnes. Il est d'usage de prendre du thé, du café et des rafraîchissements légers pendant toute la soirée, de l'arrivée au départ, et de donner un léger souper un peu avant midi. Les jardins et les terrains sont éclairés par des lampes et des lanternes colorées, largement ou modérément selon les cas. Un orchestre est considéré comme indispensable, mais un bon orchestre ne semble pas tout aussi impératif, à en juger par les performances indifférentes des divers orchestres entendus ces soirs d'été. Cependant, le public country n'est pas trop critique, sachant que faire appel à un bon groupe à distance entraîne des dépenses considérables, et que les garden-parties en soirée seraient singulièrement rares si l'on insistait sur une musique de qualité supérieure. Ainsi, l'orchestre local est encouragé à faire de son mieux et à laisser de longs intervalles s'écouler entre chaque sélection.

Dans le cas d'une soirée décidément humide, les invités invités de loin se présentent rarement, tandis que les voisins les plus proches le font, et la garden-party du soir devient une soirée de réception à l'intérieur, dépouillée de son nombre, il est vrai. , mais une rencontre agréable néanmoins, surtout avec ceux qui savent tirer le meilleur parti d'un *contretemps* provoqué par une météo peu propice.

CHAPITRE XXVI

DÉJEUNERS

Les invitations à déjeuner sont à l'ordre du jour dans la société à la mode. Ceux qui regardent quelques années en arrière remarquent l'importance accordée aujourd'hui à ce repas de midi et le contrastent avec le passé. L'heure tardive du dîner explique dans une certaine mesure la place prise désormais par le déjeuner dans le programme de la journée, jointe au fait qu'il offre une autre occasion de rencontres sociales ; et comme l'idée dominante semble être de rassembler dans une même journée autant de divertissement, de variété et de changement que possible, les invitations à déjeuner sont devenues l'un des traits de la vie sociale.

Les invitations aux déjeuners publics ne se limitent plus désormais à la célébration d'événements locaux et civiques, mais prennent une portée beaucoup plus large et sont données à chaque occasion disponible lorsque l'occasion peut être mise à profit pour rassembler un grand groupe de dames et de messieurs. Le déjeuner est considéré par certains comme un repas de dame plutôt qu'autrement, bien qu'en réalité les invitations soient données aussi fréquemment à l'un des sexes qu'à l'autre. Pourtant la prédominance des dames au déjeuner tient à ce que la plupart des messieurs sont trop occupés à cette heure pour avoir la liberté d'accepter des invitations à déjeuner, tandis que d'autres, plus oisifs, déjeunent à une heure si tardive que pour eux un Le déjeuner de deux heures est une farce en ce qui concerne la nourriture. En dehors de ceux qui sont des hommes occupés et de ceux qui sont des hommes oisifs, et par conséquent des lève-tard, il existe une autre classe d'hommes à moitié occupés qui sont toujours réceptifs à une invitation à déjeuner.

Cette institution du déjeuner est inestimable pour les personnes qui ont de nombreux amis, connaissances et relations à recevoir, car les invitations à ce repas sont données tous les jours de la semaine, avec ou sans cérémonie, avec un préavis long ou court, ou sur un coup de tête. du moment.

Les dames apprécient bien plus la compagnie de leur hôtesse au déjeuner qu'à un dîner. Au premier repas, elle fait une conversation générale avec ses convives des deux côtés de la table ; dans ce dernier cas, elle est monopolisée par ses voisins immédiats, par le monsieur qui l'emmène dîner et par celui qui est assis à sa droite, tandis qu'elle laisse ses invités se divertir par les messieurs qui les invitent à dîner. Au déjeuner, les choses sont différentes ; on ne va pas déjeuner, conventionnellement parlant, sauf lors d'occasions officielles et publiques.

Le déjeuner occupe une place prépondérante dans la ronde des hospitalités. Les invitations à un déjeuner ne sont pas formellement émises sur des cartes d'invitation, à moins qu'il n'existe une raison particulière pour organiser un grand déjeuner, auquel cas il prend rang comme divertissement.

De grands déjeuners sont organisés lors d'occasions telles que des tournois de tennis sur gazon et des fêtes de tennis sur gazon, des fêtes de tir à l'arc, des matchs de cricket et des bazars, etc.

Des déjeuners semi-officiels sont donnés à l'occasion de la pose de la première pierre d'une église ou d'un édifice public, etc. Cette classe de déjeuner est hors de question, car il s'agit plutôt d'un banquet que d'un déjeuner, pour lequel des cartes d'invitation imprimées sont émis.

En général, les invitations à déjeuner dans la société sont émises par notes écrites ou verbalement selon les circonstances.

Invitations au déjeuner. — Un préavis d'une semaine est le préavis le plus long habituellement donné, très peu de préavis étant considéré comme requis.

De nombreuses hôtesses donnent *carte blanche à leurs amis* pour des invitations à déjeuner ; mais les dames, en règle générale, profitent rarement de cette *façon de parler* , comme elles l'envisagent, et préfèrent attendre une forme d'invitation plus directe. Les messieurs, au contraire, sont censés profiter de cette hospitalité offerte sans cérémonie, car la présence d'un gentleman en visite au déjeuner est considérée comme une acquisition, la raison étant peut-être que les femmes sont généralement en majorité au déjeuner, et aussi que l'arrivée inattendue d'une ou deux dames exigerait une plus grande attention de la part d'une hôtesse assise à un déjeuner que l'arrivée inattendue de messieurs, dames exigeant qu'on leur témoigne une attention particulière en matière de place à table, etc., tandis que les messieurs sont prêts à offrir de l'attention au lieu de l'exiger, et à prendre n'importe quelle place à table, qu'elle soit commode ou non.

En règle générale, le nombre des dames présentes au déjeuner dépasse de beaucoup le nombre des messieurs présents, sauf lors d'un déjeuner, où une hôtesse s'efforce habituellement d'égaliser les nombres autant que possible ; mais cela n'est pas impératif pour elle, et peu importe qu'il y ait ou non autant de messieurs que de dames présents au déjeuner.

Le déjeuner est une institution très utile à une maîtresse de maison, car il lui permet de faire preuve d'une grande civilité envers ses amis et connaissances.

Elle peut inviter à déjeuner ceux qu'il ne conviendrait pas, pour diverses raisons, d'inviter à dîner ; comme par exemple les jeunes filles, les femmes célibataires, les dames âgées, les dames venant en ville ou dans le quartier pour quelques jours seulement, etc.

La règle habituelle, dans les maisons où il y a des enfants en âge de le faire, est que les enfants dînent au déjeuner avec leur gouvernante, qu'il y ait des invités présents ou non.

En ville, l'heure habituelle du déjeuner est de 13h30 à 14h00 ; dans le pays, c'est généralement une demi-heure plus tôt. Les invités sont censés arriver dans les dix minutes suivant l'heure indiquée dans l'invitation, car même si la ponctualité n'est pas impérative, elle est très souhaitable.

Un invité, à son arrivée dans une maison, ne doit pas, s'il a été invité auparavant, demander si la maîtresse de maison est chez elle, mais doit dire, au domestique qui ouvre la porte : « Mme A. s'attend à ce que je déjeune. ".

Lorsque les invités sont invités eux-mêmes, ils doivent se renseigner si la maîtresse de maison est chez elle.

Les invités sont conduits au salon avant le déjeuner. Le domestique les précède, comme aux visites du matin.

Lorsque les invités arrivent après l'heure fixée pour le déjeuner, ils doivent être immédiatement introduits dans la salle à manger et leurs noms annoncés.

Lorsque les invités ne se connaissent pas, l'hôtesse doit faire une sorte de présentation ou de présentations générales ; c'est-à-dire qu'elle devrait présenter un gentleman à deux ou trois dames, ainsi, "M. A., Mme B., Mme C. et Miss D.", ne faisant qu'une seule introduction au lieu de trois présentations distinctes. , c'est le mode le moins formel pour faire des présentations sans importance.

Il n'est pas toujours possible pour un hôte d'être présent au déjeuner, en raison de sa profession et de ses engagements, mais la courtoisie envers les invités de sa femme exige sa présence lorsque cela est possible. Il les rejoindra soit au salon, soit à la salle à manger, selon sa convenance.

Les invités ne sont pas envoyés au déjeuner comme au dîner.

Les dames ne devraient pas retirer leur chapeau au déjeuner. Ils doivent retirer leurs manteaux et écharpes de fourrure. Ceux-ci doivent être soit déposés dans le hall à l'arrivée, soit retirés dans le salon ou la salle à manger. Les gants courts doivent être retirés ; les gants de coude peuvent être conservés.

Les messieurs ne doivent pas emporter leur chapeau avec eux dans le salon, mais les laisser dans le hall.

Dix minutes est le temps habituel entre l'arrivée des convives et le service du déjeuner, qui est habituellement servi à l'heure indiquée, la règle reçue étant de ne pas attendre les convives.

J'entre au déjeuner. — Lorsque le gong du déjeuner retentit, l'hôtesse doit dire à la dame présente du plus haut rang : « Allons-nous déjeuner ? ou une telle phrase. (Voir « L'art de converser ».) Le visiteur doit alors se diriger vers la porte. Si l'hôte est présent, il doit marcher à côté d'elle ; sinon, l'hôtesse devrait le faire. Les autres dames devraient suivre autant que possible selon la préséance, les messieurs venant en dernier. Ainsi, soit l'hôtesse suit les dames, soit elle ouvre la voie.

Les invités ne doivent pas déjeuner bras dessus bras dessous comme lors d'un dîner de fête, mais seuls, chaque femme seule ou, lorsque l'espace le permet, côte à côte. Messieurs également, mais en arrivant dans la salle à manger, chaque gentleman devra se placer à côté d'une dame, ou entre deux dames, à table.

L'hôtesse doit s'asseoir en haut de la table et l'hôte en bas, comme au dîner, mais l'endroit où sont assis les invités n'a pas d'importance, bien qu'en règle générale la dame du plus haut rang s'assoie à côté de l'hôte et le monsieur du plus haut rang. par l'hôtesse.

Un arrivant en retard doit, après avoir été introduit dans la salle à manger, se diriger vers le haut de la table pour serrer la main de l'hôtesse, en invoquant une excuse polie pour son retard.

Une hôtesse doit se lever de son siège pour accueillir une dame, mais elle ne doit pas le faire pour accueillir un gentleman.

Le déjeuner est servi ou non *à la russe* , selon les préférences, les deux manières étant également de bon goût, bien que, en règle générale, le joint soit servi au *buffet* ou sur la table d'appoint, tandis que les *entrées* , le gibier ou la volaille sont placés. sur la table.

Pour plus de renseignements sur les modalités du déjeuner, voir l'ouvrage intitulé « En attente à table ».

Autrefois, il était d'usage dans certaines maisons que les domestiques quittaient la salle à manger dès qu'ils avaient aidé les différents convives à monter le ou les rôtis et distribué les légumes et le vin, auquel cas l'hôte et l'hôtesse aidaient le les invités aux *entrées* et aux friandises, ou les messieurs présents le faisaient ; mais maintenant c'est invariablement la règle pour les domestiques de rester dans la salle pendant tout le déjeuner et de remettre les plats et le vin, etc., aux invités comme lors d'un dîner.

Le déjeuner dure généralement environ une demi-heure, pendant laquelle l'hôtesse doit s'efforcer de rendre la conversation générale.

Comme au dîner, c'est le devoir d'une hôtesse de donner le signal de quitter la pièce, ce qu'elle fait en attirant l'attention de la dame du plus haut rang présente au moyen d'un sourire et d'une révérence, se levant en même temps d'elle. siège.

L'hôte, ou le monsieur le plus proche de la porte, doit l'ouvrir pour que les dames s'évanouissent.

Les dames sortiront de la salle à manger autant que possible dans l'ordre dans lequel elles y sont entrées, l'hôtesse venant en dernier.

Lorsque l'hôte n'est pas présent , les messieurs doivent suivre les dames au salon ; mais lorsque l'hôte est présent, les messieurs doivent rester quelque temps dans la salle à manger avec l'hôte avant de rejoindre les dames dans le salon.

Il est libre à l'hôte de revenir ou non au salon avec les messieurs, bien que, s'il n'est pas particulièrement engagé, il soit plus courtois de le faire.

Le café est parfois servi après le déjeuner dans le salon. Il est remis sur un plateau immédiatement après le déjeuner. Cependant, la manière la plus courante aujourd'hui est de faire apporter du café dans la salle à manger à la fin du déjeuner et de le remettre aux invités sur un plateau.

Les invités ne sont pas censés rester plus de vingt minutes après l'ajournement du salon.

Les dames devraient mettre leurs gants à leur retour au salon après le déjeuner.

Les dames ayant une automobile doivent au préalable demander à leur chauffeur de revenir les chercher entre trois heures et trois heures et quart, et la servante doit informer chaque hôte de l'arrivée de son automobile.

Lorsqu'une dame a besoin d'un taxi, elle doit demander la permission à l'hôtesse d'en appeler un pour elle.

Le sujet des congés est décrit en détail au chapitre IV .

CHAPITRE XXVII

PETITS DÉJEUNERS

Les petits-déjeuners sont devenus monnaie courante dans certains cercles et les invitations au petit-déjeuner sont émises à la fois par carte et par billet.

Dans les cercles officiels, des petits-déjeuners sont fréquemment organisés, les heures du matin jusqu'à une heure étant la seule partie de la journée libre, et l'occasion est ainsi saisie pour offrir et recevoir l'hospitalité et pour profiter de la société d'amis et de connaissances. L'heure du petit déjeuner varie de dix à onze heures, selon les circonstances, et le repas ressemble un peu à un déjeuner, où l'on sert du poisson, *des entrées*, du gibier et des viandes froides, auquel on ajoute du thé, du café et des liqueurs.

La ponctualité à ces occasions est presque impérative, car le petit-déjeuner ne peut pas être prolongé au-delà d'une limite donnée et il n'est donc pas nécessaire d'attendre l'arrivée d'un invité tardif.

Les convives entrent au petit-déjeuner comme au déjeuner. Lorsqu'un groupe se compose à la fois de dames et de messieurs, l'hôtesse doit ouvrir la voie avec la dame du rang le plus élevé, suivie des autres dames, les messieurs suivant avec l'hôte.

Lorsqu'un groupe ne se compose que de messieurs, l'hôte doit ouvrir la marche avec le gentleman le plus haut rang, et indiquer au principal des gentlemen présents les places qu'il désire qu'ils occupent à table ; le reste de la compagnie devrait s'asseoir selon son inclination.

La table doit être dressée comme pour un déjeuner et décorée de fleurs et de fruits. Le thé et le café doivent être servis sur une table d'appoint par les domestiques présents.

Tous les plats doivent être remis comme au déjeuner.

Pour plus de détails sur « La disposition de la table du petit-déjeuner et le service du petit-déjeuner », voir l'ouvrage intitulé « En attente à table ».

Les invités partent généralement dès que le petit déjeuner est terminé, à moins que les dames ne soient invitées par l'hôtesse à l'accompagner au salon, ou que les messieurs ne soient invités par l'hôte à fumer une cigarette ou un cigare avant leur départ.

Petits déjeuners de fête à la maison. — A la campagne, l'heure du petit-déjeuner varie de 9 heures à 10 heures 30, et dans certaines maisons de campagne, il est entendu que les invités sont libres de descendre pour le petit-déjeuner à toute heure entre neuf heures et dix heures et demie. Dans de nombreuses maisons de campagne, l'hôtesse et les dames prennent leur petit-déjeuner dans leur propre chambre, et les messieurs de la fête prennent le petit-déjeuner avec l'hôte dans la salle du petit-déjeuner.

Le gong du petit-déjeuner est un signal pour se rassembler dans la salle du petit-déjeuner ou dans la salle à manger, mais il n'est pas d'usage d'attendre quelqu'un au-delà de cinq ou dix minutes.

L'hôte et l'hôtesse prennent aussitôt place à la table du petit déjeuner.

Lorsque la fête à la maison est nombreuse et que l'espace le permet, un certain nombre de petites tables doivent être disposées dans la salle du petit-déjeuner, en plus d'une longue table de petit-déjeuner.

Les domestiques doivent rester présents pendant le petit-déjeuner pour servir les invités.

Il n'y a pas de mouvement général depuis la table du petit-déjeuner comme dans le cas du déjeuner ou du dîner ; l'hôtesse reste généralement jusqu'à ce que tous les invités aient au moins commencé le petit-déjeuner, sauf dans le cas d'arrivées très tardives, pour lesquelles on ne s'attendrait pas à ce qu'elle reste à la tête de la table du petit-déjeuner.

Les convives quittent la table du petit-déjeuner dès qu'ils ont terminé leur petit-déjeuner, sans attendre aucune invitation de l'hôtesse.

CHAPITRE XXVIII

PIQUE-NIQUES ET FÊTES AQUATIQUES

BEAUCOUP de choses contribuent à attirer les gens vers la campagne et hors de la ville au mois de septembre ; il y a donc dans chaque quartier un nombre bien plus grand de personnes enclines à un pique-nique ou à une fête aquatique que les trois mois précédents, juin, juillet et août.

Les pique-niques sont parfois des fêtes sur invitation, et à d'autres occasions, des fêtes de contribution, ou des fêtes qui participent dans une mesure du caractère des deux.

Pique-niques en automobile et pique-niques en train. — Presque chaque comté a son lieu de spectacle, ou ses ruines, son abbaye en ruine ou son château, son paysage romantique et ses belles vues, ses collines ou ses vallons, ses cascades ou ses vallons. Les comtés du sud et de l'ouest sont aussi riches à ces égards que les comtés de l'est sont stériles.

Lorsqu'un groupe de pique-nique doit se rendre à destination par chemin de fer, un wagon-salon est engagé à l'avance et des dispositions sont prises à l'hôtel le plus proche pour fournir au groupe un déjeuner à partir de 5 s . à 10 *s.* par personne, selon le style de déjeuner souhaité; ou les paniers de provisions sont pris sous la garde d'un ou deux domestiques.

Si le pique-nique se déroule par la route, l'autocar est le moyen de transport préféré, qu'il soit conduit par le propriétaire ou loué pour l'occasion. C'est une façon plus conviviale d'aller pique-niquer que de diviser le groupe en détachements et de les transporter dans des voitures séparées. Ceci est parfois inévitable, et si le groupe est rassemblé pour commencer, cela donne lieu à de nombreuses discussions sur la manière dont le groupe devrait être divisé et transporté dans les différentes voitures, et il faut beaucoup de tact pour organiser cela d'une manière satisfaisante - pour annuler les objections et faire en sorte que les choses se passent bien. Il arrive également que les membres d'un groupe de pique-nique se rendent au lieu de rendez-vous indépendamment les uns des autres ; mais, bien que ce plan évite des ennuis, il ne favorise pas la sociabilité, et des groupes de quatre ou six personnes ont tendance à se serrer les coudes pendant la journée, au lieu de se rendre généralement agréables. La question de l'approvisionnement est très importante, et les chefs d'un groupe de pique-nique doivent organiser de concert ce que chacun doit apporter en termes de poisson, de chair, de volaille, de fruits et de vin.

Lors d'un grand pique-nique, les services d'un ou deux domestiques sont généralement nécessaires pour dresser la table, ouvrir le vin et enfin, mais non des moindres, rassembler et remballer les articles utilisés, comme les assiettes, la porcelaine ou le verre.

Un pique-nique en septembre n'est pas toujours le repas *en plein air* organisé sous le bois vert qu'il est en juillet et a le plus souvent lieu dans le meilleur salon d'une auberge rustique ou, avec permission, dans une grange ou un hangar, lorsque le la météo n'est pas favorable au camping.

Habituellement, lorsqu'un grand pique-nique est organisé et organisé par trois ou quatre dames et messieurs, ils se partagent les dépenses du divertissement et déterminent combien de personnes seront invitées, chacun ayant le privilège d'en inviter un certain nombre. D'autres pique-niques sont organisés selon un système différent, chacun contribuant pour sa part aux frais généraux ; mais ces rassemblements ne sont pas aussi conviviaux que les pique-niques sur invitation.

Les pique-niques d'invitation où tout se fait *en prince* sont des événements extrêmement agréables et conviviaux ; ce sont de grands déjeuners, donnés à l'extérieur plutôt qu'à l'intérieur, à distance plutôt qu'à la maison. Mais même ceux-ci ne sont pas plus agréables que ces petits pique-niques bien organisés donnés par les officiers dans les quartiers de campagne, lorsque le carrosse du régiment transporte quelques privilégiés vers un endroit favori.

Fêtes de l'eau. — Il existe de nombreuses manières d'organiser une fête sur l'eau dans les stations de plaisance et sur tous les lieux riverains. Dans les stations de plaisance, par exemple, un voilier est loué pour transporter un groupe de dix-huit à vingt-cinq personnes vers un point d'intérêt de la côte, auquel cas le déjeuner et le thé sont servis dans un hôtel à proximité du lieu où se déroule le voyage. le groupe est arrivé et les dépenses sont divisées également. Il n'est pas rare qu'au retour, le yacht soit encalminé et n'arrive à destination qu'entre deux et trois heures du matin. S'il s'agit d'une belle nuit de clair de lune, cette prolongation d'une fête aquatique est une source de plaisir supplémentaire ; mais s'il n'y a ni lune ni vent, et que le calme annonce une tempête, c'est le contraire d'agréable. Mais ces petits *contretemps*, lorsqu'ils surviennent, donnent plutôt du piquant au plaisir de la journée et donnent lieu à en parler ensuite.

Les fêtes aquatiques sont souvent organisées par les propriétaires de yachts. Ce sont des fêtes d'invitation, et le déjeuner, le thé et parfois le dîner sont servis à bord, et les participants atterrissent et se promènent, mais reviennent au yacht pour se divertir.

Les pique-niques et les water parties en général regroupent autant de messieurs que de dames, qu'il s'agisse de soirées d'invitation ou de contribution, même si parfois une majorité de dames est incontournable. Ryde est une station privilégiée pour les fêtes nautiques, car l'île elle-même, ainsi que la côte opposée, offrent d'innombrables points d'intérêt pour pique-niquer, et beaucoup savent combiner les plaisirs du yacht avec ceux de la mise à l'eau dans l'un et l'autre. même fête aquatique; ainsi, un groupe navigue de Ryde à Yarmouth, sur l'île de Wight, puis se dirige dans une vedette à vapeur ou autre vers Alum Bay. Les soirées de lancement sont extrêmement populaires, tant sur le fleuve que sur la côte. Certains pique-niquent à bord, d'autres à terre, selon leurs envies.

Les fêtes en canoë sur la côte et sur la rivière sont également populaires auprès des dames et des messieurs, et ici encore, la vedette utile est réquisitionnée pour ramener la fête à la maison, car une heure et demie à deux heures est en moyenne une heure pour pagayer sur un canoë ; après ce moment, le groupe atterrit soit sur les rochers, soit sur le rivage, allume un feu et fait bouillir la bouilloire pour le thé. Si la dégustation de thé et la promenade après le thé se prolongent indûment, il y a un risque, s'il se trouve sur la côte, que la vedette à vapeur manque de charbon et que le groupe doive rentrer chez lui dans ses propres canoës beaucoup plus tard que prévu. attendu, et pas un peu fatigué.

CHAPITRE XXIX

FÊTES JUVÉNILES

Les fêtes de jeunes constituent un élément important des divertissements proposés pendant les mois d'hiver. Il n'y a pratiquement pas de foyer dont les enfants ne bénéficient pas d'au moins une grande fête, tandis que d'autres ont droit à deux ou trois fêtes d'enfants pendant les mois d'hiver. Ces fêtes offrent une grande élasticité quant à leur organisation, allant d'un goûter pour enfants, composé peut-être de cinq ou six enfants, à un bal juvénile ou à un bal costumé. Certaines mères s'opposent en principe à ces derniers divertissements, sous prétexte que donner un grand bal de jeunesse provoque un nombre correspondant d'invitations, et qu'une série de telles gaîtés n'est pas bonne pour les jeunes enfants, ni d'un point de vue moral ni d'un point de vue moral. point de vue hygiénique. Moralement, que de tels divertissements sont susceptibles de détruire ou d'altérer la fraîcheur de l'enfance et d'engendrer dans leurs jeunes esprits des idées artificielles à la place de celles qui sont naturelles et saines, et que l'imitation des manières et de l'attitude de leurs aînés les amène à deviennent des hommes et des femmes miniatures et les dépouille des attributs d'une enfance naïve et simple.

Les robes portées par les enfants lors de ces divertissements sont d'un caractère si élaboré — et on manifeste tant de fierté en les portant — qu'un esprit de vanité et un amour du vêtement s'éveillent à un âge prématurément précoce. Au point de vue physique, les heures tardives, les pièces chauffées, les gourmandises copieuses et l'excitation constante ont un effet pernicieux sur les enfants.

Il existe, bien sûr, un point de vue opposé chez ceux qui défendent les bals juvéniles ; ils considèrent que les enfants sont plus aptes à s'associer avec d'autres de leur âge en dehors de leur propre cercle familial, et que dans le cas d'enfants uniques, une telle association est de nature à les rendre vifs et intelligents. Un autre argument en faveur de ces fêtes juvéniles est que les enfants qui ont l'habitude d'y assister constamment acquièrent des manières sûres d'eux-mêmes et que toute la timidité, la mauvaise honte *et la gaucherie* qui distinguent beaucoup d'enfants lorsqu'ils sont en compagnie d'étrangers, sont dissipés par des rapports sexuels fréquents avec des enfants de tous âges. Ainsi, à la place du jeu bruyant des ébats, les petits messieurs demandent aux petites dames de danser, tirent des bonbons costumés avec leurs partenaires favoris, et leur offrent des attentions similaires tout au long de la soirée. Bien sûr, il y a des petits messieurs timides et des petites dames timides même dans un bal de jeunesse ; mais c'est l'effort constant de celles qui les accompagnent, qu'il s'agisse de mamans, de sœurs aînées, de jeunes tantes ou de cousines adultes, de les persuader de prendre le dessus sur cette méfiance et d'inciter le taciturne maître Tommy à danser avec la timide Miss Tiny. . Parfois, Maître Tommy est obstiné, mais aussi taciturne, et son « non » est aussi fort que sa volonté. Comme pour toutes choses, ainsi pour les fêtes d'enfants, la voie moyenne est peut-être la plus sage à suivre, sans tomber dans aucun des deux extrêmes : éviter trop d'isolement ou trop de gaieté, et rendre cette gaieté et cet amusement adaptés à l'âge des enfants invités. Lorsque le divertissement d'une soirée consiste en une série d'amusements, c'est une erreur d'en entasser une trop grande variété dans l'espace de quatre heures, limites habituelles d'une fête d'enfants, car dans ce cas, le programme doit être parcouru à la hâte et est à peine terminé avant l'heure du départ. Aucun peu de jugement n'est requis lors de l'organisation de fêtes de jeunesse. Les heures habituellement choisies pour les fêtes d'enfants, qu'elles soient à grande ou petite échelle, sont de quatre à huit, cinq à neuf, six à dix ou de sept à onze.

Les enfants à leur arrivée sont reçus au salon. Dans la plupart des cas, leurs proches, mères ou sœurs adultes, sont invités à les accompagner.

On constate une grande ponctualité quant à l'heure d'arrivée, et le thé est généralement servi dans la salle à manger environ une demi-heure après celle indiquée sur le carton d'invitation. Les enfants passent généralement l'intérim en surveillant chaque nouvel arrivant et en saluant leurs petites connaissances, en comparant leurs notes entre eux sur les thés et les fêtes auxquels ils vont, ou en s'amusant avec les jouets appartenant aux enfants du pays. maison, qui sont généralement disposées sur des tables à cet effet ; les jouets mécaniques, les oiseaux qui marchent et parlent, etc., les jouets musicaux, les livres d'images et les poupées, ainsi que les inventions les plus récentes et les plus récentes en matière de jouets, offrent aux petits visiteurs l'occasion de se sentir à l'aise les uns avec les autres.

Le thé est généralement servi à une extrémité d'une longue table et le café à l'extrémité opposée. La gouvernante sert habituellement le thé, et l'une des filles de la maison le café ; ou à défaut, c'est l'infirmière-chef ou la femme de chambre qui le fait. Des plats de génoise, de quatre-quarts et de prunes sont placés sur toute la longueur de la table, entrecoupés d'assiettes de pain fin et de beurre, de biscuits et de conserves ; soit les dames de la famille, soit les domestiques présentes, les remettent aux enfants.

Lorsque les parents accompagnent les enfants, le thé leur est généralement servi dans une autre pièce, mais souvent ils n'arrivent qu'une fois le thé terminé et les infirmières accompagnent les enfants à la maison.

Divertissements. — Les arrangements pour les divertissements de la soirée sont réglés dans une certaine mesure par la quantité de logement qu'offre une maison, en supposant que les jeux bruyants ne sont pas autorisés dans les salons, à moins que tous les ornements de valeur ou les objets susceptibles d'être brisés ne soient retirés des chambres.

Si la prestidigitation est un des divertissements proposés, elle a généralement lieu dans le salon immédiatement après le thé et dure environ une heure. Un drap de danse est déposé sur le tapis du salon ; les sièges de déroute ou les chaises en rotin sont disposés en rangées. Les plus jeunes enfants sont assis au premier rang. Les oiseaux de spectacle, les chiens de spectacle ou les singes de spectacle sont également des divertissements favoris lors de ces fêtes et se classent après la prestidigitation dans l'estimation des enfants. Punch et Judy ou les marionnettes sont des divertissements populaires dans les salons et occupent l'espace d'une heure.

Lorsqu'un spectacle cinématographique est le divertissement proposé, il a lieu dans la salle à manger ou dans la bibliothèque, ou peut-être dans la chambre de la gouvernante, si elle est suffisamment grande à cet effet.

La danse ou les jeux précèdent ordinairement ces divertissements et durent d'une demi-heure à trois quarts d'heure ; les petites filles dansent entre elles dans des danses rondes et carrées, car les petites filles sont, en règle générale, plus portées à la danse que les petits garçons, bien qu'ils tous, grands et petits, se joignent avec joie à une danse champêtre ou à la danse du pays. Tempête, ou dans "Sir Roger de Coverley".

On ne consacre pas plus d'une heure à la danse, généralement suivie de jeux.

Les charades impromptues sont un passe-temps favori des enfants ; mais pour éviter que le jeune public ne se lasse et ne s'impatiente pendant la préparation des charades, il serait bon qu'il s'amuse avec quelque jeu tranquille, comme les « forfaits », les « questions croisées et les réponses tordues », les « proverbes », etc. Lors des fêtes de Noël et du Nouvel An, la distribution des cadeaux est un élément très important ; Les sapins de Noël sont désormais plutôt abandonnés au profit de plus grandes nouveautés. "Le Père Noël", "Le Père Noël", "La Fée Marraine", "Le Puits des Fées", ou encore le "Sac porte-bonheur" et "La Bûche Magique", sont quelques-uns des nombreux dispositifs de distribution de cadeaux ; ces personnages populaires sont représentés par des personnes adultes et suscitent beaucoup d'émerveillement et d'admiration parmi les enfants. Les cadeaux sont généralement remis en fin de soirée.

Des rafraîchissements légers sont fournis dans la salle à manger : limonade, vin et eau, gâteaux de toutes sortes, sandwichs, fruits confits, prunes françaises, figues, amandes et raisins secs, oranges, etc. Bon-bons contenant des capsules en papier, etc., qui permettent aux enfants de s'amuser beaucoup, sont généralement fournis.

Lorsqu'un bal juvénile est donné, un souper est offert ; sinon, des rafraîchissements légers sont considérés comme suffisants et sont servis deux fois dans la soirée. Parfois, les enfants de la famille, s'ils sont assez grands et assez intelligents, jouent une petite pièce de théâtre - un conte de fées pour enfants, condensé en un seul acte, comme "La Belle et la Bête", "Cendrillon", etc. - qui dure environ une heure. , et est suivi d'une danse.

Lors d'un bal fantaisiste pour mineurs, un ou deux quadrilles fantaisistes sont organisés à l'avance, qui seront dansés par les enfants costumés.

CHAPITRE XXX

INVITATIONS ÉCRITES

Écrire des lettres d'invitation et répondre à des lettres d'invitation occupent souvent beaucoup plus de temps dans la composition que les écrivains ne voudraient l'admettre. La difficulté ne réside pas dans l'invitation elle-même, ni dans son acceptation ou son refus, mais plutôt dans la forme sous laquelle l'une ou l'autre doit être formulée, les mots qui doivent être choisis et les expressions qui doivent être utilisées ; l'un a peur d'être trop *empressé* , l'autre d'être trop formel ou trop raide ; l'un a peur d'en dire trop peu, l'autre d'en dire trop.

Lorsque les invitations sont émises sur des cartes de dîner ou sur des cartes « à la maison », la note d'acceptation doit être aussi brève que la carte d'invitation imprimée, et pour la carte imprimée demandant le plaisir de la compagnie de Mme Blank au dîner, la réponse stéréotypée est invariablement que Mme Blank a beaucoup de plaisir à accepter l'aimable invitation de Mme Dash pour le samedi 21, ou que Mme Blank regrette qu'un engagement précédent l'empêche d'avoir le plaisir d'accepter l'aimable invitation de Mme Dash pour le samedi 21.

En ce qui concerne les invitations qui concernent des visites de quelques jours, ceux qui ont l'habitude de donner cette description de divertissement savent exactement quoi dire et comment le dire. Les civilités conventionnelles ou les cordialités affectueuses, selon le cas, se produisent à leur place ; mais un point est précisé dans les deux cas, à savoir la durée de la visite à effectuer. Il y a des gens qui ont l'impression que préciser la durée exacte d'une visite est dans une certaine mesure inhospitalier et pas assez poli ; et c'est pourquoi ils utilisent, comme une sorte de compromis, le terme ambigu de « quelques jours » au lieu de définir clairement la limite de ces invitations. Bien loin que de vagues invitations comme celles-ci soient un avantage pour les invités, elles les désavantagent souvent sur plus d'un point. Ils ne savent pas exactement quel jour ils partiront. Ils ne veulent pas, en partant la veille, perturber les petits projets que leur hôtesse aurait pu envisager pour leur amusement ; ils ne souhaitent pas non plus prolonger leur visite un jour plus tard, de peur qu'en agissant ainsi ils ne rompent les engagements qu'elle aurait pu prendre pour son propre compte, indépendamment de ses visiteurs. Il n'est pas non plus gênant pour les invités de dire à leur hôtesse qu'ils envisagent de partir jeudi dans le train de 12h20. Il aurait peut-être beaucoup mieux convenu à l'hôtesse que ses visiteurs fussent partis le mercredi, et dans son esprit elle avait peut-être eu l'intention que la visite se termine ce jour-là ; mais, ayant laissé l'invitation ouverte, plus ou moins, en disant « quelques jours », il ne lui reste plus qu'à sacrifier ses propres arrangements à la convenance de ses invités, car sans impolitesse, elle pourrait difficilement leur suggérer qu'ils devraient partir un jour plus tôt que celui qu'ils avaient indiqué, et les visiteurs restent inconscients d'avoir en aucune façon empiété sur la bonne nature de leur hôtesse.

« Quelques jours » est également une formulation insatisfaisante d'une invitation adressée aux visiteurs eux-mêmes ; en règle générale, cela signifie trois ou quatre jours, mais il existe également une incertitude quant à savoir si le quatrième jour doit être pris ou non. Ceux qui interprètent « quelques jours » comme signifiant trois jours planifient leur départ en conséquence ; à défaut, ils sont obligés de laisser leurs projets ouverts et de rester de trois à cinq jours, selon que le hasard et les circonstances l'exigeront. Une dame aurait peut-être besoin d'un petit ajout à sa garde-robe pour une visite de cinq jours plutôt que pour un séjour de trois jours ; mais c'est un détail insignifiant, bien qu'il contribue à grossir la liste des inconvénients mineurs qui sont le résultat de vagues invitations. Il y a bien sûr des exceptions à chaque règle, et il y a des gens qui utilisent cette phrase : « Veux-tu venir nous voir quelques jours ? au sens *authentique* du terme, et pour qui il importe peu que leurs invités restent trois jours ou six jours ; mais une invitation aussi élastique que celle-ci est généralement adressée à un parent ou à un ami très intime, dont le pied dans la maison est celui d'un parent et avec qui l'hôtesse ne fait pas de cérémonie, dans la mesure où ses propres engagements sont concerné; et les gens en ces termes amicaux peuvent causer de leur départ avec leur hôtesse et la consulter sans le moindre embarras.

L'invitation la plus satisfaisante est certainement celle qui mentionne le jour d'arrivée et le jour de départ. Ainsi, après avoir exposé la raison d'être de l'invitation, le pourquoi de cette invitation suit le contenu de la lettre : « Nous espérons que vous viendrez chez nous mercredi 23 et que vous resterez jusqu'au 27 . " Il est bien entendu loisible à une hôtesse de demander à ses visiteurs de prolonger leur séjour au-delà de la date indiquée si elle y voit une raison ; mais c'est l'exception plutôt que la règle dans le cas de visites de courte durée, et les invités partent naturellement le jour indiqué dans l'invitation. Hôtesse et invités sont parfaitement à l'aise sur le sujet, et les invités ne se sentent pas en terrain délicat avec leur hôtesse, ni ne craignent de dépasser leur accueil. Lorsqu'une visite a été effectuée, il est poli, voire impératif, d'écrire à l'hôtesse pour lui exprimer le plaisir qui en a découlé. Le plus souvent, un petit problème survient qui nécessite la rédaction d'une note en dehors de cela ; mais que le bon sentiment et le bon goût dictent ou non qu'une telle note soit écrite, et, comme elle peut toujours inclure de petites questions d'intérêt général en rapport avec la visite passée, elle n'a besoin ni d'être trop cérémonieuse ni froidement polie.

Écrire une lettre demandant une invitation , ou répondre à une lettre demandant une invitation, est dans les deux cas une lettre difficile à écrire, comme beaucoup l'ont découvert avant cela. Lorsqu'une femme mariée demande une invitation pour un jeune parent ou ami résidant chez elle, à quelque bal ou "à la maison" auquel elle est elle-même invitée, le message est assez simple, et la réponse est généralement une carte d'invitation ou un autorisation écrite de l'amener. Encore une fois, dans le cas de demandes d'invitations pour messieurs, si une dame va à un bal, elle peut sans hésiter demander des cartes d'invitation pour un ou deux messieurs amis, en mentionnant leurs noms dans la note. Dans ce cas aussi, la réponse est généralement affirmative, car les hommes sont toujours des acquisitions au bal. L'embarras de la situation surgit lorsqu'une personne de bonne humeur est sollicitée pour obtenir une invitation à un bal chic pour une dame et ses filles, ou pour les demoiselles seulement, ces dernières connaissant quelqu'un qui les chaperonnerait si seulement elles pouvaient obtenir une invitation. Si la dame qui demande l'invitation est une donneuse de bal à la mode, il est probable que sa demande sera accordée ; mais si c'est le contraire, c'est probablement l'inverse qui se produira. Même lorsqu'on écrit à un ami intime, il est toujours délicat de demander une invitation pour une tierce personne, et la société paraît devenir, d'année en année, encore plus exclusive sur ce point. Beaucoup de gens hésitent, ou refusent complètement, de s'imposer une obligation de cette nature, même envers ceux avec qui ils sont les plus intimes ; il se peut que le nombre de refus que les gens de bonne humeur ont reçus de la part de leurs amis, lorsqu'ils essayaient de rendre des services de cette sorte, les aient rendus réticents à se présenter de nouveau de la même manière : il fait froid dans le dos de se dire que la liste est ou que tant de personnes ont déjà été refusées, ou qu'il n'y a pas de carte disponible. Mais il y a quelques années, un bal n'était considéré comme un succès que s'il y avait trop de monde ; La popularité du donneur de ballon se manifestait par le fait que les invités pouvaient à peine trouver de place debout. Ainsi, des invitations étaient distribuées à droite et à gauche aux amis de ceux qui les demandaient.

Mais la mode d'aujourd'hui est de qualifier une salle de bal bondée de « jardin des ours » et de limiter les invitations, à de très rares exceptions près, à ceux qui sont strictement sur la liste des visites du donneur de bal ; et les jolies filles peuvent soupirer en vain après une invitation à un bal donnée même par un parent ou une connaissance qui leur est propre, s'il ne figure pas sur leur liste de visites. Pourtant, les gens demandent constamment des invitations pour leurs amis, et parfois elles sont données et parfois elles sont refusées, selon le cas, mais beaucoup dépend de la position de celui qui sollicite la faveur.

Si l'organisateur d'un divertissement souhaite obliger le pétitionnaire, il s'efforcera de le faire ; dans le cas contraire, elle rédigera une note d'excuse polie, en indiquant l'une des raisons mentionnées ci-dessus. Il est bien entendu que les gens ne demandent pas d'invitations pour eux-mêmes, quoi qu'ils fassent pour leurs amis, et qu'ils ne le feraient pas s'ils n'étaient pas eux-mêmes invités. Vivre à distance modifie cependant cette dernière règle ; et les amis à la campagne demandent souvent des invitations pour des amis en ville, et *vice versa* .

Les invitations à dîner ne sont, bien entendu, jamais demandées ; mais les invitations aux garden-parties, aux après-midi « à la maison » et aux thés de l'après-midi sont fréquemment demandées et facilement accordées. Certains sont assez intimes dans la maison qu'ils visitent pour emmener avec eux un parent ou un ami à ces réunions de l'après-midi sans remarquer la minutie de demander une invitation ; d'autres, dans des termes moins intimes, ne s'y risquent pas.

Dans tous les cas où une invitation est demandée, une hôtesse ne doit jamais négliger d'envoyer une réponse, et ne doit pas tenir pour acquis que ses amis comprendront naturellement que le silence donne consentement, car dans ces circonstances il est très possible de l'interpréter comme signifiant un refus.

CHAPITRE XXXI

REFUSER LES INVITATIONS

DE NOMBREUSES raisons pour refuser des invitations autres que le plaidoyer d'un engagement préalable.

« Mme M. regrette (« beaucoup de regrets » ou « beaucoup de regrets ») qu'un engagement antérieur l'empêche d'avoir le plaisir d'accepter « l'invitation » ou « l'aimable invitation » de Mme N.. » En termes intimes, Mme M. doit écrire à la première personne lorsqu'elle refuse une invitation. La question reste ouverte de savoir si la nature de la mission doit être précisée ou non. Même les amis intimes se limitent souvent à énoncer le simple fait qu'un engagement antérieur existe ; d'autres, au contraire, précisent la nature de l'engagement, et il ne fait aucun doute que cette dernière solution adoucit considérablement un refus et diminue la déception éprouvée, et par conséquent, lorsque cela est possible, doit toujours être suivie.

Lorsqu'un engagement préalable ne peut servir de base à un refus, alors le refus doit reposer sur d'autres bases ; une mauvaise santé, un gros rhume, etc. sont des excuses valables. A défaut, le refus devra être le suivant : — "Mme Z. regrette de ne pouvoir accepter l'aimable invitation de Mme X., etc."

Il arrive parfois qu'il soit désirable de rompre des fiançailles, les circonstances ayant changé l'aspect des choses. L'invitation était peut-être verbale, et un refus n'était pas facile pour le moment.

Il arrive aussi que des invitations impromptues soient refusées, parce qu'elles ont été acceptées trop hâtivement : le domestique qui a apporté le billet a attendu une réponse, et, sous l'impulsion du moment, une réponse affirmative a été donnée ; la femme n'eut pas le temps de consulter son mari, et accepta pour lui comme pour elle ; ou peut-être qu'une raison intérieure puissante et inexpliquée a provoqué un refus ultérieur.

Le monde de la mode accepte naturellement les refus et comble les lacunes par d'autres invitations.

Les refus d'invitations à dîner de la part de ceux pour lesquels un dîner a été en partie organisé sont toujours décevants, même pour les convives les plus appréciés, de la même manière que l'absence du principal voisin à un divertissement de comté semble jeter une ombre sur les débats de la journée.

Bien que les cartes imprimées d'acceptation et de refus soient d'usage général, il existe néanmoins de nombreux cas qui rendent impératifs les refus écrits.

En ce qui concerne le refus des invitations demandées, de telles demandes ne devraient être faites que pour des raisons très sûres et avec la certitude de rencontrer un acquiescement, mais parfois ces demandes sont soit importunes, soit irrecevables, et des refus sont par conséquent donnés ; mais, à moins qu'ils ne soient formulés avec tact et bonne humeur, ils sont souvent la cause de relations tendues entre amis et connaissances.

CHAPITRE XXXII

MARCHE, CONDUITE ET ÉQUITATION

Les heures habituelles de marche dans le parc sont de 9h à 10h30. Les heures de marche et d'assise dans l'après-midi dans le parc sont de 16h à 19h pendant les mois d'été.

Les heures à la mode pour se promener dans le Parc le dimanche sont de 13 heures à 14 heures, aussi bien en hiver qu'en été ; et de 17h à 19h pendant les mois d'été.

Les dames mariées peuvent, si elles le souhaitent, se promener seules ou sans surveillance dans les lieux publics de la ville ou lors des défilés des stations balnéaires à la mode ; mais les femmes mariées, surtout si elles sont jeunes, préfèrent généralement la société d'une autre dame, peut-être pas tant pour des raisons de convenance que pour la compagnie, car se promener seule, soit en ville, soit dans les points d'eau à la mode, rend une dame plus ou moins heureuse. moins visible, surtout si elle est jolie et bien habillée.

Une jeune femme peut désormais également se promener seule dans le parc pour rejoindre ses amis et connaissances, le matin et l'après-midi, mais elle ne doit pas s'asseoir seule.

De même, les jeunes dames peuvent se promener seules dans les rues à la mode, mais elles ne doivent pas flâner seules devant les vitrines des magasins en passant, mais marcher d'un pas rapide de boutique en boutique ou de rue en rue.

Dans les quartiers calmes des villes, des villages de banlieue et des points d'eau, les jeunes filles se promènent seules et sans surveillance pour rendre visite à leurs amis résidant à proximité immédiate de leur domicile, ou pour assister à des cours, ou pour faire des courses, etc. une grande indépendance est généralement accordée à cet égard, la limite étant fixée le soir, c'est-à-dire la marche seule après le crépuscule.

Aux points d'eau et dans toutes les promenades publiques, il est d'usage que les messieurs rejoignent les dames qu'ils connaissent et se promènent avec elles pendant un court moment lorsqu'il apparaît que leur compagnie est désirée, mais pas autrement.

Mesdames et messieurs, qu'ils soient apparentés ou non, ne doivent jamais marcher bras dessus bras dessous, à moins que la dame ne soit une personne âgée ou invalide et qu'elle ait besoin de ce soutien.

Conduite. —De 15h à 18h30 sont les heures acceptées pour le trajet de l'après-midi en été et de 14h30 à 16h30 en hiver.

Les règles suivantes concernant l'entrée et la descente d'une voiture s'appliquent à une automobile ou à un coupé électrique dans la mesure où la construction, la marque et les dimensions de ceux-ci le permettent.

Lorsque l'on conduit dans une voiture ou une automobile ouverte ou fermée, il n'a aucune importance que le propriétaire occupe le siège de droite ou celui de gauche. Le siège qu'elle occupe dépend du côté où elle entre, car la dame qui conduit avec elle doit entrer avant elle et doit s'asseoir sur le siège le plus éloigné.

Un visiteur doit toujours monter dans l'automobile ou la calèche avant l'hôtesse.

Lorsque trois dames montent dans une automobile ou une calèche, la jeune femme célibataire doit prendre la place arrière et les deux dames mariées doivent occuper la place avant ; c'est une question de courtoisie de la part d'une jeune femme due aux femmes mariées et qui n'est pas strictement exigée par l'étiquette.

Un mari doit s'asseoir dos aux chevaux, ou à côté du chauffeur dans le cas d'une automobile, lorsqu'une dame conduit avec sa femme.

Un gentleman devrait être le premier à descendre d'une automobile ou d'une voiture, afin d'aider les dames à le faire.

En règle générale, l'hôtesse doit laisser la calèche ou la voiture après son invité et non avant lui, à moins qu'il ne soit plus pratique de procéder autrement.

Lorsqu'une dame appelle simplement une connaissance pour l'emmener faire un tour, elle ne doit pas descendre de sa voiture ou de sa voiture dans le but de lui permettre d'y monter avant elle.

L'après-midi, les jeunes filles peuvent circuler seules sur la voie publique, non accompagnées de femmes mariées. Il est permis à une jeune femme de conduire seule dans le Parc ou dans les rues. Une femme mariée peut bien entendu conduire seule.

Il ne serait pas conventionnel qu'une dame conduise seule avec un homme dans son automobile, à moins qu'il ne soit un proche parent d'elle ou qu'elle ne soit fiancée avec lui.

Il est d'usage que le propriétaire d'une voiture s'assoie face aux chevaux ; lorsqu'une femme mariée conduit avec elle, elle doit s'asseoir à côté d'elle. Lorsque des jeunes filles conduisent avec elle en plus de la femme mariée, elles doivent s'asseoir dos aux chevaux.

Lorsqu'une dame conduit avec son mari et qu'une jeune femme l'accompagne, elle ne doit pas offrir le siège avant à la jeune femme, mais doit le conserver elle-même, et même si l'offre est faite, une jeune femme ne doit pas en profiter. il.

Équitation. —En ce qui concerne l'équitation en ville, les horaires de pratique au Row sont de 8h à 10h en été et de 9h à 11h en hiver, pour les cavaliers inexpérimentés et débutants ; les jeunes filles montent avec un maître d'équitation ou avec une maîtresse d'équitation, ou avec un parent, selon le cas.

Les horaires de balade dans le Parc vont de 9h30 à 10h30.

Il est bien entendu qu'une dame peut circuler seule dans le parc, c'est-à-dire sans être accompagnée ou sans surveillance, dans le but de rejoindre ses amis. On prétend, à l'heure de l'émancipation de la femme, qu'aucun préjudice ou désagrément possible ne peut résulter du fait qu'une dame roule sans surveillance, au-delà du risque toujours possible d'un accident.

Même si une grande latitude est désormais accordée aux jeunes filles en ce qui concerne la conduite seule, de nombreux parents préfèrent encore que leurs filles soient accompagnées par leurs palefreniers.

Deux dames montent fréquemment ensemble, sans être accompagnées d'un gentleman et sans la surveillance d'un palefrenier.

CHAPITRE XXXIII

S'incliner

EN CE qui concerne la reconnaissance d'amis ou de connaissances, c'est le privilège d'une dame de prendre l'initiative, en étant la première à s'incliner. Un gentleman ne devrait pas lever son chapeau à une dame avant qu'elle ne lui ait accordé cette marque de reconnaissance, bien que l'acte de s'incliner soit une action simultanée de la part de la dame et du gentleman, car une dame n'accorderait guère un salut à un gentleman non prêt à le rendre.

L'arc entre connaissances intimes prend le caractère, lorsqu'il est donné par une dame, d'un signe de tête familier à la place d'un arc raide.

Lorsqu'un gentleman rend l'arc d'une dame, il doit le faire en enlevant distinctement son chapeau et en le remettant aussi rapidement, pas seulement en le soulevant légèrement, comme autrefois, et s'il est une connaissance intime ou un ami, il doit agir de la même manière. manière.

En France et sur le continent en général, la règle de la révérence est inversée, et le monsieur est le premier à s'incliner devant la dame, au lieu de la dame devant le monsieur.

Entre dames peu connues, celle du plus haut rang doit être la première à s'incliner devant l'autre ; entre dames de rang égal, peu importe laquelle des deux s'incline en premier.

Une dame ne devrait pas s'incliner devant des personnes qu'elle ne connaît que de vue, même si elle les a souvent vues en compagnie de ses amis.

Une dame doit s'incliner devant un gentleman, qu'il soit un ami ou une connaissance, même lorsqu'il se promène avec une dame ou un gentleman qu'elle ne connaît pas.

Les hommes ne lèvent pas leur chapeau pour se reconnaître, mais hochent simplement la tête lorsqu'ils ne se promènent pas avec des dames, sauf lorsqu'il existe une grande différence de rang ou d'âge.

Lorsqu'un gentleman en rencontre un autre, un de ses amis, marchant avec une ou plusieurs dames, qu'il ne connaît pas lui-même, il doit lever son chapeau et regarder droit devant lui, et non vers la ou les dames.

Une dame ne doit pas s'incliner devant une autre qui, lui étant étrangère, lui a adressé quelques paroles lors d'une soirée d'après-midi, car le fait de se rencontrer chez un ami commun ne constitue pas une connaissance, et n'autorise pas une future connaissance qui s'incline.

Les dames, en règle générale, ne sont pas trop disposées à s'incliner devant ceux avec qui elles ont simplement conversé de manière informelle. D'abord, ils ne sont pas tout à fait sûrs d'être rappelés, et rien n'est plus déconcertant et désagréable que de s'incliner devant celui qui ne le rend pas par oubli de celui qui l'a donné, ou par myopie, ou par intention réelle. . Les myopes sont toujours offensés lorsqu'ils ne s'inclinent pas, et presque une personne sur trois, comparativement, se plaint d'être plus ou moins myope ; il incombe donc aux dames de découvrir par elles-mêmes la force et la longueur de vue que possèdent leurs nouvelles connaissances, sinon il y a de fortes chances que leur arc ne leur soit jamais rendu, ou qu'elles continuent à travailler avec l'impression qu'elles ont reçu un coup direct ; ainsi de nombreuses connaissances agréables sont perdues à cause de cette méprise et de nombreuses impressions erronées sont créées.

Une relation courbée est une relation difficile et fastidieuse à entretenir pendant un certain temps, lorsque l'occasion ne se présente pas de l'accroître. L'ennui de continuer est principalement ressenti par les personnes qui se rencontrent jour après jour dans le parc ou sur les promenades publiques, à cheval, en voiture ou à pied, plus particulièrement lorsqu'il est tacitement entendu que la connaissance ne doit pas devenir une nouvelle connaissance.

Il serait considéré comme discourtois de mettre fin à une relation de courbure qui a déjà commencé.

Connaître un gentleman de vue pour l'avoir fréquemment vu à des bals et à des fêtes ne donne pas à une dame le droit de s'incliner devant lui, même si elle a pu rester à ses côtés pendant une vingtaine de minutes dans un escalier bondé et avoir pu reçut de lui une légère politesse.

Une dame qui a reçu un petit service d'un étranger le reconnaîtrait volontiers lors d'une réunion ultérieure par une salutation agréable, mais comme s'incliner devant un gentleman prouve une connaissance avec lui, et comme dans de tels cas, une connaissance n'existe pas, l'étiquette ne propose aucun compromis en la matière. Par conséquent, si une jeune dame adopte sa propre ligne et, plutôt que de paraître disgracieuse, s'incline devant un gentleman qui ne lui a été présenté ni directement ni indirectement, c'est une violation de l'étiquette de sa part ; et comme faire une chose non conventionnelle n'est pas souhaitable, les innombrables petits services que les dames reçoivent dans la société en général ne sont pas encore reconnus au-delà des remerciements exprimés au moment de leur réception.

Les salutations varient matériellement : il y a la révérence amicale, la révérence lointaine, la révérence cérémonielle, la révérence déférente, la révérence familière, la révérence réticente, et ainsi de suite, selon les sentiments qui animent les individus dans leurs rapports les uns avec les autres.

Lorsqu'une connaissance en s'inclinant n'existe qu'entre dames et messieurs, et qu'ils se rencontrent peut-être deux ou trois fois dans la journée, et ne sont pas suffisamment intimes pour parler, ils ne s'inclinent généralement pas plus d'une fois, lorsqu'ils se rencontrent ainsi dans un parc ou une promenade.

CHAPITRE XXXIV

LA COCARDE

Les cocardes sont portées par les serviteurs en livrée des officiers de l'armée et de la marine, et par tous ceux qui détiennent la commission de Sa Majesté ; également des seigneurs-lieutenants et des sous-lieutenants.

Les serviteurs de la Couronne ont droit à l'utilisation de la cocarde comme insigne de la dynastie régnante.

Le fait que les cocardes soient maintenant si fréquemment portées par les domestiques peut s'expliquer ainsi :

Les sous-lieutenants sont beaucoup plus nombreux aujourd'hui qu'autrefois ; presque tous les gentilshommes des campagnes sont sous-lieutenants, et par conséquent ses domestiques ont droit à l'usage de la cocarde. Le privilège de paraître en uniforme lors des levées plutôt qu'en tenue de cour a été et est toujours une incitation pour beaucoup à rechercher et à obtenir la nomination de sous-lieutenant. Encore une fois, tous les juges de paix revendiquent l'utilisation de la cocarde comme étant des « serviteurs civils de la Couronne » ; et bien qu'il n'y ait pas de règle clairement définie sur ce point, selon feu Sir Albert Woods, roi-jarretière d'armes, elle leur a été tacitement concédée depuis longtemps.

L'usage des domestiques en livrée portant des cocardes date du début du XVIIIe siècle et était d'abord une distinction purement militaire.

La cocarde portée par les serviteurs des membres de la famille royale et par tous ceux qui prétendent être de descendance royale est de forme légèrement différente de celle connue sous le nom d'insigne de la dynastie régnante, c'est-à-dire l'insigne hanovrien, et est de forme *ronde* . forme et sans ventilateur. La cocarde militaire est de forme ovale, terminée par un éventail. La cocarde civile est également de forme ovale, mais sans l'éventail. La cocarde navale est identique à la cocarde civile.

La cocarde blanche est l'insigne de la Maison Stuart. La cocarde noire celle de la Maison de Hanovre. Les serviteurs des ambassadeurs étrangers portent des cocardes de couleurs selon leurs nationalités. Noir et blanc pour l'Allemagne ; noir et jaune pour l'Autriche ; le drapeau tricolore pour la France ; écarlate pour l'Espagne; bleu et blanc pour le Portugal ; et noir et jaune pour la Belgique.

Le mot cocarde, selon une autorité bien connue, a été emprunté au français *cocarde* , ayant à l'origine été appliqué aux panaches de plumes de coq portés par les soldats croates servant dans l'armée française. Certains de ces panaches, ou à la place un tas de rubans, furent utilisés pour épingler les rabats du chapeau en position armée, et ainsi progressivement le mot passa pour le nom du chapeau « armé » lui-même.

CHAPITRE XXXV

VISITES DE MAISONS DE CAMPAGNE

SEPTEMBRE est en fait le début de la saison des visites de pays, les quelques visites effectuées en août ne sont qu'un prélude au programme qui va suivre au cours des cinq mois suivants.

Les visiteurs reçus en août sont principalement des proches. Les exceptions aux fêtes de famille du mois d'août sont les fêtes de cricket du mois d'août dans les comtés où le cricket occupe une place importante au cours de ce mois, où les semaines de cricket et les grandes fêtes de campagne qui en résultent ont une fréquence annuelle, et où les bals et les pièces de théâtre privées font partie. de l'amusement de la semaine. Il s'ensuit souvent que les gens visitent les mêmes maisons année après année, qu'ils organisent leur tournée de visites en fonction des invitations qu'ils reçoivent chaque année ; de nouvelles connaissances et de nouvelles maisons à visiter s'ajoutent de temps à autre à la liste et remplacent celles qui, bien entendu, en sortent. Parfois, les invitations s'emboîtent admirablement les unes dans les autres, comme les pièces d'un puzzle ; dans d'autres, il y a un intervalle gênant d'un jour, ou de deux ou trois jours, à combler entre le départ d'une maison et l'arrivée dans une autre. Si l'hôtesse est, dans l'un ou l'autre cas, un parent ou un ami intime, cette difficulté est facilement surmontée en restant dans une maison jusqu'au jour fixé pour l'arrivée dans une autre, ou vice *versa* ; mais si une invitée est en cérémonie avec son hôtesse, ou si, comme c'est souvent le cas, de nouveaux arrivants sont attendus pour la semaine suivante, l'alternative est de passer quelques jours en ville, comme si la maison où se déroulerait la prochaine visite payé peut être à moins de vingt ou trente milles de la maison que le visiteur est sur le point de quitter, il serait inhabituel de passer l'intervalle dans un hôtel de la ville voisine, car cela pourrait nuire à l'hospitalité de l'hôtesse. D'un autre côté, les invitations sont parfois données indépendamment des dates, mais ce style d'invitation amical n'est pas donné lorsqu'une grande fête est invitée, et cela signifie que l'hôtesse peut être tout à fait seule, ou peut avoir des invités qui restent avec elle. , selon le cas. Cette forme d'invitation est fréquemment donnée aux personnes visitant l'Écosse, en raison de la grande distance de la ville.

C'est une coutume très générale d'organiser des chasses la troisième semaine de septembre, si les récoltes le permettent. Si les vendanges sont tardives en raison de conditions météorologiques défavorables, les séances de tournage sont reportées à la première semaine du mois suivant. Les invités, ou du moins les tireurs de crack, sont généralement invités à conduire des perdrix, ce que représente aujourd'hui le tir à la perdrix.

Il y a de grandes et de petites soirées de tournage, des soirées de tournage auxquelles la royauté est invitée et des soirées de tournage réservées aux amis ou aux relations intimes, mais dans les deux cas, la période est la même, trois jours de tournage.

Si une fête est limitée à cinq armes, sept dames sont le nombre moyen invité, l'hôtesse comptant sur un voisin ou sur le fils d'un voisin pour égaliser la balance à table. Le succès des soirées à la maison dépend principalement de la connaissance entre les gens, ou de la fraternisation lorsqu'ils sont présentés ou ont fait connaissance. Les dames d'une fête à la campagne sont censées, en règle générale, s'amuser plus ou moins pendant la journée. Après le déjeuner, il y a généralement une promenade dans une ville voisine, quelques courses à faire là-bas, ou une visite à payer dans le quartier par certains des convives, notamment les dames mariées, les demoiselles étant laissées à elles-mêmes.

A la fin d'une visite, le jeu est proposé à ceux des tireurs, à qui on sait qu'il sera acceptable.

Le garde-chasse en chef est généralement chargé de mettre en place quelques faisans et un lièvre. Mais dans certaines maisons, même cette coutume n'est pas suivie, et tout le gibier tué, à l'exception de ce qui est nécessaire à la maison, se retrouve sur le marché, tant sur le marché local que sur celui de Londres.

En règle générale, les soirées de tir donnent peu de souci à l'hôtesse de trouver du divertissement pour les dames de la fête, car tant d'aides extérieures sont à sa disposition à cette saison de l'année. C'est un grand avantage, car bien que quelques dames possédant une grande force de courage se soient mises au tir comme divertissement et passe-temps et s'en sortent étonnamment bien dans ce sport viril, les dames en général ne sont pas enclines à un jeu aussi dangereux, et même ces dames intrépides qui ont appris à se servir de leur petit fusil ne seraient jamais autorisées à participer à une ou deux parties d'une grande fusillade, même si elles le voulaient.

L'hôtesse et les dames du groupe rejoignent invariablement les tireurs au déjeuner, et certaines des dames sortent avec les tireurs le matin pour observer leurs prouesses sur le terrain ; mais cela demande beaucoup de marche pour la chasse à la perdrix, ce qui est tout autre chose que la chasse clandestine en novembre et décembre.

Une bonne hôtesse a de grandes occasions de se distinguer lorsqu'elle organise une fête à la campagne, depuis l'arrivée de la première automobile jusqu'au départ de la dernière. Sa considération et son tact sont si bien exercés que, d'une manière ou d'une autre, ses invités se retrouvent toujours à faire exactement ce qu'ils aiment le plus et en compagnie de ceux qui leur sont les plus sympathiques, sans parler du confort des arrangements domestiques généraux, qui semblent avoir été aménagés exclusivement pour leur commodité. S'ils veulent se déplacer en voiture, une voiture ou une automobile est à leur disposition ; s'ils préfèrent une constitution, il y a quelqu'un de très agréable, désireux de marcher avec eux. Les journaux quotidiens sont toujours disponibles, le sac postal part à l'heure la plus opportune par la main d'un messager spécial, le dîner est des meilleurs et la soirée est des plus gaies. En règle générale, on joue au bridge dans la plupart des maisons, et plusieurs tables sont disposées dans le salon pour accueillir les joueurs potentiels.

Parfois, lorsque les oiseaux sont sauvages et que le sport est paresseux, une sorte de pique-nique a lieu à proximité d'une loge de gardien, à l'ombre de quelques arbres très étendus, lorsque les dames se joignent à la fête ; mais en septembre, les sportifs passionnés méprisent plutôt ce jeu de tir, et n'aiment pas l'interruption causée par la compagnie des dames au déjeuner, et préfèrent le prendre au dépourvu et fumer pendant ce temps. Chaque jour de la semaine n'est donc pas consacré au tir, et il y a peu de propriétaires de manoirs qui voudraient offrir cinq jours consécutifs de sport à leurs invités, et deux jours de tir intense sont probablement suivis de ce qu'on appelle une journée de repos. . Durant ces jours de repos du mois de septembre, l'hôtesse donne souvent une garden-party, ou emmène ses invités à une fête offerte par un voisin à quelques kilomètres de distance ; ou bien elle tient un stand dans un bazar et persuade ses invités de l'aider à écouler son stock ; ou bien elle incite son groupe à l'accompagner à une exposition de fleurs à laquelle elle s'intéresse localement ; ou l'hôte et un ou deux des meilleurs clichés partent tôt après le petit-déjeuner pour photographier avec un voisin, et le reste des invités se dirige vers une ruine pittoresque, où ils pique-niquent et rentrent chez eux à temps pour huit heures. dîner. Si le propriétaire d'un manoir a un carrosse, tout le monde y est transporté, sinon les automobiles sont réquisitionnées, tandis que des chevaux de selle sont fournis à ceux qui veulent les monter. Une fête à la campagne se divise parfois en deux ou plusieurs cliques, en ce qui concerne les dames ; les messieurs, en général, ne sont pas très portés sur ce genre de choses. Le premier soir, dès que les dames ont quitté la salle à manger pour le salon, ces petites cliques se forment tacitement et se poursuivent sans interruption jusqu'à la fin de la visite. Il existe de nombreuses raisons qui donnent naissance à ces cliques : d'anciennes intimités ravivées, de nouvelles relations à renforcer, des relations indésirables à éviter, etc. Ces cliques ne sont nullement agréables à l'hôtesse, bien au contraire ; mais elle est impuissante à empêcher leur formation, et elle est elle-même tantôt entraînée dans l'un ou l'autre d'eux, tantôt tout à fait exclue. Quiconque est un peu familiarisé avec les visites à la campagne sait à quel point l'influence de la clique imprègne l'atmosphère du salon ; et pourtant, peut-être, lors des fêtes à la campagne, plus d'amitiés se nouent et d'intimités cimentées que lors de tout autre rassemblement.

Les divertissements du soir dans les fêtes champêtres varient beaucoup selon les penchants de l'hôtesse ou ceux de ses filles. Dans certaines maisons, la danse est à l'ordre du jour pendant environ deux heures après le dîner, mais cette manière de passer la soirée ne convient pas toujours aux messieurs qui, après une longue journée de marche à travers des navets mouillés et sur des terres labourées lourdement, , ou une dure journée à cheval sur des clôtures rigides, sont plutôt enclins à la *dolce far niente* d'un fauteuil luxueux qu'aux plaisirs du labyrinthe, et sont proportionnellement reconnaissants envers une hôtesse qui ne les invite pas à subir d'autres exercices que ce que ils l'ont déjà fait pour leur propre plaisir.

Dans la plupart des fêtes à la campagne, le bridge constitue le divertissement principal, sinon le seul, et se joue non seulement après le dîner, mais aussi dans l'après-midi. Les pièces de théâtre amateurs et *les tableaux vivants* , les charades impromptues, la lecture de pensées, la prestidigitation, etc., sont des divertissements à la mode et faciles à réaliser : le premier d'entre eux exige une étude considérable et beaucoup de temps pour les répétitions, c'est pourquoi les pièces de théâtre sont généralement pratiquées lorsque la fête est organisée. est composé de parents plutôt que de connaissances, et que la visite serait peut-être prolongée jusqu'à dix jours ou quinze jours.

Certaines hôtesses préfèrent rester tard au petit matin et ne se retirent qu'après midi ; cela ne convient pas aux messieurs, car ils ne sont pas censés se rendre au fumoir avant que les dames n'aient quitté le salon, et les messieurs aiment passer quelques heures au fumoir après le dîner.

Dans les comtés de chasse, le petit déjeuner est généralement servi tôt, variant de neuf heures à neuf heures et demie, selon que le trajet vers la clandestinité est susceptible d'être long ou court ; mais, en règle générale, l'heure nominale du petit-déjeuner est 9h30. Une certaine latitude est laissée aux clients en ce qui concerne la descente du petit-déjeuner ; ils ne se rassemblent pas dans la salle du matin, mais se dirigent tous vers la salle du petit-déjeuner et se mettent aussitôt à table, tandis que de nombreuses dames déjeunent dans leur propre chambre.

En Ecosse, une invitation à tourner signifie souvent une visite de trois semaines. L'aménagement du stand de tir ou de la loge peut être limité ou primitif, et ce sont très souvent les deux ; mais peu importe au chasseur le type de lit sur lequel il dort, ni la manière dont il est obligé de le supporter, pourvu que les tétras soient nombreux. Sur certaines landes, il n'y a que des chaumières et des fermes pour l'occupation des sportifs, mais sur d'autres, les maisons sont excellentes et louées avec les landes, car beaucoup se rendent dans la lande saison après saison et invitent leurs amis à tirer entre le

12 et le 12. Août et octobre. Les grandes soirées de chasse organisées chaque année en Écosse par les propriétaires de grands domaines et de belles fusillades se prolongent pendant toute la saison de chasse, et les invités vont et viennent sans interruption ; quand l'un part, un autre arrive. Certaines maisons ou châteaux sont beaucoup plus gais que d'autres ; pour certains, on demande très peu de dames, la majorité des invités étant des messieurs — probablement l'hôtesse ainsi que deux dames et huit hommes — chez d'autres, les nombres sont plus égaux ; dans d'autres encore, la fête est parfois entièrement composée d'hommes avec un hôte et pas d'hôtesse. Les dames invitent généralement en Écosse leurs amis les plus intimes plutôt que leurs connaissances, car elles sont laissées à elles-mêmes toute la journée, le dîner étant souvent reporté à neuf heures, à cause du retour tardif des sportifs.

Au sud de la Tweed, les invitations de septembre sont généralement données pour trois ou quatre jours, du mardi au samedi ; les couples mariés, les jeunes dames et les jeunes hommes sont tous invités, et les dames s'amusent au tennis sur gazon, ou en assistant ou en assistant à quelque bazar ou foire de fantaisie voisine, car ce mois-ci, les bazars de comté sont très populaires, et les visiteurs dans une maison, ils prêtent leurs services en collaboration avec les visiteurs d'une autre, pour tenir des stands dans un bazar organisé par une troisième dame influente ; les étals sont donc bien garnis et les marchands à la mode donnent une impulsion à toute l'affaire.

Les dames voient très peu les messieurs entre le petit-déjeuner et le dîner. Les tireurs partent vers onze heures et reviennent rarement avant sept heures.

Quand il fait nuit, à quatre heures, ceux qui préfèrent la compagnie des dames et le thé au fumoir et au billard, se rendent présentables et se joignent aux dames.

En ce qui concerne l'étiquette de visite dans les maisons de célibataires. — Il est bien entendu que les dames doivent être accompagnées de leur mari, et les jeunes filles de leurs père et mère, ou d'un couple marié avec lequel elles entretiennent une grande intimité, auquel cas la femme mariée sert de chaperon aux jeunes. Dames. Les jeunes filles ne peuvent séjourner chez un célibataire que si elles sont chaperonnées par une dame mariée ou par une parente de leur hôte. Une veuve et sa fille pourraient bien sûr se joindre à un groupe de dames séjournant dans la maison d'un célibataire, ou lui rendre visite s'il était seul, ou recevoir des amis célibataires.

Lorsqu'un célibataire donne une fête à la campagne et qu'il en fait lui-même les honneurs, il arrive parfois qu'une des dames mariées de la fête prenne tacitement les devants.

La situation du jeune veuf est semblable à celle du célibataire face à la société. Plus tard dans la vie, c'est le contraire qui se produit ; un veuf avec des filles adultes leur donne des réceptions, et la fille aînée fait les honneurs, réduisant ainsi la position à celle d'hôte et d'hôtesse.

CHAPITRE XXXVI

CHASSE ET TIR

Mesdames dans le champ de chasse. — Il n'y a pas d'arène mieux adaptée pour montrer la bonne équitation de la part des femmes que le champ de chasse, et pas de meilleure occasion pour la pratique de cet accomplissement délicieux et pour en jouir pleinement. Il est cependant avancé que cela démontre une cruauté d'humeur et un sentiment peu féminin de se joindre à la poursuite d'un renard pauvre, misérable et traqué, et pire encore d'être impliqué dans la mort, et que les femmes sont susceptibles d'être emportées par le l'enthousiasme du moment pour applaudir et être témoin de ce devant quoi ils reculeraient autrement. Cet argument a un certain poids et dissuade de nombreuses personnes de chasser qui, autrement, se joindraient à ce sport, et ils font un compromis en assistant régulièrement aux compétitions et en étant même témoins du lancement d'une couverture anti-renard. Chaque point fort d'un coureur est mis en valeur sur le terrain. Le galop dans le Row, le trot à travers les chemins de campagne ou la longue chevauchée en campagne sont de bien faibles substituts à la jouissance intense éprouvée en participant à une bonne course ; l'excitation ressentie et partagée par l'ensemble du peloton exalte et stimule, et fait de la fatigue une chose hors de question, à laquelle il ne faut pas penser avant que le voyage de retour ne soit bien terminé.

Compte tenu du nombre de dames qui chassent, les accidents qui se produisent sont étonnamment peu nombreux, pour la raison évidente que les dames n'essaient pas de chasser à moins que leurs compétences en tant que bonnes cavalières ne soient hors de tout doute. Leurs maris, leurs pères, leurs frères ne leur permettraient pas de risquer leur vie, à moins que leur conduite et leur expérience, leur courage, leur courage et leur instruction ne justifient cette tentative.

Il y a également deux autres considérations importantes nécessaires au succès : une bonne monture et une bonne avance. Le père ou le mari choisit invariablement celui-là, et l'ami - soit du cavalier, soit du mari ou du frère - donne la piste la plus importante, sans laquelle peu de dames s'aventurent à la chasse, à l'exception de celles qui sont assez indépendantes pour se couper. leur propre travail.

Les dames, naturellement friandes d'équitation, ne peuvent pas toujours s'adonner au plaisir de la chasse, pour des raisons de dépenses par exemple. Une dame peut posséder un assez bon cheval pour des besoins ordinaires, pour monter dans le Row ou pour faire de l'exercice à la campagne, mais très peu de gentlemen aux moyens modestes peuvent se permettre d'entretenir des chasseurs pour les dames de leur famille aussi bien que pour eux-mêmes, bien que, dans fiction, cela se fait librement. Si une dame possède un bon chasseur, elle peut s'attendre à chasser deux jours par semaine, à condition que le pays ne soit pas trop raide et que les rencontres soient assez commodes. Parfois, une monture peut être obtenue auprès d'un ami de bonne humeur, dont le haras est plus grand que ses besoins ; mais il ne faut pas compter sur cela dans la vie quotidienne, et les dames populaires et les cavaliers de premier ordre sont plus susceptibles de recevoir ces attentions que le reste des dames.

En ce qui concerne la présence de jeunes filles sur le terrain de chasse, il existe deux opinions quant à son opportunité, indépendamment de la question de savoir s'il s'agit ou non d'une activité féminine. Le long retour à la maison, au crépuscule de novembre et décembre, en compagnie d'un membre de la chasse, devenu pour le moment le cavalier de la jeune dame, n'est pas du goût de beaucoup de parents ; le chaperonnage doit nécessairement être grandement supprimé dans les champs de chasse, et c'est une objection que beaucoup de pères opposent à la chasse de leurs filles.

Certains maris ont des vues tout aussi strictes sur ce point, et estiment que le cavalier le plus audacieux et le meilleur leader à suivre sur le terrain n'est pas toujours l'invité qu'ils désireraient le plus voir au coin de leur feu.

Chasse-Petits-déjeuners. — Une dame ne devrait pas aller à une chasse-déjeuner chez un gentilhomme de la campagne si elle ne le connaît pas, ni aucun membre de sa famille, à moins qu'une connaissance commune ne lui demande de le faire. Tous les gentilshommes à courre, qu'ils soient ou non étrangers à l'hôte, ont le privilège d'entrer dans toute maison où est servi un déjeuner de chasse et d'accepter l'hospitalité offerte. Le petit-déjeuner, qui est en réalité une collation froide, additionnée de vin, de liqueurs, de bière, etc., est généralement servi dans la salle à manger et aucune cérémonie n'est observée ; les messieurs vont et viennent à leur guise.

La maîtresse de maison devra soit assister à un déjeuner de chasse et recevoir les dames qui arrivent dans le hall ou la salle à manger, soit les recevoir au salon, où des rafraîchissements leur seront apportés.

Lorsqu'une hôtesse a l'intention de monter à cheval, elle est souvent montée avant l'arrivée de ses voisins, auquel cas elle les invite à entrer dans la maison pour prendre un rafraîchissement, s'ils le souhaitent.

Les messieurs qui descendent dans un comté pour chasser quelques jours ne portent que rarement du « rose » et préfèrent monter à dos de chiens en manteau noir.

Les membres de la chasse portent naturellement du rose, mais il est considéré de meilleur goût pour un étranger de porter un manteau noir plutôt que d'apparaître dans un *nouveau* , *tout nouveau* , rouge sans tache.

Conditions sportives. — Les personnes peu familiarisées avec les questions relatives à la « vie à la campagne » et aux « sports de campagne », élevées en ville et qui n'ont eu que peu ou pas d'occasions d'acquérir une connaissance du sujet par leur expérience personnelle, ne peuvent guère manquer de commettre de nombreuses et diverses erreurs lorsqu'elles sont amenées à le faire. en contact avec les sportifs et leurs sports.

Une connaissance des questions sportives et des termes sportifs, ainsi que de l'étiquette observée par les sportifs, ne s'obtient qu'en s'associant à ceux qui connaissent parfaitement le sujet et avec qui le « sport » fait pour ainsi dire partie de leur éducation.

La saison de chasse commence le 12 août avec la chasse aux tétras dans le nord de l'Angleterre, en Écosse et en Irlande. Le tir aux perdrix commence le 1er septembre et se termine le 1er février.

La chasse à la perdrix la plus fine est autorisée, d'un commun accord, à se trouver dans les comtés de l'Est.

Le battage des perdrix n'a lieu en grande partie qu'en janvier.

Le tir aux faisans commence le 1er octobre et se termine le 1er février.

Les lièvres peuvent être abattus jusqu'au 1er mars.

Les lapins peuvent être abattus toute l'année.

Les tours sont abattus au printemps et en été.

Il est difficile de faire comprendre à un aspirant sportif la stricte étiquette entretenue entre les propriétaires de manoirs ; c'est-à-dire qu'il n'hésiterait pas à franchir les limites du manoir de son hôte, « le fusil à la main », s'il se sentait enclin à suivre un oiseau ou un lièvre qu'il a blessé, oubliant le fait que, en premier lieu, le On observe la plus grande minutie entre messieurs en matière d'intrusion sur les terres des uns et des autres lorsqu'ils sont en chasse ; et qu'à moins que la plus grande intimité n'existe, un chasseur n'oserait guère ramasser son oiseau mort s'il était tombé sur le manoir d'un voisin, et ne chercherait en aucun cas un oiseau blessé, mais seulement un oiseau mort. En second lieu, il observerait soigneusement la règle de laisser son fusil de son côté de la frontière et ne l'emporterait certainement pas avec lui sur la terre de son voisin. Ce sont des points sur lesquels les étrangers invités pour quelques jours de tournage se heurtent très souvent, créant ainsi beaucoup de désagréments pour leur hôte par leur ignorance et leur inexpérience.

Lorsqu'un gentleman est invité à se joindre à une partie de chasse, il ne serait pas nécessaire qu'il prenne un chargeur avec lui, car son hôte trouverait un homme pour remplir cette fonction à sa place, à moins qu'il n'ait avec lui un domestique capable d'accomplir cette tâche. ce devoir ; mais s'il résidait dans le voisinage, il emmènerait naturellement son chargeur avec lui lorsqu'on lui demanderait de se joindre à une partie de tir, et dans les deux cas, il tirerait avec deux fusils, car tirer avec un seul fusil ne provoque que des blessures. un retard vexatoire.

Une cause fréquente d'offense envers les sportifs est qu'un gentleman soit bruyant lorsqu'il est en train de tirer, c'est-à-dire qu'il soit "fortement bavard", ou "bruyamment joyeux", ou qu'il ait tendance à se livrer à des exclamations lorsqu'un oiseau se lève ou lorsqu'un oiseau se lève. l'oiseau est manqué; votre vrai sportif garde un silence strict.

Il existe d'innombrables autres points relatifs aux sports de campagne sur lesquels le « sportif inexpérimenté » est susceptible de offenser, mais qui prendraient trop de place pour être abordés dans un ouvrage de cette description.

Les honoraires, ou pourboires aux gardes-chasse , varient de 10 *s.* à 5 £, selon le nombre de jours de tournage appréciés ou l'étendue du sac.

Pour une journée de chasse à la perdrix, le pourboire du garde-chasse en chef serait un souverain ; pour une bonne journée de chasse au faisan, on donnerait probablement jusqu'à deux souverains. Un gentleman qui ne donne pas de pourboire ou de frais à la hauteur de cette marque ne risque pas de se trouver trop bien placé dans une battue.

Le coût d'une licence de jeu est de 3 £ et dure douze mois, du 1er août au 31 juillet de l'année suivante, ou 2 £ du 1er août au 31 octobre, ou 2 £ du 1er novembre au le 31 juillet de l'année suivante, soit 1 £ pour quatorze jours.

CHAPITRE XXXVII

SERRER DES MAINS

L' étiquette concernant le fait de se serrer la main n'est pas une question ouverte, elle est assez distincte et assez simple pour toutes les exigences, mais il y a pourtant un tempérament individuel à prendre en compte qui, chez beaucoup, fait sortir l'étiquette du champ d'application, si l'on entend par étiquette. non seulement une convenance d'action rigide, mais la politesse dans le vrai sens du terme, et le fait de faire ce qui est exactement la bonne chose à faire. L'étiquette détermine quand serrer la main et quand ne pas le faire, quand s'incliner et quand ne pas s'incliner ; mais malgré cette connaissance, qui est à la portée de tous, de nombreuses erreurs sont commises sur ce point.

Par exemple, on ne propose pas de serrer la main lorsqu'on s'y attend ; un autre propose de lui serrer la main trois fois ; on fait preuve d'une chaleur injustifiable en se serrant la main ; un autre ne tend que deux doigts ; on serre la main d'une manière molle et inconfortable, et on prend la main tendue simplement pour la laisser tomber ; un autre pompe littéralement la main tendue ou écrase les bagues dans les doigts d'une femme lorsqu'il lui serre la main.

Une dame qui ne serre pas la main alors qu'elle est censée le faire est motivée par l'une ou l'autre des raisons suivantes : elle ne souhaitait pas serrer la main d'une certaine connaissance et préférait simplement s'incliner, ou elle ne savait pas si elle aurait dû serré la main ou non.

Les messieurs qui se serrent la main avec beaucoup de chaleur et *d'empressement* sont deux individus distincts ; l'un est cordial et au grand cœur, et a une emprise amicale sur chacun — une emprise révélatrice de gentillesse, de cordialité et de bonne camaraderie — l'autre souhaite s'attirer les bonnes grâces dans certains quartiers et ne perd aucune occasion de serrer la main de manière démonstrative, mais personne n'est trompé par cette fausse imitation du vrai.

Quand une dame ne donne que deux doigts à des gens dont elle ne se soucie pas, c'est toujours une personne qui se plaît et qui se sent très bien ; elle l'est sans doute, mais sa bonne éducation et son bon sentiment sont tous deux en question lorsqu'elle utilise cette méthode pour montrer la supériorité d'elle-même et de sa position sur celle des autres.

Il existe d'autres excentricités auxquelles se livrent différentes personnes qui se serrent la main alors qu'elles ne le devraient pas, et d'autres qui ne se serrent pas la main quand elles le devraient.

Cela dépend de la personne à qui une dame est présentée, ou de la personne qui lui est présentée, si elle doit ou non lui serrer la main. Elle ne devrait pas serrer la main lorsqu'on lui présente par hasard une personne qui lui est totalement étrangère ; mais pourtant il y a tant d'occasions où il est à la fois convenable et correct de se serrer la main en étant présenté, que la règle sur ce point est très élastique.

Par exemple, un hôte et une hôtesse devraient serrer la main de chaque étranger qui leur est présenté chez eux.

Une dame doit serrer la main lorsqu'elle est présentée aux relations de son futur mari.

Une dame devrait serrer la main lorsqu'elle est présentée à l'ami d'un ami intime.

Lorsqu'une dame a engagé une conversation d'une manière ou d'une autre avec quelqu'un à qui elle a été présentée, et découvre qu'elle a beaucoup de points communs avec elle, elle doit lui serrer la main en prenant congé ; mais si elle n'a échangé que quelques phrases banales, un salut suffirait.

Une dame prend généralement l'initiative de serrer la main comme de s'incliner ; mais en réalité, c'est un mouvement spontané, fait à la fois par une dame et un monsieur, car la main ne doit pas être tendue ni l'arc donné à moins d'être attendu et instantanément rendu en retour.

Une jeune femme ne devrait pas proposer de serrer la main à une personne qui n'attend pas cet honneur.

Se serrer la main en prenant congé est , pour quelques personnes, une façon gracieuse et agréable de dire au revoir ; des amis intimes se tiennent la main pendant que les derniers mots sont prononcés. Les femmes se tiennent ainsi la main en se séparant, et quelques hommes se prennent la main ; mais chez eux, c'est une mode plutôt étrangère, et elle est principalement suivie par ceux qui ont beaucoup vécu sur le continent ; car, en règle générale, un Anglais préfère la chaleureuse poignée de main anglaise.

Une dame ayant déjà serré la main d'une autre doit continuer à le faire lors des réunions ultérieures, à moins qu'un sang-froid ne l'avertisse qu'un salut serait plus acceptable.

En ce qui concerne la poignée de main lors d'un dîner entre amis : si le dîner est petit et qu'il est temps de se serrer la main, il est correct de le faire ; mais lorsqu'il reste peu de temps avant le dîner et qu'il n'y a pas de bonne occasion de serrer la main, les salutations à des connaissances éloignées de la pièce ou lorsqu'elles sont assises à table sont une reconnaissance suffisante pour le moment.

Lors d'une soirée, cela dépend de l'occasion si des connaissances se serrent la main ou non.

La mode consistant à lever le bras pour se serrer la main est très peu suivie dans le style exagéré dans lequel elle a été introduite pour la première fois, mais une modification de celle-ci est nettement devenue la mode dans la société en général.

La main, au lieu d'être étendue tout droit, est maintenant présentée sur une ligne ou parallèlement à la poitrine, un peu plus haute que le style ancien, et les doigts de la main sont tenus et secoués doucement, mais la paume n'est pas saisie. ou même touché.

CHAPITRE XXXVIII

CHAPERONS ET DÉBUTANTES

UNE dame célibataire, à moins qu'elle ne soit une jeune fille d'un âge et d'une qualité reconnus, ne peut agir comme chaperon orthodoxe ; mais, d'un autre côté, une jeune femme mariée pouvait le faire avec la plus grande convenance, tout comme un frère dès l'âge de dix-huit ans ; il n'est pas nécessaire de parler d'autres parents.

Les demoiselles sont désormais fréquemment invitées à des dîners sans chaperon, une hôtesse se constituant pour l'occasion elle-même chaperon. Des danses sont également données, auxquelles il est entendu que les chaperons *ne sont pas* invités, l'hôtesse agissant à nouveau en cette qualité, mais dans les grands bals et danses, le chaperonnage est considéré comme indispensable pour les jeunes filles. Dans les théâtres et les concerts en soirée, un chaperonnage est clairement requis ; mais lors des concerts et *des matinées du matin* , la compagnie plutôt que le chaperonnage sont nécessaires.

Concernant les heùres du matin. Les jeunes filles peuvent désormais se promener ensemble dans le Parc et ailleurs ; rouler ensemble, assister à des cours ensemble ou seuls, aller déjeuner ou prendre le thé de l'après-midi seuls ou ensemble chez des amis et des connaissances, sans être accompagnés d'un chaperon. Ils peuvent également visiter les maisons de campagne sans chaperon, l'hôtesse faisant ce devoir.

Lors de tous les rassemblements en plein air, tels que les garden-parties, les parties de tennis, les matchs de cricket, les réunions de golf, etc., le chaperonnage requis est le plus minime et pour lequel il peut être mis à disposition.

CHAPITRE XXXIX

PRÉSENTATIONS À LA COUR VICÉRÉGALE DU CHÂTEAU DE DUBLIN

LES salons du château de Dublin sont tenus par le Lord-Lieutenant d'Irlande et son épouse, dans le St. Patrick's Hall, à 22h15.

Une dame qui désire être présentée à la Cour vice-royale doit être présentée par une dame qui y a été elle-même présentée, et il est nécessaire qu'elle-même soit présente à cette occasion, sauf circonstances exceptionnelles. Une dame n'est pas autorisée à présenter plus de *deux* dames, sauf cas particuliers sanctionnés par Son Excellence.

Une dame qui propose d'être présentée dans un salon vice-royal doit envoyer au bureau du chambellan, avant cinq heures, trois jours avant le salon, une carte avec son nom et son adresse en ville et à la campagne, ainsi que le nom et adresse de la dame par laquelle elle doit être présentée, écrite distinctement dessus, et indiquant à quel salon elle désire se rendre, à soumettre au Lord-Lieutenant et à son épouse pour l'approbation de leurs Excellences. De plus, deux cartes de présentation doivent être obtenues au bureau du chambellan deux jours avant le salon - si elles n'ont pas été préalablement envoyées par la poste - et doivent être remplies avec les informations nécessaires et apportées au château le soir du tirage. -chambre, l'une à remettre au fonctionnaire stationné dans le couloir, et l'autre à remettre au chambellan, qui annoncera le nom. Il est demandé que les noms soient écrits très distinctement sur les cartes, afin qu'il n'y ait aucune difficulté à les annoncer.

Une dame fréquentant un salon vice-royal, qui a déjà été présentée à la cour vice-royale, doit déposer au bureau du chambellan, trois jours avant le salon, une carte avec son nom et son adresse, tant en ville qu'à la campagne, distinctement. écrit dessus, et indiquant à quel salon elle souhaite fréquenter. Elle devra apporter avec elle deux cartes semblables le soir du Salon, l'une pour être remise au fonctionnaire du Couloir, et l'autre au chambellan, qui annoncera le nom.

Une dame, en entrant au château, le soir d'un salon vers dix heures, trouve la salle bordée de soldats, et se rend aussitôt au vestiaire pour y déposer des draps, etc., et faire adroitement ranger sa suite. sur un bras par une servante. Elle monte ensuite le grand escalier, bordé de domestiques en livrées magnifiques, et entre dans le couloir, où l'une des cartes de présentation est remise au fonctionnaire présent, et elle traverse le couloir jusqu'au long salon, où un une barrière de bois, clôturant un espace, est érigée à l'extrémité. Un des messieurs de la Maison lève de temps en temps cette barrière pour permettre à un certain nombre de passer par la salle du Trône, à la porte de laquelle sa suite est descendue et rangée par des domestiques. Si elle doit être « présentée », le chambellan lui dit d'enlever son gant droit et, si la royauté est présente, l'informe qu'elle doit faire trois révérences et lui dit : « Trois révérences, s'il vous plaît ». Elle lui remet sa deuxième carte de présentation, et il crie son nom, et elle est transmise à Son Excellence par les messieurs de la maison. Le Lord-Lieutenant et son épouse se tiennent sur une estrade, lui debout devant le Trône, qui est un grand fauteuil d'État, et de chaque côté — dans ce qu'on appelle les « Enclos » — sont regroupés les visiteurs séjournant au Château, ceux qui ont l' *entrée particulière* , et les membres de la Maison. Le nom de la dame qui fait la présentation est également prononcé. La dame présentée s'avance, le Lord-Lieutenant lui serre la main, mais ne l'embrasse plus sur la joue ; elle lui fait alors une révérence et s'incline devant sa femme, qui s'incline en retour. Elle se retire ensuite vers la porte menant au Long Salon, où sa traîne est replacée sur son bras. Elle se rend ensuite au St. Patrick's Hall ou à la galerie de photos.

Les dames qui fréquentent le salon ne s'inclinent que devant le seigneur-lieutenant et sa femme ; il les salue, mais il ne leur serre pas la main et ne les embrasse pas. En Irlande, les hommes accompagnent invariablement leurs femmes au Salon, après avoir déjà assisté à la Levée ; ils passent à la base du demi-cercle et font leur révérence en même temps que les dames.

Lorsque tous ont été reçus et rassemblés dans la salle Saint-Patrick, une procession se forme, le Lord-Lieutenant marchant en premier, suivi de sa femme, dont la suite est portée par des pages. Viennent ensuite les visiteurs séjournant au Château, puis les membres de la Maison, l'orchestre stationné dans la galerie jouant pendant ce temps "God Save the King". Toutes les personnes présentes se forment en deux lignes pour faire un passage pour le passage du cortège et s'inclinent profondément devant Son Excellence et son épouse lors de leur passage.

On ne donne pas de souper, seulement des rafraîchissements légers de toutes sortes. Ces rafraîchissements sont disposés sur de longues tables d'un côté de la salle Saint-Patrick, et à l'extrémité inférieure, sous la galerie, des tables sont placées pour le thé, le café, le vin, etc. De l'autre côté de la salle, des sièges aux coussins rouges sont placé, et la compagnie se promène dans et autour de la galerie de photos et de la salle Saint-Patrick pendant le reste de la soirée.

Les dames portent une tenue de cour complète comme au palais de Buckingham, et un uniforme pour messieurs ou une tenue de cour.

Levées. — Tout noble ou gentilhomme qui se propose d'assister à une Levée, et qui n'a pas encore été reçu à la Cour Vice-royale, doit être présenté par un noble ou gentilhomme qui y a lui-même été préalablement présenté.

Un Monsieur qui se propose d'être présenté doit envoyer au bureau de l'Huissier Gentilhomme avant cinq heures, deux ou trois jours avant la Levée, une carte avec son nom et son adresse, tant en ville qu'à la campagne, ainsi que le nom et l'adresse du Monsieur. par qui il doit être présenté distinctement écrit dessus, pour être soumis à l'approbation du Lord-Lieutenant. Il doit également se procurer deux Cartes de Présentation auprès du Bureau du Gentil Huissier, et doit les apporter au Château le jour de la Levée, l'une à remettre au fonctionnaire du Couloir, et l'autre à remettre au Gentil Huissier, qui annoncera le nom au Seigneur-Lieutenant.

Tout gentilhomme qui se propose d'assister à une Levée, après avoir été préalablement présenté, doit en outre emporter avec lui deux cartes au Château le jour de la Levée, avec son nom et son adresse, tant en ville qu'à la campagne, clairement inscrites dessus, qui seront indiquées. comme mentionné précédemment. Encore une fois, un monsieur qui, ayant déjà assisté à la Levée, se propose d'aller au Salon, est prié d'apporter avec lui *une* carte, sur laquelle son nom est clairement écrit, à laisser dans le couloir. Tous ceux qui ont droit à l' *entrée privée* au château de Dublin et profitent de ce privilège ne sont autorisés à être accompagnés que de leurs épouses et de leurs filles célibataires.

Les messieurs portent des vêtements de cour ou des uniformes navals et militaires, ou les uniformes des Lords-Lieutenants des comtés, ou de la Royal Irish Constabulary, etc. L'habit académique ne peut être porté que lors de la présentation d'un discours d'une université. Les ordres et décorations étrangers ne peuvent être portés à la Cour de Dublin par les sujets britanniques sans autorisation spéciale en vertu de la licence royale de Sa Majesté.

Le gant droit doit être retiré avant la présentation.

Les messieurs qui, ayant préalablement assisté à la Levée, désirent accompagner les dames de leur famille au Salon, sont priés de demander au Cabinet du Chambellan une Carte de Présence, qui devra être apportée au Château le soir du Tirage. -chambre et abandonnée dans le Couloir.

Les présentations à Londres ne comptent pas comme des présentations à la Cour vice-royale.

CHAPITRE XL

HÔTESSES D'ACCUEIL

L'Art de recevoir est un art très subtil, difficile à acquérir ; mais lorsqu'elle est acquise et parfaitement maîtrisée, elle confère à une maîtresse de maison une réputation enviable, celle d'être une hôtesse parfaite.

Chez certaines, cela est inné, et la grâce, le sang-froid et tous les attributs qui en découlent que l'on retrouve chez ce type d'hôtesse reposent naturellement sur eux ; mais les individus ainsi doués représentent une minorité plutôt que la majorité. Une partie bien plus grande de la société doit s'appuyer sur l'expérience pour lui apprendre cet accomplissement utile, tandis que pour d'autres, le temps seul peut les aider à surmonter la réserve naturelle et le manque de confiance en eux-mêmes, qui les empêchent d'assumer ce caractère dans quoi que ce soit. comme le succès. Ces dames qui sont par nature inconsidérées et insouciantes à cet égard, ni le temps ni l'expérience ne peuvent les façonner, et ce qu'elles sont au début de leur carrière, elles restent jusqu'à la fin du chapitre des hôtesses très indifférentes. Il existe des variétés d'hôtesses, selon les capacités de chacun, et qui sont connues parmi leurs amis sous ces appellations : au premier rang l'hôtesse parfaite ou « charmante », l'un ou l'autre titre lui va également bien ; à côté d'elle vient la « bonne hôtesse », elle est suivie de celle qui « n'est pas une bonne hôtesse » ; et la marche est fermée par celle qui est décidément « une mauvaise hôtesse ». Parmi les points saillants qui distinguent l'hôtesse parfaite ou charmante, il y a peut-être avant tout une certaine facilité à mettre chaque invité à l'aise, laissant entendre que l'accueil qu'elle lui réserve est personnel, voire particulier. Simultanément à ces impressions agréables se transmet le sentiment des qualités géniales de l'hôtesse ; son charme de manières, sa gentillesse et son allure courtoise témoignent si clairement qu'elle est entièrement maîtresse de la situation : ces qualités réagissent insensiblement sur les convives et suscitent de leur part un désir correspondant de plaire.

L'hôtesse parfaite possède encore un autre avantage, à savoir. une facilité de parole, une faculté de dire la bonne chose au bon moment et à la bonne personne, et de s'identifier, pour ainsi dire, aux susceptibilités de chacun de ses invités.

La bonne hôtesse est essentiellement ce qu'on appelle une hôtesse attentionnée ; elle compense les qualités plus brillantes qui lui manquent par une extrême considération pour ses hôtes. Chez la charmante hôtesse, cette considération est éclipsée par ses plus brillants pouvoirs de plaire, elle imprègne tout ce qu'elle fait, tandis que chez la bonne hôtesse, c'est son point le plus fort et sur lequel est fondée sa prétention au nom. La dame qui porte la réputation indésirable d'être « une mauvaise hôtesse » n'est pas « bonne » à bien des égards ; elle a de bonnes intentions et fait tout ce qu'elle peut pour réussir, mais par quelque contrariété des lois qui règlent les affaires domestiques et sociales, les résultats de ses efforts sont toujours le contraire de ce qu'elle voudrait qu'ils soient. La dame qui n'est pas une bonne hôtesse souffre parfois d'une timidité et d'une réserve qui la rendent raide dans ses manières lorsqu'elle voudrait le plus être cordiale, silencieuse lorsqu'elle voudrait être le plus bavarde, et gauche lorsqu'elle voudrait être à l'aise.

De même qu'il existe de nombreuses raisons pour lesquelles les femmes se révèlent être de bonnes hôtesses, de même il existe de nombreuses raisons pour lesquelles elles se révèlent de mauvaises hôtesses, l'égoïsme et le manque de considération pour autrui y contribuent, tout comme la procrastination et une vague idée de la valeur du temps. Des dames ayant de tels défauts et de telles faiblesses produisent à peu près la même impression sur leurs invités, quoique peut-être l'une soit un peu moins coupable que l'autre.

L'hôtesse égoïste est une mauvaise hôtesse , car, à condition qu'elle soit amusée, elle est totalement indifférente à savoir si ses invités sont amusés ou non, son propre plaisir et sa gratification étant d'une importance primordiale. Au lieu d'être prête à recevoir ses invités, elle descend tard au salon pour les accueillir, et ne se soucie pas de savoir s'il y a quelqu'un pour les saluer ou non.

L'hôtesse qui tergiverse , bien qu'elle soit également en faute, mais, comme elle s'empresse de s'excuser, lorsqu'elle manque de politesse ou de considération envers ses invités, ses excuses sont parfois admises ; mais l'hôtesse égoïste, si elle daigne s'excuser, le fait avec une indifférence si palpable quant à l'opinion que ses invités ont de ses actions, que l'excuse est le plus souvent une aggravation de l'offense. Une dame qui ne tient pas compte du temps va dans sa chambre pour s'habiller au moment où elle devrait descendre au salon ; ou bien elle reste au volant alors qu'elle devrait revenir ; ou bien elle remet à plus tard la réalisation de quelque arrangement très important pour le confort ou l'amusement de ses invités jusqu'à ce qu'il soit trop tard pour penser à autre chose qu'à un pis-aller, s'il ne faut pas s'en passer complètement. Tout ce qu'elle fait ou projette est sur la même échelle de procrastination ; ses invitations, ses ordres et ses engagements sont tous exécutés contre le temps, et ni elle ni ses invités n'obtiennent la valeur ou la satisfaction de l'hospitalité offerte. La mauvaise hôtesse entre dans son salon alors que beaucoup de ses invités sont rassemblés, soit pour un dîner, soit pour le thé de l'après-midi, et elle serre la main d'une manière maladroite et gênée, presque comme si elle était une invitée inattendue au lieu de la maîtresse de l'hôtel. la maison.

L'hôte n'est pas à son aise ; il est irrité de devoir trouver des excuses pour sa femme, et les invités sont également gênés.

Si l'hôte est d'un esprit sarcastique, il ne s'abstient jamais de dire quelque chose de contraire à l'aimable à l'hôtesse à son entrée. « Ma chère, dira-t-il peut-être, vous ne savez sans doute pas que nous avons des amis qui dînent chez nous ce soir. Cette remarque rend les invités encore plus mal à l'aise et l'hôtesse moins maître d'elle-même, et c'est souvent le prélude à une soirée inharmonieuse, avec un hôte au front voilé et une hôtesse aux manières confuses.

Le mode de réception des invités est déterminé par la nature du divertissement. L'accueil réservé à deux ou trois cents convives ne peut pas être aussi personnel que celui réservé à dix ou trente convives.

Quelle que soit la déception qu'une hôtesse puisse ressentir, elle ne doit pas la laisser apparaître à la surface et ne doit pas se montrer *distraite* lorsqu'elle serre la main de ses invités. Lors de grandes ou petites réunions, les déceptions se succèdent au fil des événements, et très peu d'hôtesses peuvent dire qu'elles n'en ont pas fait l'expérience à un degré plus ou moins grand à chacune de leurs réceptions.

Lors d'un bal ou d'une soirée, une hôtesse doit recevoir ses invités en haut de l'escalier et doit y rester jusqu'à ce que la majorité, sinon la totalité, des invités soient arrivées.

Pendant que les noms des invités sont annoncés, l'hôtesse doit serrer la main de chacun, en leur faisant pendant ce temps quelques observations courtoises, non pas dans le but de les inciter à s'attarder dans l'escalier, mais plutôt de les inviter à entrer dans la salle de bal pour céder la place. pour les autres invités.

Lors d'un bal donné dans une maison de campagne, l'hôtesse doit se tenir à la porte de la salle de bal et recevoir ses invités. Lorsque les invités sont dûment arrivés, une hôtesse d'un bal de campagne ou d'une pièce de théâtre de campagne doit s'efforcer de veiller à ce que tous ses invités soient amusés. Si elle voit que les jeunes filles ne dansent pas, elle devra s'efforcer de leur trouver des partenaires. En ville, elle n'est pas obligée de le faire. Si les chaperons n'ont apparemment personne à qui parler, elle devrait leur présenter un de ses propres parents, si elle ne peut pas leur accorder beaucoup d'attention, et elle devrait faire en sorte que tous ses invités soient emmenés au souper.

Lors des grands après-midi « à la maison », l'hôtesse reçoit ses invités à la porte ouverte du salon, et n'a guère plus de temps à consacrer à chacun qu'à un bal ou à une « à la maison ». Le petit après-midi "à la maison", elle les recevrait au salon, et se lèverait et leur serrerait la main à chaque arrivée.

Une hôtesse doit recevoir ses convives dans le salon et leur serrer la main dans l'ordre d'arrivée. Elle trouve parfois pénible de maintenir une conversation entre l'arrivée des convives et le dîner servi ; quelquefois celle-ci se prolonge de trois quarts d'heure par la non-apparition d'un invité qu'il faut attendre. Une hôtesse, bien qu'elle sache que son dîner est gâché par cette retenue, doit s'efforcer de faire passer le temps le plus agréablement possible, en rendant la conversation générale et en faisant connaître les convives. L'hôtesse qui sait surmonter ces événements gênants de telle sorte que le report du dîner d'une demi-heure à trois quarts d'heure est à peine perçu, prouve qu'elle a le droit d'être considérée comme une bonne hôtesse.

CHAPITRE XLI

LES RESPONSABILITÉS DES DAME PATRONESSES DES BALS PUBLICS

Les dames sont fréquemment sollicitées pour permettre que leur nom soit inscrit sur les listes des patronnes des bals de charité. Un comité de bal désire obtenir une liste de noms influents pour donner *éclat* et prestige au bal, et un bal de charité compte souvent parmi ses patronnes les noms de nombreux membres éminents de la noblesse, suivis de ceux des épouses des invités. la noblesse dirigeante du comté, ou par les principaux résidents d'un point d'eau ou d'un chef-lieu de comté ; mais il est entendu, en règle générale, que le devoir de donner des bons ou des billets pour un bal de charité est assumé par les dames qui s'y intéressent plus directement, dont les maris font partie du comité, qui se font un devoir d'y assister chaque année. et sont donc principalement concernés par le maintien de la sélection ; et bien que dans de nombreux comtés et dans de nombreuses villes des dames patronnes, membres de la noblesse, soient présentes, il n'est pas rare que, sur une longue liste de grandes dames, trois ou quatre seulement soient présentes à un bal.

Les membres de la noblesse et de la noblesse d'un quartier prêtent invariablement leur nom aux bals de charité locaux et sont en tête de la liste des mécènes et patronesses, mais au-delà du prêt de leur nom et, dans certains cas, de l'envoi d'une souscription d'argent pour les fonds de la charité. , ou un cadeau de gibier pour le souper, ils ont très peu à voir avec le ballon lui-même, qui est pratiquement entre les mains des stewards locaux. Les exceptions à cette règle sont les bals de charité organisés en ville pendant la saison, tels que le Royal Caledonian Ball, le Yorkshire, le Wiltshire et les bals des sociétés du Somersetshire. A ces occasions, de nombreuses grandes dames offrent des bons d'achat et assistent aux bals.

Lorsque les dames consentent à devenir patronnes d'un bal, elles font habituellement savoir au comité si elles assumeront ou non l'obligation de donner des bons ou des billets, selon le cas. Certains comités de bal font en sorte que les bons soient remis par les patronnes, pour être ensuite échangés contre des billets, signés et remplis du nom de la personne à qui le billet est remis. Les patronnes reçoivent alors l'argent demandé pour les billets et l'envoient au comité après le bal, avec les billets dont elles n'auraient pas disposé.

Les dames qui s'efforcent de vendre des billets sont généralement celles qui possèdent une grande connaissance, dont les maris sont membres de clubs ; par conséquent, si quelqu'un doit être tabou pour quelque bonne raison sociale, les patronnes profitent du savoir de leurs maris et sont ainsi en mesure de refuser poliment lorsque des billets sont demandés pour des personnes qui ne sont pas tout à fait désirables.

C'est sans aucun doute une tâche difficile et délicate pour les patronnes d'un grand bal que de veiller à ce qu'il soit soigneusement sélectionné, et s'il n'est pas très particulier en ce qui concerne les personnes pour lesquelles des billets sont accordés, un bal, bien que complet, risque de s'avérer très affaire mitigée, sinon quelque peu répréhensible, en raison de la présence de personnes à qui des billets n'auraient jamais dû être accordés, pour des raisons morales sinon sociales ; et bien que les fonds d'un organisme de bienfaisance puissent gagner considérablement grâce à l'augmentation du nombre, grâce à une volonté générale de la part du comité ou des patronnes d'accorder des billets à toute personne qui en fera la demande, une telle politique est cependant à très courte vue. , et est rarement pratiqué par ceux qui possèdent des connaissances pratiques en la matière, car il est fatal à la réputation d'un bal si des personnes répréhensibles y sont présentes.

Dans le cas d'une demande de billet pour une personne aux antécédents douteux, la meilleure solution pour une patronne est de référer le demandeur au comité du bal pour obtenir des billets ou des bons.

Les personnes mal reçues dans le monde , ou qui se sont elles-mêmes ostracisées, ont une prédilection pour les bals publics et font tous leurs efforts pour obtenir des billets d'entrée ; et dans certains cas, lorsqu'un refus a été prononcé par le comité d'un bal, le comité a été menacé de poursuites judiciaires.

Les femmes célibataires agissent rarement, voire jamais, comme patronnes, et il n'est pas jugé opportun de leur confier le pouvoir discrétionnaire d'accorder des billets, de peur que leur ignorance du monde ne soit exploitée.

Les patronnes d'un bal de charité qui s'engagent à donner des bons ou à vendre des billets, s'efforcent généralement d'inciter le plus grand nombre possible de leurs amis à assister au bal.

Il dépend du comité d'un bal de charité si les billets sont présentés ou non aux patronnes et aux stewards ; mais si les fonds de l'organisme de bienfaisance ne sont pas au plus bas, cela se fait généralement en reconnaissance de leurs services.

Les responsabilités des patronnes des bals privés d'abonnement sont légères en comparaison de celles des bals de charité publics, car les personnes qui assistent aux bals d'abonnement sont généralement sur la liste de visite de l'une ou l'autre des patronnes, tandis qu'en ce qui concerne les bals départementaux, les patronnes ne sont généralement pas concernés par l'élimination des billets.

CHAPITRE XLII

PERIODES DE DEUIL

Les diverses périodes de deuil pour les proches ont été sensiblement raccourcies au cours des dernières années et le changement a été généralement accepté ; mais comme certains préfèrent encore s'en tenir aux périodes les plus longues prescrites par la coutume, dans le présent chapitre les deux périodes sont indiquées, et cela dépend entièrement du sentiment individuel et des circonstances laquelle des deux périodes est observée.

La coutume séculaire du port du crêpe a considérablement décliné et, à l'exception des veuves, beaucoup ne le portent pas du tout, tandis que d'autres le portent uniquement comme garniture.

Un léger changement s'est également opéré en faveur des couleurs de demi-deuil, désormais plus portées que le noir et blanc pendant la période de demi-deuil.

Le deuil judiciaire, lorsqu'il est ordonné, est impératif, les ordres concernant lesquels sont minutieusement donnés par le bureau du Lord Chamberlain et publiés dans la *Gazette officielle* ; mais ces ordonnances ne s'appliquent qu'aux personnes liées à la Cour, ou aux personnes assistant aux tribunaux, aux levées, aux bals d'État, aux concerts d'État, etc.

Lorsque l'ordre de deuil général est donné à l'occasion du décès d'un membre de la famille royale, l'ordre s'applique à tous, même s'il est facultatif que le grand public s'y conforme ou non.

La période de deuil la plus longue pour une veuve est de deux ans. Le délai le plus court est de dix-huit mois. Autrefois, le crêpe se portait un an et neuf mois ; pendant les douze premiers mois, la robe était entièrement recouverte de crêpe. La mode la plus récente dans le deuil des veuves est de porter le crêpe comme garniture seulement, et de cesser de le porter au bout de six ou huit mois, tandis que quelques veuves ne le portent pas du tout pendant leur deuil, c'est un port facultatif.

Le demi-deuil dans la période la plus longue commence après un an et neuf mois et est porté pendant trois mois. Dans la période la plus courte, le demi-deuil peut commencer après quinze mois et se poursuivre pendant trois mois.

Le délai de port du bonnet et du voile de veuve est d'un an et un jour. Le voile peut être *en crêpe lisse* ou *en mousseline* à la place du crêpe. C'est maintenant la mode pour les jeunes veuves de porter le bonnet uniquement comme coiffure, tandis que d'autres n'en portent pas du tout.

Les manchettes et les colliers en gazon sont portés au cours de la première année, ou pendant six mois seulement, ou pas du tout. Après la première année, des tour de cou blancs et des cordons blancs sur le bonnet peuvent être portés. Aussi des chapeaux à la place des bonnets. D'autres touches de blanc pourraient suivre au cours des trois prochains mois.

Après un an, des ornements en or peuvent être portés ; diamants plus tôt.

Les veufs doivent porter le deuil pendant un an ; ils entrent généralement dans la société après trois mois.

Pour un Parent, la durée du deuil est de douze mois ; dix mois noirs, deux mois de demi-deuil, ou huit mois noirs et quatre mois de demi-deuil. Le noir peut être relevé par des touches de blanc au bout de trois mois. Le crêpe est facultatif ; beaucoup préfèrent ne pas le porter du tout, d'autres comme garniture.

Diamants : boucles d'oreilles, broches ; etc. — avant l'or, au bout de trois mois.

Pour un Fils ou une Fille, la durée du deuil est identique à la précédente.

Pour les très jeunes enfants ou les nourrissons, le deuil est fréquemment réduit de moitié, voire à trois mois.

Pour une belle-mère. — La durée du deuil dépend du fait que les belles-filles résident ou non à la maison, ou que leur père soit marié depuis longtemps, ou que la seconde épouse de leur père leur ait tenu la place de mère, auquel cas la période de deuil serait de douze mois, sinon la période est de six mois : quatre mois noirs relevés de touches de blanc au bout de deux mois, suivis de deux mois de demi-deuil.

Pour un Frère ou une Sœur, la période de deuil la plus longue est de six mois, la période la plus courte de quatre mois.

Pendant la période la plus longue, à savoir. six mois, le noir doit être porté pendant cinq mois, avec un peu de blanc après deux mois, en demi-deuil pendant un mois. Après un mois, diamants, épingles et broches, etc. ; l'or après deux mois.

Pendant la période la plus courte, à savoir. quatre mois, le noir doit être porté pendant deux mois, le demi-deuil deux mois.

Pour une belle-sœur ou un beau-frère, la durée du deuil était autrefois la même que pour un frère ou une sœur, mais la durée de quatre mois est désormais celle habituellement choisie.

Pour un grand-parent, la période de deuil la plus longue est de six mois, la plus courte de quatre mois.

Pendant la période la plus longue, le noir doit être porté pendant trois mois, remplacé par du blanc après six semaines, le demi-deuil pendant trois mois ; les diamants après un mois, l'or après six semaines ou deux mois.

Pendant la période la plus courte, le noir doit être porté pendant deux mois, le demi-deuil pendant deux mois.

On peut dire aujourd'hui que l'usage du crêpe est passé de mode en matière d'étiquette, le noir étant considéré comme un deuil adéquat, sauf pour les veuves.

Les anciennes périodes de crêpes étaient de six mois pour les parents et les enfants, de trois mois pour les frères et sœurs, de trois mois pour les grands-parents.

Pour un oncle ou une tante, la période de deuil la plus longue est de trois mois, la période la plus courte de six semaines.

Pendant la période la plus longue, le noir (pas de crêpe) doit être porté pendant deux mois, en demi-deuil un mois.

Pendant la période la plus courte, noir pendant trois semaines, demi-deuil pendant trois semaines ; diamants après trois semaines.

Pour un neveu ou une nièce, les périodes de deuil sont identiques aux précédentes.

Pour un oncle ou une tante par alliance, le délai est de six semaines noires, ou de trois semaines noires et trois semaines de demi-deuil.

Pour un grand-oncle ou une tante, la période la plus longue est de deux mois, la plus courte d'un mois.

Pendant la période la plus longue, noir pendant un mois, demi-deuil pendant un mois.

Pendant la période la plus courte, noir pendant un mois.

Pour un cousin germain, la période la plus longue est de six semaines, la plus courte d'un mois.

Pendant la période la plus longue, noir pendant trois semaines, demi-deuil pendant trois semaines.

Pendant la période la plus courte, noir pendant un mois.

Pour un cousin germain, trois semaines noires. Le deuil d'un cousin germain n'est pas obligatoire, mais tout à fait facultatif, et souvent peu porté.

Pour les relations entre époux, les périodes de deuil choisies sont invariablement les plus courtes.

Pour une belle-fille ou un gendre, les délais sont désormais réduits à six mois ; quatre mois noirs et deux mois de demi-deuil, ou trois mois noirs et trois mois de demi-deuil.

Pour les Parents d'un Gendre ou d'une Belle-Fille le délai est d'un mois noir.

Pour les parents d'une première épouse, une seconde épouse doit porter le deuil pendant un mois, du noir rehaussé de blanc.

Pour le frère ou la sœur d'une première épouse, la seconde épouse doit porter le deuil pendant trois semaines, mais cela n'est pas obligatoire et dépend de l'intimité existant entre les deux familles.

Une grande latitude est accordée aux hommes en ce qui concerne les périodes de deuil précédentes.

Un bandeau doit être porté pendant toute la durée de chaque période, mais il n'est pas impératif de porter des costumes noirs plus longtemps que la moitié des périodes indiquées, sauf dans le cas des veufs.

Deuil des serviteurs. — Il est d'usage de donner aux domestiques un deuil à la mort du chef de la maison, qui doit être porté pendant la période où les membres de la famille sont en deuil. Le deuil accordé aux serviteurs à la mort d'un fils ou d'une fille est une question tout à fait facultative.

Isolement de la société. — La question de savoir dans combien de temps les personnes en deuil doivent ou non réintégrer la société est dans une certaine mesure une question ouverte et est également influencée par les règles qui régissent la période de deuil elle-même adoptée.

On ne s'attend pas à ce qu'une veuve entre dans la société avant trois mois, et pendant ce temps elle ne doit ni accepter ni émettre d'invitations. Ses visites doivent être limitées à ses relations et amis intimes. Au bout de trois mois, elle devrait commencer progressivement à entrer dans le monde, mais les bals et les danses devraient être évités pendant la première année.

Pour une Fille en deuil d'un Parent, la période de réclusion est de six semaines en ce qui concerne la société en général ; mais les invitations aux bals et aux danses ne devraient être acceptées qu'au bout de six mois.

Pour un parent qui pleure un fils ou une fille, la période de réclusion est la même que celle d'une fille pour un parent.

Pour un Frère ou une Sœur, la période d'isolement est de trois semaines.

Pour les grands-parents, la période d'isolement est de quinze jours à trois semaines.

Pour un oncle ou une tante, le délai est de quinze jours à trois semaines.

Pour toutes les autres périodes de deuil, l'isolement de la société n'est pas considéré comme requis.

Lorsque les personnes en deuil ont l'intention de réintégrer la société, elles doivent laisser des cartes sur leurs amis et connaissances pour leur indiquer qu'elles sont égales à payer et à recevoir des appels.

Lorsque les cartes d'enquête ont été laissées , à savoir. cartes de visite avec "Pour demander des nouvelles de Mme A——" écrit en haut dans le coin droit des cartes, elles doivent être renvoyées par des cartes avec "Merci pour vos aimables demandes" écrit dessus (voir Chapitre III.) .

Tant que cette indication n'a pas été donnée, la société n'ose pas s'immiscer dans la réclusion des personnes en deuil.

Les relations et amis intimes sont exemptés de cette règle reçue.

Funérailles. — Lorsqu'un décès survient dans une famille, aussitôt que le jour et l'heure des funérailles sont fixés, un membre de la famille doit écrire aux parents et amis qu'il désire suivre, et leur demander d'y assister, à moins que la date ne soit fixée. , l'heure et le lieu des funérailles, ainsi que le train pour se rendre au cimetière, sont mentionnés dans le journal, en même temps que l'annonce du décès.

C'est une erreur de supposer que des amis proposeront d'assister à des funérailles, même s'ils connaissent la date fixée, car ils se demandent naturellement si les personnes en deuil doivent inclure uniquement les membres de la famille ou si les amis sont présents. à inclure également.

A la Campagne, lorsqu'un Médecin s'occupe d'une famille depuis quelques années, il est d'usage de l'inviter à assister aux funérailles d'un de ses membres. En ville, cela se fait rarement, à moins qu'un médecin ne soit l'ami intime de la famille.

A la campagne, le clergé de la paroisse lit le service funèbre, mais en ville, lorsque les funérailles ont lieu à Kensal Green, au cimetière de Brookwood ou ailleurs, on demande généralement à un ami de la famille d'officier ; auquel cas il est nécessaire de faire une demande anticipée au bureau du cimetière pour l'utilisation de la chapelle à une heure déterminée.

Il est de coutume que les dames assistent aux funérailles d'un parent si elles le souhaitent, auquel cas elles portent leur tenue de deuil habituelle et le suivent dans leurs propres voitures.

Le certificat médical indiquant la cause du décès est primordial et doit être obtenu le plus tôt possible.

Les cartes commémoratives ne doivent pas être envoyées à l'occasion du décès d'un parent, car elles sont complètement dépassées en termes de mode et de coutume.

Les couronnes et croix de fleurs blanches sont très généralement envoyées par les parents et amis dans une maison de deuil le jour des funérailles, à moins que « Pas de fleurs, sur demande » ne suive l'annonce du décès.

Lorsque les funérailles ont lieu avant deux heures, les amis doivent être invités à déjeuner. Lorsqu'elle a lieu dans l'après-midi, il convient de leur demander de revenir à la maison pour prendre un thé ou un rafraîchissement léger.

CHAPITRE XLIII

ENGAGÉ

CELA dépend dans une large mesure de l'opinion des parents quant à la liberté d'action accordée à leur fille lors de ses fiançailles. Quelques-uns ont sur ce point les idées les plus strictes et les mettent énergiquement en vigueur.

Par « idées strictes », on entend que les fiancés, sauf en présence d'un chaperon, ne sont jamais, en aucune circonstance, autorisés à jouir d'un *tête-à-tête* , à s'asseoir ensemble, à marcher ensemble, à rouler ensemble ou à se rencontrer lors d'une quelconque cérémonie. partie de la journée.

La sagesse et le bon sens dictent aux parents une ligne de conduite médiane, sans trop accorder ni trop refuser.

La durée d'un engagement détermine dans la plupart des cas le degré de latitude accordé. Si cela doit durer deux mois, ou même moins, il est d'usage de permettre aux fiancés d'être beaucoup en société l'un avec l'autre. Les circonstances dans lesquelles cela se produit dépendent de la position des parents ; s'il est riche et qu'une maison de campagne fait partie de ses possessions, le père de la jeune femme devra inviter le fiancé à sa fille à une visite, ou à une ou deux visites, pendant les fiançailles.

Ou encore, la mère du futur époux invitera sa future belle-fille à rester avec elle dix jours ou quinze jours.

L'étiquette veut qu'une jeune femme soit chaperonnée par un de ses proches parents dans tous les lieux de divertissement publics.

Si des fiancés emménagent dans le même groupe, ils se retrouvent fréquemment chez des amis communs ; ils sont envoyés dîner ensemble lorsqu'ils dînent au restaurant.

Danser ensemble lors d'un bal, ou danser plus de trois ou quatre fois de suite, et quand ne pas danser pour s'asseoir dans les salons de thé et les vérandas, rend les fiancés remarquables, et c'est précisément ce qui inquiète le plus de nombreuses mères. que leurs filles devraient éviter de l'être et préféreraient qu'elles soient trop prudentes plutôt que de subir le défi de la critique générale.

La conduite habituelle que doivent suivre les fiancés est de s'impliquer le moins possible dans la société pendant leurs fiançailles et de rendre les fiançailles aussi brèves que les circonstances le permettent. Si, pour diverses raisons, elle doit nécessairement être longue, la seule alternative pour les fiancés est de se faire aussi peu visibles dans la société en général que le permet une entente mutuelle.

Lorsqu'un engagement est annoncé pour la première fois , si les familles ne se connaissent pas au préalable, le père, la mère et les parents du futur marié doivent se rendre dans les plus brefs délais auprès du père et de la mère du futur marié pour faire connaissance avec les futurs mariés. la mariée et sa famille, et ils doivent écrire à la mariée élue pour exprimer leur approbation des fiançailles.

Les appels doivent être retournés et les lettres répondues dans les plus brefs délais.

Les fiançailles doivent être annoncées aux parents et amis intimes par la mère de la jeune fille fiancée, et si l'annonce doit paraître dans les journaux, elle doit être envoyée par elle.

La mariée doit demander aux sœurs et cousines du marié d'agir comme demoiselles d'honneur en collaboration avec ses propres sœurs et cousines.

Lorsqu'un engagement est rompu, toutes les lettres et tous les cadeaux doivent être retournés des deux côtés.

Tous les cadeaux de mariage reçus par la mariée élue doivent également être restitués aux donateurs.

La mère de la mariée doit annoncer à tous ceux qui sont concernés que les fiançailles sont terminées.

CHAPITRE XLIV

MARIAGES D'ARGENT

LA coutume allemande de célébrer les noces d'argent est désormais largement reconnue dans ce pays. C'est une coutume intéressante de célébrer les vingt-cinq premières années de la vie conjugale sous le titre poétique de Noces d'Argent, mais ceux qui peuvent le faire doivent être, pour de nombreuses raisons, le petit nombre plutôt que le grand nombre ; Les personnages royaux, ainsi que les personnalités distinguées et éminentes, par exemple, et encore une fois, ceux qui appartiennent à des conditions de vie plus humbles, « loin de la foule en délire », sont également enclins à le faire ; mais la « foule » qui les divise, formée de différentes classes et de différents groupes sociaux, ne profitera guère de l'occasion de célébrer cette période de la vie conjugale. En règle générale, les maris n'aiment pas l'agitation, la parade et l'importance que cela implique, et les femmes sont peu enclines à annoncer à leurs amis et connaissances qu'elles sont mariées depuis vingt-cinq ans et qu'elles ne sont par conséquent pas aussi jeunes qu'elles l'étaient.

Les animations proposées pour célébrer des Noces d'Argent sont : Une réception l'après-midi et un dîner. Un dîner suivi d'une soirée. Un dîner suivi d'une soirée dansante. Ou un dîner seulement, d'une vingtaine ou d'une trentaine de couverts.

Les invitations sont émises sur des cartes "à la maison" environ trois semaines à l'avance, les cartes étant imprimées en argent et les mots "M. et Mme White à la maison, pour célébrer leurs noces d'argent" imprimés dessus, avec le jour et la date, etc. Les cartes de dîner doivent également être imprimées en argent, avec les mots « M. et Mme White demandent le plaisir de la compagnie de M. et Mme Black au dîner pour célébrer leurs noces d'argent », etc.

Pour une danse, les invitations doivent être libellées "M. et Mme White à la maison, pour célébrer leurs noces d'argent". "Danse" imprimé dans le coin de la carte.

Chaque personne invitée est censée envoyer un cadeau en argent, coûteux ou insignifiant selon le cas, que l'invitation soit acceptée ou non. Ces cadeaux doivent être exposés dans le salon le jour des noces d'argent avec une carte attachée à chacun portant le nom du donateur.

Lors de la réception de l'après-midi, le mari et la femme reçoivent les félicitations de leurs amis à leur arrivée. Ils entrent ensemble dans le salon de thé presque immédiatement après, suivis des invités arrivés. Des rafraîchissements sont servis comme lors d'un thé de mariage l'après-midi.

(Voir page 143.) Un grand gâteau de mariage est placé au centre de la table, et la femme y fait la première coupe, comme le ferait une mariée. La santé des époux est alors proposée par l'un des invités, bue au champagne, et le mari répond.

Lors du dîner, le mari et la femme entrent dîner ensemble, suivis de leurs invités, qui sont envoyés selon la préséance. La santé des époux est proposée au dessert et prise en compte. Un gâteau de mariage occupe une place importante sur la table et les décorations de la table sont constituées de fleurs blanches entrecoupées d'argent.

Lors du bal des Noces d'Argent, le mari et la femme dansent la première danse ensemble, puis ouvrent le chemin vers la salle du dîner, bras dessus bras dessous, et plus tard, leur santé est évoquée par l'invité principal présent.

La femme doit porter du blanc et de l'argent, ou du gris et de l'argent.

A la campagne, lorsqu'on célèbre des Noces d'Argent, les festivités s'étalent parfois sur trois jours, mais cela seulement pour des personnalités importantes et riches ; des bals, des dîners et des friandises scolaires sont donnés, auxquels participent les voisins, les locataires, les villageois et les domestiques.

Mariages d'or. — La célébration des noces d'or est plutôt une coutume anglaise, et qui, à cause des circonstances, ne peut être que rarement observée. Cela dénote que cinquante années de vie conjugale se sont écoulées entre les têtes du mari et de la femme et constituent une époque solennelle plutôt que festive. Les cadeaux à cette occasion ne sont pas si généralement offerts, et ce sont des enfants et des petits-enfants plutôt que des connaissances qui composent le cercle de ceux qui félicitent.

CHAPITRE XLV

DANSES D'ABONNEMENT

sur abonnement sont désormais un fait établi, mais il reste à voir si elles deviendront un jour réellement rivales de la danse proprement dite ; mais comme ils répondent à un besoin ressenti et sont reconnus par la société, les dispositions nécessaires pour les réaliser doivent être dûment notées.

Pendant les mois d'hiver, elles sont présentes dans certains ensembles : danses de souscription, danses privées de souscription et danses publiques de souscription, ces dernières étant organisées à des fins caritatives.

Les dépenses modérées engagées pour donner des danses privées sur abonnement les recommandent à beaucoup, et il y a d'autres raisons qui expliquent leur popularité. Elles n'ont aucune prétention d'être considérées comme intelligentes ou exclusives et sont essentiellement de petites danses précoces. On ne s'attend pas à ce que les amateurs de bal à la mode y assistent. Ils commencent à 9 heures et se terminent à midi, des rafraîchissements légers étant fournis en remplacement du dîner, comme lors d'un après-midi « à la maison ». (Voir p. 153.) Un orchestre de piano est considéré comme suffisant à cet effet, et les décorations florales ne sont presque jamais tentées. Les invitations sont émises sur des cartes « à la maison », avec les mots « Subscription Dance » imprimés dans un coin.

sur abonnement sont parfois des danses d'invitation et parfois non. Les billets pour ces danses sont facturés à l'unité ou par série selon le cas. Un certain nombre de dames forment un comité et acceptent de donner un certain nombre de danses, et les frais sont soit supportés par les dames elles-mêmes, soit couverts par la vente des billets. Si les invitations dansent, un certain nombre d'invitations sont attribuées à chaque dame. Dans le cas contraire, les dames disposent des billets parmi leurs amis. Ces danses ont généralement lieu dans un manoir loué à cet effet, et il en existe plusieurs dans différentes parties du West End, où des salles spacieuses peuvent être louées à des conditions très modérées ; dans certains cas, un piano, des sièges et d'autres accessoires sont également inclus.

publiques sur abonnement ont lieu dans les salles publiques ou dans les hôtels de ville, et les bons sont remis par les dames du comité avant l'attribution des billets.

La même étiquette s'applique aux danses d'abonnement comme aux autres danses publiques. L'heure matinale à laquelle ces danses ont lieu les recommande aux uns et les rend tout à fait impossibles aux autres, notamment à ceux qui dînent tard, et qui ne sont pas enclins à danser à neuf heures ni même à dix heures, et qui ils sont plutôt mécontents du style frugal des rafraîchissements proposés et considèrent qu'un dîner au champagne est un complément indispensable à une danse.

Il ne faut pas oublier que les danses d'abonnement ont d'abord été créées pour le divertissement des très jeunes gens, et on ne s'attendait jamais à ce qu'elles rivalisent avec les petites danses à la mode de l'époque ; leur popularité a été une surprise, et si les amateurs de bal sont disposés à les mépriser, il en est d'autres, moins à la mode et moins riches, qui les trouvent tout à fait à leur goût.

La grande difficulté, cependant, à laquelle les femmes doivent faire face est le fait que très peu d'hommes peuvent être amenés à y assister et que ceux qui acceptent les invitations ou achètent des billets sont de très jeunes hommes qui ont leur chemin à parcourir pour réussir dans le monde. , et sont encore aux échelons inférieurs de l'échelle, et comme les jeunes filles sont très majoritaires à ces danses d'abonnement, danser avec des partenaires plus jeunes qu'eux est un résultat presque inévitable pour ceux qui ne sont plus adolescents.

CHAPITRE XLVI

DONNER DES CADEAUX

EN CE QUI concerne les cadeaux en général, il faut comprendre qu'un cadeau exige une note de remerciement dans tous les cas où les remerciements ne peuvent être exprimés verbalement. Les notes destinées à de légères connaissances doivent être rédigées à la troisième personne. Aux amis, à la première personne. Cela s'applique également aux cadeaux de gibier, de volaille, de fruits ou de fleurs. Quelques personnes ont l'idée erronée que les cadeaux de cette nature n'exigent pas de remerciements. Ceci est non seulement disgracieux, mais soulève un doute dans l'esprit du donateur quant à savoir si le cadeau envoyé a été dûment reçu.

Cadeaux de mariage. — Lorsque les fiançailles ont été dûment annoncées aux parents et amis, et qu'il est entendu qu'elles seront de courte durée, les cadeaux de mariage peuvent être envoyés jusqu'à la veille du jour du mariage, et plus ils sont envoyés tôt, plus cela est pratique. est destiné à la mariée, car elle doit écrire une note de remerciement à chaque donateur. Dans chaque cas, une lettre doit être envoyée avec le cadeau exprimant les félicitations et les meilleurs vœux du donateur et, si possible, une carte avec le nom du donateur doit y être attachée pour identification lors de l'exposition des cadeaux.

Les amis du marié, qui ne connaissent pas la mariée, doivent lui envoyer leurs cadeaux, et il doit les envoyer à la maison de la mère de la mariée après avoir écrit des notes de remerciement aux donateurs.

Cadeaux de baptême. — En ce qui concerne les cadeaux de baptême, les parrains et marraines sont censés faire des cadeaux à leur filleul ; ceux-ci doivent être envoyés la veille du baptême et doivent consister en une tasse en argent, une fourchette et une cuillère en argent de la part des parrains, tandis qu'une robe de dentelle ou un beau manteau sont des cadeaux habituels des marraines. Un cadeau d'argent à partir de 5 *s.* à 1 *£* doit être versé à l'infirmière le jour du baptême lorsque les parrains et marraines sont des parents, mais le plus souvent les parrains sont représentés par procuration.

Donner des pourboires aux serviteurs. —Les pourboires attendus des dames à l'issue d'une visite de quelques jours, sont : A la chef de maison dès 2 *s.* 6 *j.* à 5 *s.* selon la durée de la visite. De même pour le majordome ou le domestique solitaire, et de même pour le chauffeur. Les jeunes filles donnent moins lorsqu'elles viennent seules.

Les pourboires attendus des messieurs sont : Au majordome ou au valet de pied qui les voituriers, au chauffeur s'il les conduit à la gare, au palefrenier s'il s'occupe de leurs chasseurs, ainsi qu'à la chef de maison. Le pourboire au majordome ou au valet de pied qui fait office de voiturier est pour une longue visite à partir de 5 *s.* à 10 *s.*, et pour une petite visite de 3 *s.* à 5 *s.* Au chauffeur 5 *s.* dans le premier cas, et à partir de 2 *s.* 6 *j.* à 5 *s.* dans la seconde. À la femme de ménage, 2 *s.* 6 *j.* à 5 *s.* Pour des conseils destinés au garde-chasse, voir p. 223 .

Les pourboires donnés aux domestiques de l'hôtel varient selon la durée de la visite. Au maître d'hôtel à partir de 5 *s.* à 10 *s.* Au deuxième serveur à partir de 2 *s.* 6 *j.* à 5 *s.* Au portier du hall, 2 *s.* à 3 *s.* Au bagagiste, 1 *s.* à 2 *s.* À la femme de ménage en chef présente, 2 *s.* 6 *j.* à 4 *s.*

CHAPITRE XLVII

FÊTES DE BAPTÊME

Les fêtes de baptême peuvent être considérées comme des réunions strictement familiales, seuls les proches parents des parents étant invités à ces occasions.

Les invitations sont données sous forme de notes amicales et ne sont pas émises sur des cartes « à la maison ». Le préavis est en moyenne d'une semaine à dix jours selon les circonstances, c'est-à-dire la santé et la force de la mère de l'enfant.

En règle générale, six semaines s'écoulent entre la naissance de l'enfant et la date du baptême.

Les Parents sont invités soit à un déjeuner après la cérémonie, soit à un thé de réception, soit à un dîner qui sera donné le soir même. Si un déjeuner est décidé, il a généralement lieu à 13h30, ou plus tôt, immédiatement au retour de l'église. Le repas se compose généralement de viandes chaudes – gibier ou volaille – et non de joints substantiels. Bonbons chauds et froids. Fruits à suivre. Un gâteau de baptême élégant devrait occuper le centre de la table. Du champagne, du bordeaux et du sherry sont proposés, bien que le premier soit probablement le seul des trois bu à cette occasion ; ceci, lorsqu'on parle de la santé de l'enfant, la seule qui soit acceptée dans ces réunions.

Les invités entrent au déjeuner de manière assez informelle, les dames et l'hôtesse entrant en premier, suivies par les hommes et l'hôte. Ils doivent être assis à table à l'aide de cartes nominatives, chaque dame étant placée à la droite d'un gentleman. L'ecclésiastique qui accomplit la cérémonie, s'il est un ami, doit s'asseoir à la gauche de l'hôtesse et doit être invité à dire grâce ; mais en ville, il se joint rarement à ces réunions de famille à moins de bien connaître ses paroissiens.

Un Thé de Réception , lorsqu'il est offert, est servi dans la salle à manger ; mais dans ce cas, les invités sont reçus à leur arrivée par l'hôtesse dans le salon, et quand tous sont arrivés, elle les accompagne au salon de thé et y reste avec eux. Les servantes doivent verser et distribuer le thé et le café sur la table à thé, mais l'hôtesse doit remettre les gâteaux, etc., à ses proches, assistés par l'hôte, s'il est présent. Les rafraîchissements consistent en la variété habituelle de confiseries que l'on trouve dans tous les "maisons" chics, un gâteau de baptême étant l'ajout.

Les dîners de baptême ressemblent beaucoup à toutes les autres réceptions familiales de cette nature, à l'exception du fait que la santé du nourrisson est bue au dessert et qu'un gâteau de baptême est placé en face de l'hôtesse lorsque la table est débarrassée pour le dessert.

La cérémonie de baptême a lieu l'après-midi, généralement à 14h30. Les proches, à leur arrivée à l'église, s'assoient sur des bancs ou sur des chaises près des fonts baptismaux. La marraine tient l'enfant pendant la première partie de l'office, puis le place sur le bras gauche du prêtre officiant. L'un des parrains doit nommer l'enfant en réponse à la question du prêtre. Si l'enfant est une fille, deux marraines et un parrain sont nécessaires. S'il s'agit d'un garçon, deux parrains et une marraine sont nécessaires. Ces parrains et marraines sont généralement les amis intimes de la mère de l'enfant. Dans certains cas, les proches sont choisis pour les fonctions de parrain et de marraine, mais le plus souvent pas pour des raisons familiales.

Les cadeaux de baptême varient selon les moyens et l'inclination, et comprennent souvent des bijoux lorsque l'enfant est une fille, et de l'argent et de l'argenterie s'il s'agit d'un garçon ; cuillères, fourchettes, mugs, bols en argent, etc. Le choix est large et rien n'y va, de la robe à fine dentelle à la chaîne et pendentif ou à la montre bijou. Ces cadeaux sont généralement envoyés la veille de celle du baptême.

Frais et pourboires. — Seuls des frais mineurs sont versés à ceux qui assistent à la cérémonie. Le prêtre officiant reçoit quelque petit présent en argent ancien ou en porcelaine, mais non en argent ; cependant, si les parents de l'enfant sont riches, on leur remet parfois un chèque avec la demande qu'il le consacrera aux besoins de sa paroisse.

Les pourboires donnés à l'infirmière par les parrains et marraines de l'enfant varient de cinq shillings à un souverain selon les moyens de chacun.

www.ingramcontent.com/pod-product-compliance
Lightning Source LLC
LaVergne TN
LVHW041511170726
843492LV00005B/1453